GRÖNLAND

Vordere Umschlagklappe: Übersichtskarte Grönland

Hintere Umschlagklappe: Stadtplan Nuuk

Sabine Barth

GRÖNLAND

DUMONT

Umschlagvorderseite: Wanderer auf der Diskoinsel Qeqertarsuaq
Umschlaginnenklappe vorn: Kreuzfahrer an der Küste vor Sisimiut
Umschlaginnenklappe hinten: In der Diskobucht
Abb. S. 2/3: Eisberge in der Diskobucht
Abb. S. 50: In der Diskobucht

Über die Autorin: Sabine Barth, geboren 1956, bereist Grönland seit 1983 regelmäßig. Sie schreibt als freie Journalistin vor allem über subarktische Regionen und leitet das Goethe-Zentrum in der isländischen Hauptstadt Reykjavík.

Danksagung
Zuvorderst danke ich ganz herzlich den Mitarbeitern von Greenland Tourism in Kopenhagen und Nuuk, ganz besonders Siw Møller Kristensen. Des Weiteren geht ein herzlicher Dank an Niels Kreutzmann (Greenlandair, Nuuk) und den Präsidenten der ICC, Aqqaluk Lynge. Für ihre Unterstützung in ›Wort und Tat‹ danke ich den folgenden Personen nicht weniger herzlich: Susan Frydendahl (Grønlands Hjemmestyre, Kopenhagen); Aleqa Hammond (ICC, Nuuk); Alibak Hard (Touristeninformation, Qaqortoq); Ole G. Jensen (Ammassalik Museum, Tasiilaq); Adam Lyberth (Outfitter, Maniitsoq); Elke Meissner (Ilulissat); John Mørch (KNR, Nuuk); Flemming Nicolaisen (Tourist-Service, Ilulissat); Arne Niemann (Touristeninformation, Uummannaq); Robert Peroni (Rotes Haus, Tasiilaq); Karsten Sommer (›ULO‹, Sisimiut). Ein spezieller Dank richtet sich an Johannes M. Ehmanns.

Die Deutsche Bibliothek – CIP-Einheitsaufnahme

Barth, Sabine:
Grönland / Sabine Barth - Köln : DuMont, 2001
   (DuMont-Reisetaschenbuch)
   ISBN 3-7701-4423-6

© 2001 DuMont Buchverlag, Köln
Alle Rechte vorbehalten
Umschlaggestaltung: Groschwitz, Hamburg
Satz und Druck: Rasch, Bramsche
Buchbinderische Verarbeitung: Bramscher Buchbinder Betriebe

Printed in Germany   ISBN 3-7701-4423-6

INHALT

LAND & LEUTE

Natur und Wirtschaft

Kalaallit Nunaat – Land der Menschen	12
Geologie	12
›Steckbrief‹ Grönland	13
Klima	15
Flora und Fauna	17
Thema: »Gebt mir Winter, gebt mir Hunde«	20
Thema: »Robben sind unser täglich Brot«	24
Wirtschaft	26

Geschichte, Gesellschaft und Kultur

Daten zur Geschichte	30
Bevölkerung und Religion	35
Regierung und Verwaltung	36
Thema: Kaffemik	37
Thema: ICC – Inuit Circumpolar Conference	38
Soziales Leben	39
Literatur	42
Musik	43
Bildende Kunst	45
Thema: Der Trommeltanz –	
»The beat of the drum is the beat of the heart«	46
Kunsthandwerk und Nationaltracht	48

UNTERWEGS
IN GRÖNLAND

Nuuk

Ein Streifzug durch das Zentrum	54
Ausflüge und Wanderungen	63
Thema: Aus dem Kajak in den Helikopter –	
Die wichtigsten Transportmittel in Grönland	66

Südgrönland

Narsarsuaq	73
Qassiarsuk	76
Igaliku	78
Thema: Wo sind sie geblieben? –	
Die ›Isländer‹ in Grönland	79
Narsaq	82
Thema: Ujarassiorit –	
Die Magie grönländischer Mineralien	83
Qaqortoq	87
Zur Ruine in Hvalsey	91
Paamiut	94
Ivittuut und Kangilinnguit	97
Nanortalik und Umgebung	98
Auf den Spuren der Vergangenheit	
und ins Paradies der Trecker	101

Westgrönland

Kangerlussuaq	108
Ausflüge und Wanderungen	111
Thema: Grönland – ein Schutzschild gegen das Böse	
US-amerikanische Militäreinrichtungen und -pläne	112
Sisimiut	116
Stadtspaziergang	118
Ausflüge und Wanderungen	121

Maniitsoq	124
Stadtspaziergang	126
Ausflüge	128

Die Diskobucht

Kangaatsiaq	132
Aasiaat	134
Qasigiannguit	138
Ausflüge und Wanderungen	140
Thema: In der Tiefe des Eises	140
Ilulissat	144
Kangia – der Ilulissat Eisfjord	149
Wanderungen	151
Thema: Kununguaq, der kleine Knud	152
Ausflüge	154
Saqqaq	156
Die Diskoinsel – Qeqertarsuaq	159
Wanderungen	163
Kangerluk	164

Nordgrönland

Uummannaq	168
Stadtspaziergang	170
Ausflüge	172
Thema: ›Spielplatz der Helden‹ –	
Forscher und Abenteurer auf dem Inlandeis	173
Upernavik	177
Ausflüge	179
Pituffik (Thule)	180
Thema: Gipfel der Seele, Adern des Herzens –	
Gedicht von Aqqaluk Lynge	181
Thema: Nanoq – der Eisbär	182
Qaanaaq	185
Nationalpark	187

Ostgrönland

Kulusuk	190
Tasiilaq	192
Thema: Tupilak – Der böse Geist der alten Zeit	194
Ausflüge in die Siedlungen	199
Ittoqqortoormiit	203

TIPPS & ADRESSEN

Reisevorbereitung & Anreise	209
Unterwegs in Grönland	211
Unterkunft & Restaurants	213
Aktivitäten	215
Reiseinformationen von A bis Z	220
Sprachführer	224
Abbildungsnachweis	226
Register	226

Verzeichnis der Karten und Pläne

Übersichtskarte Grönland	(Umschlagklappe vorne)
Stadtplan Nuuk	(Umschlagklappe hinten)
Umgebung von Nuuk	64
Narsarsuaq – Qassiarsuk – Igaliku – Narsaq – Qaqortoq	74
Nanortalik	99
Kangerlussuaq	110/111
Sisimiut	117
Ilulissat	145
Qeqertarsuaq	159
Uummannaq	167
Tasiilaq	193

LAND & LEUTE

»Hier ist die Luft klar und trocken, so rein, dass man es im Gesicht spürt, so leicht, dass man ein paar Zentimeter über dem vereisten Boden schwebt.«

Märta Tikkanen

Natur und Wirtschaft

Kalaallit Nunaat – Land der Menschen

Geologie

Klima

Flora und Fauna

Wirtschaft

Schlittenhunde sind nördlich des Polarkreises und an der Ostküste allgegenwärtig

Kalaallit Nunaat – Land der Menschen

»Wir, die Inuit der Polarregion, bewohnen eine der rauesten Gegenden dieses Planeten. Wir leben inmitten einer wunderschönen Natur, die Menschen aus der ganzen Welt fasziniert«, so Anders Andreassen, Sprecher der grönländischen Regierung. Grönland, die größte Insel der Welt, ist wie die gesamte Arktis ein Mythos, ein Sehnsuchtsland, Ziel zahlloser Expeditionen, deren Teilnehmer nicht nur wissenschaftliche Erkenntnisse suchten, sondern oft auf Sinnsuche waren. Das ewige Eis lockt und fordert heraus.

Grönland ist nicht nur eine Eisbarriere zwischen Europa und Amerika mit einem Treibeisgürtel an der Ostküste, der selbst während der Sommermonate nicht weichen will, die eisfreie Fläche ist insgesamt so groß wie Großbritannien. Nicht umsonst gab Eirík raudi, Erik der Rote, dem Land den verheißungsvollen Namen ›Grönland‹, Grünland. Im Süden wird auf satten Wiesen und Weiden Schafzucht und sogar etwas Landwirtschaft betrieben, selbst einige zaghafte Baumbestände trifft man an. Und Grönland ist nicht nur das Land der Schlittenhunde und des endlosen Weiß und der Stille, sondern auch der Farben: grauer Granit, leuchtend pinkrote Weidenröschen, gelbe Butterblumen, rote Sonnenuntergänge, weiße Gletscher und schillernde blaue Eisberge.

Seit Jahrtausenden leben die Inuit (übersetzt heißt das Menschen) in dieser für Mitteleuropäer so unwirtlichen Region. Ihre Jagdtechniken, Kleidung und Bauweisen ließen sie nicht nur in der Natur überleben, sondern mit ihr leben. Nach Jahrzehnten des Umbruchs und der radikalen gesellschaftlichen Veränderungen besinnen sie sich heute wieder auf ihre Traditionen, um diese in ihre Gegenwart und Zukunft zu integrieren.

Der Reisende findet im ›Land der Menschen‹ – so die Übersetzung des grönländischen Landesnamens Kalaallit Nunaat – Natur pur, die sich auf vielfältige Weise entdecken lässt: mit dem Boot entlang der Küste, im Helikopter über die riesigen Gletschern, mit dem Hundeschlitten im Frühjahr über die weiten Eis- und Schneeflächen oder zu Fuß über Berge und Höhen mit Blick auf die Eisberge in den Fjorden.

Geologie

Grönland zählt geologisch zu den ältesten Ländern der Erde. Man hat Granite und Gneise aus dem Präkambrium, der Urzeit der Erde vor 4500 Mio. bis 600 Mio. Jahren, bestimmen können. Die ältesten Gesteine findet man an der Westküste zwischen Paamiut und Kangerlussuaq; in der Nähe von Nuuk sind sie bis zu 3700 Mio. Jahre alt. Die jüngsten Teile der Insel – die Diskoinsel, der westliche Teil der Nuussuaq-Halbinsel und das Gebiet südlich von Ittoqqortoormiit bis zum Fjord Kangerlussuaq – sind vulkani-

›Steckbrief‹ Grönland

Landesstruktur: Grönland ist mit einer Fläche von 2 175 600 km² die größte Insel der Erde. Die Nord-Süd-Entfernung beträgt 2570 km, das entspricht der Strecke Skagen – Tunis. Der nördlichste Punkt Kap Morris Jesup liegt nur 740 km vom Nordpol entfernt und der südlichste, Kap Farvel, auf dem Breitengrad von Oslo. 1 833 900 km² sind mit Eis bedeckt, d. h. 85% Grönlands, diese Eismassen machen 10% des Süßwasserreservoirs der Erde aus. Das Inlandeis erreicht eine Dicke bis zu 3500 m. Der höchste Berg, Gunnbjørns Fjeld (3693 m), liegt an der Ostküste zwischen Tasiilaq und Ittoqqortoormiit. Die Küstenlänge beträgt ca. 44 000 km.

Verwaltungsstruktur: Grönland ist unterteilt in drei Distrikte – Avannaarsua (Nordgrönland), Tunu (Ostgrönland) und Kitaa (Westgrönland) –, die mit Ausnahme des Militärgebiets Thule, des ehemaligen Militärgebiets Kangerlussuaq und des Nationalparks im Nordosten wiederum in 18 Bezirke geteilt sind, zu denen die Stadt mit den jeweiligen Siedlungen zählt.

Regierung: Grönland gehört wie die Faröer-Inseln zum Königreich Dänemark, verwaltet sich jedoch seit dem 1. Mai 1979 selbst. Das Parlament besteht aus 31 Mitgliedern und wird alle vier Jahre gewählt. Derzeit regiert eine Koalition der sozialdemokratischen Partei Siumut und der sozialistischen Partei Inuit Ataqatigiit mit Jonathan Motzfeldt als Premierminister. Die letzte Wahl fand am 16. Februar 1999 statt.

Bevölkerung: In Grönland leben rund 57 000 Menschen, davon 13 000 in der Hauptstadt Nuuk. Ca. 50 000 wurden in Grönland geboren. 87% der Bevölkerung sind Inuit, d. h. Nachfahren der Urbevölkerung und im Land geborene Weiße. Europäische Einflüsse sind vor allem bei den Bewohnern Süd- und Westgrönlands offensichtlich. Die meisten der in Grönland lebenden Dänen bleiben nur für wenige Jahre im Land.

Sprache: Offizielle Landessprache ist Grönländisch, doch im öffentlichen Leben werden sowohl Grönländisch als auch Dänisch verwendet. 1979 wurden alle dänischen Ortsnamen und Bezeichnungen gestrichen, lediglich in älteren Karten findet man noch diese Namen.

Wirtschaft: Der grönländische Lebensstandard orientiert sich an dem dänischen. Ohne die jährlichen Subventionen aus Dänemark würde z. Zt. die Wirtschaft nicht funktionieren, immerhin 60% der Einnahmen stammen aus dem Königreich. Grönlands Wirtschaft fußt vor allem auf der Fischerei, im Besonderen dem Fang von Krabben und Heilbutt. Dänemark ist mit Abstand der wichtigste Handelspartner.

Geologie

schen Ursprungs und entstanden im Tertiär. Hier hat man Intrusionen gefunden, die u. a. auch Gold enthalten. Plattentektonisch gehört Grönland zum nordamerikanischen Kontinent, von dem es sich vor rund 100 Mio. Jahren getrennt hat.

Der rund 1,8 Mio. km² große Eisschild, der Grönland heute bedeckt, ist ein sehr junges Gebilde. Die massive Vergletscherung begann während der quartären Eiszeit, dem Pleistozän, vor rund zwei bis drei Millionen Jahren. Anhand von Versteinerungen von Birken oder Nadelbäumen ließ sich feststellen, dass das Klima vorher eher feuchtwarm und subtropisch war und eine geradezu üppige Vegetation hervorbrachte. Außerdem fand man an der Ostküste ein 350 Mio. Jahre altes Fossil von einem Vier-Beine-Fisch.

Im Verlauf der Eiszeit wurde die gesamte Insel mit Eis bedeckt, selbst die über 3000 m hohen Gebirge an

Eisfischen ist ein beliebtes Wintervergnügen für Touristen

Geologie

den Küsten lagen unter einem dicken Eispanzer. Das Gewicht der Eismassen bewirkte, dass die Mitte der Insel um 800 m absackte. Diese Schüsselform verhindert bis heute, dass das Inlandeis als Ganzes wieder abschmilzt. Untersuchungen der NASA seit 1995 haben ergeben, dass die Gletschergebiete an den südöstlichen Rändern deutlich abschmelzen, aber in der gleichen Zeit das zentrale Inlandeis zugenommen hat.

Die nach der Eiszeit abschmelzenden Gletschermassen haben die Form des Landes gestaltet. Grönland ist äußerst gebirgig mit den höchsten Erhebungen an der Ostküste. Die Spuren der früheren Eismassen zeigen sich an den abgeschliffenen Bergen an der Westküste und den langen Gletschertälern oder Fjorden, wie dem Kangia, dem Eisfjord bei Ilulissat. Lediglich die Granitgebirge in Südgrönland z. B. bei Nanortalik widerstanden dem Eis, die so genannten Nunataks ragen aus den Gletschern hervor, ähnlich wie es heute an der Ostküste zu sehen ist. Außerdem typisch für die Struktur des Landes sind die zahllosen Schären, Fjorde und Inseln, die sich entlang der gesamten Küste erstrecken.

Grönland verfügt über zahlreiche Mineralienvorkommen, die teilweise auch wirtschaftlich genutzt wurden wie etwa Kryolith in Ivittuut oder Zink und Blei bei Maarmorilik und Mestersvig. Außerdem gehört Grönland zu den seltenen Ländern, in denen sowohl tellurisches als auch meteoritisches Eisen vor-

kommt. Schon die Polar-Inuit kannten vor über 100 Jahren diese Steine und verwendeten sie bei der Herstellung ihrer Messer. Der Name der Insel Savissivik, der soviel bedeutet wie ›Platz, wo man sein Messer schärft‹, weist auf das Gestein hin. Vermutlich ist hier bei Kap York in Nordwestgrönland ein Meteoritenregen niedergegangen. Robert Peary nahm ein Stück mit in die USA, 1963 fand man einen 20 t schweren Brocken auf der Insel Appalilik.

Am 9. Dezember 1997 stürzte in der Nähe des Ortes Qeqertarsuatsiaat, südlich von Nuuk, erneut ein Meteorit herunter. Augenzeugen und ein Videoband belegen diesen Absturz, der plötzlich die Nacht zum Tag machte. Doch die Suche nach den Resten, die irgendwo auf dem Inlandeis eingeschlagen sind, verlief ergebnislos und wurde im August 1998 abgebrochen.

Klima

In Grönland herrscht ein arktisches Klima, dessen Jahresdurchschnittstemperatur selbst in den wärmsten Monaten die 10 °C nicht überschreitet. Dennoch lassen sich regionale Unterschiede ausmachen, und zwar nicht nur zwischen Süden und Norden, sondern auch zwischen den Küstengebieten, besonders denen, wo das Meer auch während des Winters eisfrei ist, und den Inlandregionen. Im Sommer kühlt das Meer die Luft, und im Winter erwärmt es sie. In den Orten südlich des Polar-

Klima

kreises fallen die Temperaturen im Winter selten unter –10 °C, im Norden und in Kangerlussuaq – Inlandregion – werden auch schon mal –30 °C erreicht. Die niedrige Luftfeuchtigkeit sorgt übrigens dafür, dass man diese Temperaturen meistens als nicht so kalt empfindet.

Die relativ gleichförmigen Temperaturen während der Sommermonate in ganz Grönland hängen mit der intensiven Sonneneinstrahlung zusammen. Das Phänomen der Mitternachtssonne sieht man aber nur nördlich des Polarkreises: So scheint die Sonne in Nanortalik im Sommer längstens 18,5 Stunden und in Nuuk 20,5 Stunden. In Ilulissat hingegen kann man schon zwei Monate die Mitternachtssonne genießen, in Qaanaaq sogar vier. Damit korrespondiert im Winter die Zeit der Polarnächte, die in Qaanaaq vier und in Ilulissat zwei Monate dauert.

Weitere Klima bestimmende Faktoren sind die Grönland umgebenden Meeresströmungen. Der kalte Östgrönlandstrom bringt meterdickes Packeis mit sich, das die Ostküste während der Wintermonate einschließt. In den Sommermonaten treibt die Strömung das Packeis nach Süden um Kap Farvel und weiter entlang der Westküste bis nach Paamiut. Der warme Irmingerstrom, ein Arm des Golfstroms, folgt dem gleichen Weg. Diese beiden Ströme unterscheiden sich in Stärke und Tiefe jedes Jahr, und so kann es passieren, dass der von Norden kommende Labradorstrom Eismassen bis in den Süden transportiert, weil der warme

Irmingerstrom keine Kraft hat. Doch in der Regel ist die Küste zwischen Paamiut und Sisimiut ganzjährig eisfrei. Die Folgen der Packeismassen für die Schifffahrt sind nicht unerheblich, so kann es manches Jahr Juli werden, bis das erste Schiff aus Dänemark im Osten landet. Im Süden sind in den Frühjahrs- und Sommermonaten die Schiffsverbindungen zwischen den Orten mit den Regionalschiffen oft nicht aufrechtzuerhalten. Ab der Diskobucht und weiter nach Norden ist das Meer im Winterhalbjahr vom Eis bedeckt, in den Sommermonaten können die Küstenschiffe hier fahren, aber der Zeitraum, in dem das möglich ist, wird umso kürzer, je weiter man nach Norden gelangt.

Auch hinsichtlich der Niederschläge besteht ein deutlicher Nord-Süd-Unterschied, im Süden liegt die durchschnittliche Jahresmenge zwischen 800 und 1400 mm und im Norden bei 200 mm. Für Reisende heißt es, dass man sich vor allem im Süden auch auf Regen einstellen muss, aber wie in anderen arktischen Gebieten wechselt das Wetter sehr schnell.

Ein weiteres Wetterphänomen sind die Stürme. An der West- und Südwestküste strömt warme Luft über das Inlandeis und das Gebirge zur Küste und trifft dort auf kalte. Dieser sehr warme Sturm deutet sich mit den typischen Föhnwolken an und kann Geschwindigkeiten von mehr als 180 km/h erreichen. An der Ostküste tritt dagegen häufig ein kalter, katabatischer Sturm auf. Kalte

Luftströmungen gelangen über Inlandeis und Gebirge und stürzen einem Wasserfall vergleichbar zur Küste hinab. Die Verwirbelung von warmer und kalter Luft führt zu Stürmen mit Geschwindigkeiten von 250 km/h. Die Verwüstungen, vor allem in der Kommune Ammassalik, sind nicht selten dramatisch. Linsenförmige Wolken in höher liegenden Luftschichten können ein Zeichen für einen nahenden Sturm sein.

Ein genauso spektakuläres, aber weniger zerstörerisches Phänomen ist das Nordlicht: Aurora Borealis, grönländisch *arsarnerit*. Dieses farbenprächtige Schauspiel ist während der Wintermonate in ganz Grönland zu sehen. Es entsteht durch ionisierte Teilchen, die regelmäßig von der Sonne abgestoßen werden, in die Zonen um die magnetischen Pole in die Erdatmosphäre eindringen, dort durch Auftreffen andere Atome und Moleküle ionisieren und so zum Leuchten gebracht werden. Doch die Inuit erklären das Nordlicht viel poetischer: Die einen sehen darin ein Ballspiel der verstorbenen Seelen, andere deuten es als die Seelen tot geborener Kinder, die mit ihren Nabelschnüren tanzen und Fußball spielen.

Flora und Fauna

Grönlands Flora ist erstaunlich vielfältig, immerhin können 4000 verschiedene Arten ausgemacht werden, wovon jedoch lediglich 500 zu den höheren zählen. Entsprechend

Das arktische Weidenröschen ist die grönländische Nationalblume

der Klimazonen unterscheiden sich auch die Vegetationszonen: Im subarktischen Gebiet des Südens trifft man sogar Bäume an, Birken, Weiden und Ebereschen, die bis zu 7 m hoch gewachsen sind. In den 1960er Jahren versuchte man auch arktische Nadelhölzer im Tasermiut-Fjord in der Kommune Nanortalik anzupflanzen, doch von einer erfolgreichen Aufforstung kann man nicht sprechen. Dagegen hat man im Süden mit Kulturpflanzen wie Kartoffeln, Kohl, Salat, Radieschen, Rhabarber und einigen anderen Gemüsearten gute Ergebnisse erzielt. Außerdem gelingt es, ausreichend Heu für die Winterversorgung der Schafe zu produzieren.

Naturgemäß ist die Landschaft Südgrönlands wesentlich grüner und artenreicher als die der nördlichen Regionen. Die subpolaren Zwergstrauchheiden und -tundren sind überwiegend mit der kriechenden, immergrünen schwarzen Krä-

Flora und Fauna

Engelwurz findet man auf jedem Markt

henbeere, der Echten Bärentraube – im Herbst hat der niedrige Strauch rote Beeren –, der Blaubeere, der Rauschbeere, dem Silberwurz – einem Zwergstrauch, dessen Blätter an der Unterseite silbrig und behaart sind – und der Preiselbeere bewachsen. Auf farbenprächtigen Wiesen stehen zahlreiche Krautpflanzen, wie Löwenzahn- und Habichtskrautarten, die Gemeine Schafgarbe, Butterblumen und Ranunkelarten. Diese Wiesen und Heiden trifft man auch in den niederarktischen Regionen West- und Ostgrönlands an, d. h. von der Diskoinsel bis in den Süden und in der Gegend von Ittoqqortoormiit.

Im kurzen Sommer entwickelt sich die Vegetation geradezu explosionsartig. Dann beeindruckt der Schneeenzian mit seinen intensiv blauen, winzigen Blüten – insgesamt findet man fünf verschiedene Enzianarten in Grönland. Auch verschiedene Orchideen sowie eine Vielzahl von Läusekraut-Gewächsen gedeihen hier. Weit verbreitet sind die Grönländische Blauglocke und natürlich das Wollgras. Insgesamt 16 verschiedene Steinbrecharten stehen entlang der gesamten Küste. Ebenso ist in ganz Grönland die Nationalblume *niviarsiaq*, übersetzt die ›Jungfrau‹, anzutreffen, bei uns besser bekannt als arktisches Weidenröschen, dessen leuchtend pinkroten Blüten sich besonders gut von Schotter- und Sandböden abheben.

Flora und Fauna

Einige Pflanzen wie Engelwurz, Rosenrot und *niviarsiaq* sind auch als Speisen sehr beliebt bei den Grönländern. So findet man Engelwurz, das in einigen Gegenden über 1 m hoch werden kann, grundsätzlich auf dem lokalen Markt, dem Brædtet. Außer dem Stengel werden auch die Blätter, genauso wie die des arktischen Weidenröschens sowohl roh als auch gekocht verzehrt. Regelmäßig im Spätsommer ziehen die Familien in die Natur, um alle möglichen Beeren zu sammeln, die später zu Marmeladen und Grützen verarbeit werden. Die zahlreichen Kräuter, wie z. B. Thymian, werden mit Vorliebe zu Lammfleisch oder geräuchertem Lachs verwendet. Wenig Interesse haben bisher die rund 700 Pilzarten gefunden, von denen keine giftig ist und viele sogar echte Speisepilze sind. Neben sechs Champignonarten und dem Birkenpilz gibt es allein 13 unterschiedliche Bovistenarten, die frisch helle, feste Knollen bilden und ausgesprochen schmackhaft sind.

Die übrigen Pflanzenarten teilen sich in Moose, Flechten und Algen auf. Besonders die farbenprächtigen Flechten, die in Orange, Rot oder Gelb über den Granit wuchern, prägen die hocharktische Landschaft im Norden. Ein kleiner Regen, und sie leuchten in allen Farben.

Es gibt nur acht Landsäuger in Grönland, wenn man von den importierten Säugern wie Schafen, Pferden und auch Schlittenhunden absieht. Doch solange Menschen in Grönland leben, leben auch Hunde dort. Lediglich im Nationalpark im Nordosten der Insel trifft man alle acht Säuger, Lemminge und Hermeline kommen nur dort vor. Auch der Polarwolf lebt ausschließlich im Gebiet zwischen Qaanaaq und Ittoqqortoormiit. Von Mitte der 1930er bis Ende der 1970er Jahre war er aus Grönland verschwunden, doch dann wanderte er wieder von Kanada ein. Da der Nationalpark für Touristen nicht allgemein zugänglich ist, wird man keine Gelegenheit haben, das äußerst scheue Tier anzutreffen.

Ganz anders dagegen der Polarfuchs, der sich überall dort aufhält, wo es etwas zu fressen gibt. Auf Wanderungen hat man immer mal wieder Gelegenheit, die neugierigen Tiere zu beobachten bzw. sich von ihnen beobachten zu lassen. Meistens sieht man einige Exemplare schon am Flughafen Kangerlussuaq, wo es für sie genügend Abfälle gibt und sie nicht jagen müssen. Man unterscheidet zwei Arten, den Weißfuchs, dessen Fell im Winter weiß ist und im Sommer eine bräunliche Färbung hat, und den Blaufuchs, der überwiegend in Küstennähe lebt, im Winter ein grauschwarzes bis dunkelbraunes Fell trägt und im Sommer ein graubraunes.

Außer an der südlichen Ostküste lebt der Schneehase in ganz Grönland, doch wird man dieses vorsichtige Tier nur selten zu Gesicht bekommen.

Überraschend weit verbreitet ist auch der Eisbär, doch muss man un-

»Gebt mir Winter, gebt mir Hunde

… alles andere könnt ihr behalten.« Tatsächlich wären die Expeditionen Knud Rasmussens in den 1920er Jahren ohne den Einsatz von Schlittenhunden nicht möglich gewesen. Die ersten Tiere kamen vor rund 4500 Jahren ins Land und sind seitdem die wichtigsten Begleiter der Jäger. Sie helfen beim Erschnüffeln der Atemlöcher der Robben, vor allem aber schützen sie vor ungebetenen Eisbären, denn sie scheuen sich nicht, den übermächtigen Angreifer lautstark in Schach zu halten. Die Inuit glaubten in früheren Zeiten, dass ein Teil der Menschheit von einem Hund gezeugt wurde. In den alten Erzählungen sind Hunde die einzigen wahren Verbündeten der Menschen in der Tierwelt.

Rund 30 000 Schlittenhunde leben nördlich des Polarkreises und an der Ostküste, denn nur dort gibt es ausreichend Schnee und keine Schafe, denen sie gefährlich werden können. Oft werden sie fälschlich als Huskies bezeichnet, doch das ist nur eine der Rassen im arktischen Raum, in Grönland ist der Grönlandhund vertreten. Gemeinsam ist allen der kräftige Körperbau, ein keilförmiger Kopf mit aufrechten Ohren und die geringelte Rute. Die Schlittenhunde, die in der Regel fünf bis sieben Jahre alt werden, haben sich den Bedingungen in der Arktis gut angepasst. Ihr dichtes Fell mit reicher Unterwolle schützt optimal vor Kälte, selbst die Pfoten sind mit starkem Haarbewuchs versehen. Zusammengerollt, mit dem buschigen Schwanz über der Nase, entwickeln sie ausreichend Wärme, um auch Schneestürmen trotzen zu können. Wie kleine Hügel, die auf Zuruf zum Leben erwachen, sehen sie aus.

Das Leben eines Schlittenhunds mutet für einen westeuropäischen Tierfreund befremdlich an, und der Umgang mit ihnen erscheint eher rau als herzlich. Da die Tiere im Sommer kaum Bewegung haben, erhalten sie nur ein- bis zweimal wöchentlich Futter. Die Rudel liegen an kurzen Ketten direkt neben den Häusern oder auf vorgelagerten Inseln außerhalb der Städte und Siedlungen. Nur die Welpen und deren Mütter dürfen sich frei bewegen, ansonsten werden frei laufende Tiere erschossen. Die Beißkraft der Hunde ist enorm, bei Auseinandersetzungen zwischen unterschiedlichen Rudeln kommt es regelmäßig zu tödlichen Verletzungen. In den Ortschaften sind Kindergärten und Spielplätze meistens von hohen Zäunen umgeben, um die Kinder vor streunenden, hungrigen Hunden zu schützen, die im Sommer alles fressen, was ihnen unter die Augen kommt.

Schlittenhunde sind auf ihren Gespannführer fixiert, und umgekehrt wird er immer dafür sorgen, dass die Hunde zuerst gefüttert werden,

Schlittenhunde

bevor der Mensch es sich bequem macht. Fast eine ganze Robbe braucht ein Gespann pro Tag im Winter, bei erfolgreicher Jagd ist das kein Problem. In extremen Hungersnöten mussten die Tiere allerdings auch schon mal untereinander verfüttert werden bzw. der Mensch aß sie. Inuit haben ein nüchternes Verhältnis zu den Gebrauchstieren. Bei der Zucht interessieren denn auch weniger die Rassen, sondern die Leistungsfähigkeit der Hunde, denn nur starke und ausdauernde Tiere sind für ein Gespann zu gebrauchen. Verletzte Hunde werden nur gepflegt, wenn es sich um sehr gute Zughunde handelt, ansonsten tötet man sie. Jedes Gespann hat ein Alpha-Tier, das stärkste und dominierende des Rudels, doch das muss nicht identisch mit dem Leithund sein. Häufig sind das Hündinnen, denn die sind meist pflichtbewusster und williger als Rüden. An sie wendet sich der Schlittenführer, und sie sorgt für die Ordnung im Gespann. Beim Füttern wird die Hierarchie des Rudels genau eingehalten, jedes Tier erhält sein ausgesuchtes Stück Fleisch auf Zuruf.

Für die aktiven Tiere ist das Laufen im Gespann – in der Regel 8–12 Hunde, die zusammen ein Gewicht bis zu 400 kg ziehen können – nicht nur eine Last, die Freude bei den Vorbereitungen ist unübersehbar und -hörbar. Je nach Terrain werden die Tiere fächerförmig – wie in den meisten Regionen Grönlands – oder zu zweit hintereinander eingeschirrt. Die Fächerform ist vor allem auf Meereis und relativ ebenen, baumlosen Flächen ideal. Gewöhnlich sitzt der Schlittenführer seitlich auf dem Schlitten, um bei Steigungen oder anderen schwierigen Passagen jederzeit abspringen zu können. Bergab steht er hinter dem Schlitten, wo er mit dem Fuß die Bremse bedienen kann, damit das Gefährt die Tiere nicht überrollt. Je nach Region sind die wenig komfortablen Schlitten bis zu zwei Meter lang und bestehen aus Holzteilen, die zum Erhalt der Flexibilität nur mit Schnüren oder Lederbänder verbunden werden. Um den Sitz etwas bequemer und trockener zu haben, wird ein Rentier- oder Moschusochsenfell darüber gespannt. Die hohe Lehne dient zum Lenken und zur Lastenbefestigung. Die Hunde reagieren auf kurze, spitze Kommandos wie »ili ili ili« (nach rechts) oder »iu iu iu« (nach links), und wer nicht gehorcht, den streift schon mal die Peitsche. Interessant zu beobachten ist, dass zwischenzeitlich ein oder zwei Tiere etwas langsamer laufen, um sich zu erholen, doch nie kommt es dadurch zu Verzögerungen.

Für Touristen ist eine Hundeschlittentour ein besonderes Erlebnis und gelegentlich so aufregend wie eine Achterbahnfahrt. Wer als Reisender bei einem Gespann mitläuft, muss sich nach der Geschwindigkeit der Hunde richten und im Zweifel einen Berg im Dauerlauf erklimmen. Aber am Ende wird man Rasmussen (s. o.) verstehen können.

Flora und Fauna

terscheiden zwischen seinem natürlichen Lebensraum im Norden und im Osten und den Regionen etwa in Südgrönland, in die er auf Eisschollen getrieben wird.

Rentiere leben ausschließlich an der Westküste, Bestände im Nordosten sind aufgrund von Klimaveränderungen ausgestorben. Auf der Insel Ammassalik gibt es noch eine kleine Population. Rentiere gehörten von jeher zu den Jagdtieren und dürfen auch heute in kleiner Zahl von Freizeitjägern erlegt werden.

Der natürliche Lebensraum der Moschusochsen war der Norden und Nordosten, doch zwischen 1962 und 1965 hat man einige Tiere erfolgreich nach Kangerlussuaq in Westgrönland umgesiedelt. Heute ist der Bestand dort so groß, dass einige Exemplare gejagt werden dürfen.

Die Zahl der Meeressäuger ist ungleich größer, leben doch allein 17 Walarten in den Gewässern um Grönland: Weißwal (Beluga), Narwal, Schweinswal (Kleiner Tümmler), Weißschnauzen- und Weißseiten-Delphin, Großer Tümmler, Schwertwal (Orca), Grindwal, nördlicher Entenwal, Pottwal, Grönlandwal, Nordkaper, Buckelwal, Blauwal, Finnwal, Seiwal und Zwergwal. Nur wenige Tiere werden jährlich auf traditionelle Weise gejagt, zudem besteht eine strenge Quotierung. Aufgrund der weiten Verbreitung hat man gute Chancen, Wale vor den Küsten zu beobachten.

Stärker noch als die Wale gehören die Robben, die in riesigen

Robbenfleisch ist ein wichtiger Bestandteil der grönländischen Ernährung

Flora und Fauna

Populationen an den Küsten vorkommen, traditionell zum Leben der Inuit. Robbenfleisch ist auch heute noch ein wichtiger Bestandteil der grönländischen Ernährung. Fünf Arten – Ringel-, Sattel- und Bartrobbe, Klappmütze und Seehund – leben dort und werden auch gejagt, die wichtigste ist die Ringelrobbe, die überall in Grönland anzutreffen ist und ihren Namen wegen der Kringel im Fell erhalten hat. Außerdem gibt es an der West- und Ostküste noch Walrosse.

Die Tiere des Meeres haben immer eine bedeutende Rolle für die Inuit gespielt, leben doch mehr als 200 Arten von Fischen, Krustentieren und Muscheln in den grönländischen Gewässern. Durch das Abschmelzen von Schnee und Eis im Sommerhalbjahr werden große Mengen an Nährsalzen in die Gewässer transportiert. Diese bilden zusammen mit der intensiven Sonneneinstrahlung die Grundlage für ein gewaltiges Wachstum pflanzlichen Planktons, das die Meeresfauna ernährt.

Die wirtschaftlich wichtigsten Tiere sind Grönlandkrabben, früher war es Kabeljau. Vor allem im Nordwesten wird der Schwarze Heilbutt gefangen, in einigen Regionen auch Rotbarsch, Seewolf, Lachs und Seesaibling. In den Flüssen und Seen trifft man auf Saiblinge und Forellen. Die Lodde, grönl. *ammassak*, ist eine kleine Lachsart, die schon in manchem Krisenjahr Mensch und Hund vor dem Verhungern bewahrt hat. Auch der Fang des Grönland-

hais bekommt zunehmend größere ökonomische Bedeutung, weil seine Leber sehr Vitamin-A-haltig ist. Ansonsten verfüttert man ihn überwiegend an die Hunde, da das frische Fleisch für Menschen giftig ist.

235 Vogelarten kann man in Grönland finden, jedoch nur 60 ganzjährig. Einige Seevögel gehören seit Urzeiten zum Speiseplan der Inuit, vor allem Lummen, Teisten und Alke. Eiderenten sowie zahlreiche Gänse- und Entenarten trifft man im Land genauso wie Strandläufer, Regenbrachvögel, Thorshühnchen oder Schneehuhn. Jagdfalken kommen im ganzen Land vor, der Wanderfalke nur an der Westküste und in Südostgrönland. Seeadler kann man besonders gut in Südgrönland beobachten. Möwenarten sind genauso weit verbreitet wie die zahlreichen Piper-, Spatzen- und Finkenarten. Während man die Schneeeule nur im Norden und Nordosten sieht, lebt der Rabe überall außer im Norden, er ist der einzige Krähenvogel in Grönland.

Es gibt rund 700 Insektenarten in Grönland, aber letztlich ist es nur eine, die jeden Reisenden während der Sommermonate zur Verzweiflung bringt: die Stechmücke. Zu Tausenden stürzen sie sich auf jedes genießbare Lebewesen, die einzigen Chancen ihnen zu entkommen, bieten Sturm, Regen und Frost. Die übrigen Insekten können zwar nerven – oder auch wie die immerhin 50 Schmetterlingsarten aufgrund ihrer Farben erfreuen – aber sie werden niemals zur Plage.

»Robben sind unser täglich Brot«

Zwei Männer und ein 12jähriger Junge brechen Mitte Februar zur Robbenjagd auf. Es sind −40 °C, und die Polarnacht hat sich im Norden noch nicht verabschiedet. Die drei haben Glück, der Junge kann seine erste eigene Robbe erlegen, Grund im Dorf ein Fest zu feiern und alle Nachbarn und Freunde einzuladen. So beginnt ein Film mit dem obigen Titel.

Ohne die Robben hätten die Inuit niemals überlebt, sie waren und sind alles für ihr Leben: Nahrung, Kleidung, Wärme und Unterkunft. Das Fleisch zählt noch immer zu dem Besten und Nahrhaftesten, was man in dieser Region bekommen kann. Das Fett wurde für die Lampen verwendet, heute ist es zusammen mit den Knochen Futter für die Hunde. Das Fell wird zu Jacken, Hosen, Handschuhen etc. verarbeitet, denn nichts wärmt besser als zweilagige Fellkleidung, wenn der Jäger stundenlang an einem Atemloch der Robbe warten muss. Früher wurden aus den Fellen auch die Zelte genäht oder die Sitzbänke in den Häusern gepolstert. Die Felle werden an die Gerberei Great Greenland in Qaqortoq verkauft. Es könnte ein gutes Geschäft sein, wenn die Preise für Robbenfelle nach den undifferenzierten Kampagnen in den 1970er und 1980er Jahren nicht so dramatisch gesunken wären. Lediglich 45 DKK würden die Jäger pro Fell erhalten, wenn nicht der Staat den Verkauf subventionierte. Man will nicht, dass die rund 2500 professionellen Jäger, die überwiegend in Nord- und Ostgrönland leben, zu Sozialhilfeempfängern werden. Es ist wichtig, dass dieser traditionelle Beruf, auf dem die Kultur der Inuit fußt, erhalten bleibt, und die Jäger ihre Würde und Identität behalten. In den Jahren nach den Kampagnen, die sich gegen die brutale Babyrobbenschlachterei in Kanada richteten, aber die Inuit der gesamten Arktis trafen, sind die sozialen Probleme wie Alkoholismus, Selbstmord, sexueller Missbrauch vor allem in den Dörfern sprunghaft angestiegen. Erst allmählich gelingt es, diese Entwicklung etwas zu stoppen. Von heute auf morgen wurden die Jäger arbeitslos, niemand wollte mehr ihre Felle, sie wurden in Europa und den USA diffamiert.

Noch heute ist vielen nicht bekannt, dass die Grönländer nur ausgewachsene Tiere und nur so viele jagen, wie sie brauchen, die Jagd also nie das ökologische Gleichgewicht gestört hat. Nehmen die Robbenpopulationen unkontrolliert zu, sind die Fischbestände gefährdet. Von der Ringelrobbe beispielsweise, deren Bestand rund um Grönland weit über 2 Mio. Tiere beträgt, werden jährlich 70 000 erlegt. Die Jagd erfolgt vom Hundeschlitten oder Kajak aus. Der Jäger pirscht sich sehr langsam und leise an die Tiere heran, der erste Schuss muss ein Treffer sein, sonst tauchen sie ab. Zunächst wird das Fell von der Robbe gelöst, dann die weiße Speckschicht. Die Frauen bearbeiten anschließend mühsam die Felle. Mit dem *ulo,* dem Frauenmesser, schaben sie das Fett ab, vernähen das Einschussloch und die Öffnungen, wo sich die Flossen befunden haben. Je besser und sauberer ein Fell vorbereitet wird, desto höher ist die Qualität des Pelzes.

Tausende von Fellen stapeln sich in den Hallen von Great Greenland, wo sie nicht nur gegerbt, sondern anschließend auch zu beeindruckend schöner Bekleidung verarbeitet werden. In einer besonderen Behandlung erhalten die Felle einen seidigen Schimmer, der noch durch die Färbung verstärkt wird. Die für diese Prozesse verwendeten Chemikalien sind umweltverträglich und werden entsprechend wieder aufbereitet. Die Grönländer gehen in jeder Beziehung sensibel mit ihrer Natur um.

Jedes Jahr werden neue Farben gewählt, um den überwiegend grauen Fellen einen gewissen Touch zu geben, im Jahr 2000 waren z. B. Rot und Lila aktuell. Meistens wählt man aber für die Jacken und Mäntel, die von dänischen Designern für Great Greenland entworfen werden, eher dunkle Töne wie Schwarz, Blau oder Grün. Neben ausgefallenen Kreationen gibt es auch sehr zweckmäßige Schnitte, die den Träger dieser Bekleidung bei Wind und Wetter optimal schützen. Jedes Kleidungsstück erhält eine Nummer und wird bei Beschädigungen selbstverständlich ausgebessert.

Neben den Nähstuben bei Great Greenland gibt es in zahlreichen Orten kleinere, die auch entsprechende Sonderwünsche anfertigen. In einem Abendkleid oder modischem Kostüm aus gefärbtem Robbenfell, wie man es durchaus in Grönland bei entsprechenden kulturellen Ereignissen sieht, würde man sicher in Europa Aufsehen erregen. Wer es weniger auffällig liebt und ein typisches Stück Grönland mitnehmen möchte, findet eine geeignete Jacke oder Tasche. Anbei: Der Erwerb eines grönländischen Robbenfelles ist politisch korrekt. Man unterstützt damit die Jäger, die durch europäische Ignoranz ins soziale Elend gestürzt wurden.

Wirtschaft

Grönlands Wirtschaft ist angewiesen auf den jährlichen Zuschuss aus Dänemark, der sich insgesamt auf 2725 Mio. DKK beläuft und rund 60% der Einkünfte ausmacht. Ein großer Teil des Geldes fließt durch den Warenverkehr unmittelbar nach Dänemark zurück. Außerdem werden Einkünfte aus der Ölförderung und der Ausbeutung anderer Bodenschätze bis zu einer Höhe von 500 Mio. DKK jährlich aufgeteilt.

Nach einem längeren Zeitraum mit Zuwachsraten sowohl beim Imals auch beim Export kam es in den 1990er Jahren zu Stagnation und Rückgang. Die Exporteinnahmen sanken infolge des Preisverfalls bei Fisch und Krabben sowie der Schließung der Zink-Blei-Mine in Maarmorilik, und der Import ging aufgrund einer restriktiven Wirtschaftspolitik zurück.

Weil die Produktion im eigenen Land wegen des kleinen Marktes völlig unrentabel wäre, muss fast alles eingeführt werden, und die Handelsbilanz ist nie ausgeglichen: 1999 standen Einfuhren im Wert von 2789 Mio. DKK Ausfuhren im Wert von 1930 Mio. DKK gegenüber. Wichtigster Handelspartner ist natürlich Dänemark vor Großbritannien, Deutschland, Island, den anderen skandinavischen Ländern, Frankreich, Japan, USA und Kanada. Aufgrund einer Vereinbarung mit der EU haben die Mitgliedstaaten ein begrenztes Recht, an der West- und Ostküste zu fischen, als Kompensation bezahlen sie jährlich rund 300 Mio. DKK.

Die jährliche Fangmenge der Krabben – neben Heilbutt und Kabeljauprodukten wichtigstes Exportgut – liegt bei rund 70 000 t, die einen Ertragswert von 1 Mrd. DKK haben. Das Fischereiunternehmen Royal Greenland gehört zu 100% der Selbstverwaltung. Es betreibt sieben Trawler, 16 Fabriken und 42 Anlagen in den grönländischen Städten und Siedlungen. Der Fang wird über eine Quotierung geregelt, aber die Größe der Bestände unterliegt Schwankungen in Abhängigkeit von biologischen und klimatischen Bedingungen. So hat der Rückgang der Kabeljaubestände zu Stellenabbau und wirtschaftlichen Einschnitten geführt. In den kleineren Siedlungen besann man sich in dieser Situation stärker auf den Robbenfang.

Obwohl Grönland traditionell eine Jägernation ist, leben hier heute nur noch 2500 professionelle Jäger. Nach mehreren Jahren des Preisverfalls für Robbenprodukte zeichnet sich jetzt wieder eine Veränderung ab, wobei der Fellverkauf noch immer sehr leidet (s. S. 24f.). Als neues potentielles Exportprodukt hat man Robbenöl für medizinische Zwecke entdeckt, da es den Cholesterinspiegel positiv beeinflussen soll. Aber gejagt wird vor allem für den heimischen Markt, denn in Grönland zählt Robbenfleisch immer noch zu den wichtigsten Nahrungsmitteln. Gejagt werden auch Wale, allerdings aufgrund der Regulierung der Internationalen Walkommission

Wirtschaft

(IWC) nur kleine Wale. Rentiere und Moschusochsen zählen ebenfalls zu den regionalen Jagdtieren.

In den südlichen Kommunen arbeiten insgesamt 350 Menschen auf 70 Schaffarmen. Die jährlich weit über 30 000 geschlachteten Tiere decken den Bedarf im Land, ein kleiner Teil wird für exklusive Restaurants nach Dänemark exportiert. Die im Sommer freilaufenden Tiere haben ausreichend Zeit, die besten Kräuter des Landes zu fressen, entsprechend geschmackvoll und würzig ist das Fleisch.

Seit Anfang der 1990er Jahre setzt man verstärkt auf den Tourismus. Die Zahl der Hotelbetten ist seit 1992 stetig gestiegen, auch das (ganzjährige) Angebot an organisierten Touren wurde stark ausgebaut. In Qaqortoq gibt es eine Fachhochschule für Touristik, wo jetzt schon viele der in dem Bereich Arbeitenden ausgebildet wurden. Mit der Verbesserung der Infrastruktur im Land, d. h. dem Ausbau der Flughäfen und der größeren Kapazität der Küstenschiffe, wird es einfacher und kostengünstiger, mehr Passagiere zu transportieren. Mit dem Outfitter-System hat man zudem einen guten Weg gefunden, die Bevölkerung in die Tourismuswirtschaft zu integrieren, da die Outfitter (s. S. 217f.) fast ausschließlich gebürtige Grönländer sind. Sie wollen einen umweltverträglichen Tourismus etablieren, ohne die Natur und das Sozialgefüge zu zerstören.

Ein anderer Schritt zur Verbesserung der Infrastruktur – und zur stärkeren Unabhängigkeit von Öleinfuhren – war 1993 der Bau des ersten Wasserkraftwerkes in der Nähe von Nuuk mit einer Leistung von 33 Megawatt. Der Strom wird von dem Werk über Hochspannungsleitungen, die die weltweit längste, freie Spannweite von 5376 m zwischen einzelnen Masten haben, in die Hauptstadt transportiert.

Große Hoffnungen setzt man auf die Bodenschätze: Kohle, Uran, Tantal, diverse Halbedelsteine, Diamanten, Kupfer, Nickel sowie Öl und Gas. So weiß man von Ölvorkommen im Jameson Land im östlichen Grönland und an der Westküste in der Nähe von Nuuk. Bisher wurden die Vorkommen allerdings aus zwei Gründen nicht genutzt: Zum einen ist sich die Selbstverwaltung der möglichen ökologischen Folgen beim Abbau bewusst und geht deshalb sehr sorgfältig bei der Förderung der Ressourcen vor. So verzichtete man auch auf den Uranabbau bei Narsaq. Anderseits sind Förder- und Transportkosten nicht zuletzt wegen der klimatischen Bedingungen extrem hoch, weshalb man nach ausländischen Investoren sucht. Zurzeit wird intensiv an den Vorbereitungen für die Förderung der Goldvorkommen in der Nähe von Nanortalik gearbeitet, und 1990 gab es sogar eine euphorische Meldung, dass man enorme Platinfunde unter dem ewigen Eis vermute. Die Nutzung der vorhandenen Bodenschätze wäre für Grönland die einzige Möglichkeit, wirtschaftlich von Dänemark unabhängig zu werden.

Geschichte und Gesellschaft, Kunst und Kultur

Daten zur Geschichte

Bevölkerung und Religion

Regierung und Verwaltung

Soziales Leben

Literatur

Bildende Kunst

Musik

Kunsthandwerk und Nationaltracht

Das Bronzerelief in Qassiarsuk
wurde von Havsteen Mikkelsen gefertigt

Daten zur Geschichte

2500 v. Chr. Die ersten Menschen kommen von Kanada nach Nordgrönland. Spätere Klimaverbesserungen ermöglichen es diesem Stamm arktischer Jäger, der den Moschusochsen und Rentieren folgt, sich hier niederzulassen. Ihre Werkzeuge fertigen sie aus Knochen und Stein, und Funde sowohl in Alaska als auch in Grönland belegen die ethnische Homogenität der so genannten Paläo-Eskimos, die man in mehrere Gruppen unterteilt. Die ersten Inuit der Independence I-Kultur verschwinden nach rund 500 Jahren.

2400 v. Chr. Die zweite Gruppe der Paläo-Eskimos erreicht Grönland und zieht die gesamte Westküste entlang bis in den Süden. Manche wandern sogar um die Südspitze herum bis nach Ostgrönland, wie Funde in der Nähe von Tasiilaq belegen. Die Menschen der nach einem Ort auf der Nuussuaq-Halbinsel benannten Saqqaq-Kultur jagen hauptsächlich Robben und Rentiere und verfügen schon über Kajaks, Hunde, Harpunen und Tranlampen. Sie leben rund 1000 Jahre in Grönland.

1200 v. Chr. Die Inuit der Independence II-Kultur folgen den Spuren der Einwanderer von Independence I und siedeln vor allem in Peary-Land im Norden.

600 v. Chr. Die Dorset-Kultur ist die jüngste und letzte der paläo-eskimoischen Einwanderungen. Sie leben von der Rentier- und Robbenjagd und verwenden schon das Frauenmesser, das *ulo*, sowie Schneemesser aus Walrosszahn; sie sind die ersten, die Schneehäuser, Iglus, bauen. Ihre Schlitten ziehen sie selber, denn sie haben keine Hunde. Vermutlich bleiben die Einwanderer der Dorset-Kultur bis 800 n. Chr., aber es gibt auch Theorien, die davon ausgehen, dass es noch zu Kontakten mit den im 10. Jh. eingewanderten Isländern bzw. Nordmännern gekommen sei. Außer den archäologischen Funden geben zahlreiche Erzählungen Zeugnis vom Leben der Menschen der Dorset-Kultur.

900 Die Inuit der Thule-Kultur wandern nach Grönland ein, ihre Kultur zählt zur neoeskimoischen. Sie sind die Vorfahren der heutigen Inuit Grönlands und leben eine neue Kulturform. Sie sind sesshaft und können mit ihren Booten, Kajaks und *umiaks* (Frauenboot) Wale fangen. Sie gründen die ersten Siedlungsplätze mit festen Häusern. Hunde und Schlitten gehören zu ihrem Leben. Während der folgenden Jahrhunderte verteilen sich die Inuit fast entlang der gesamten Küste. Eine Gruppe

Daten zur Geschichte

zieht über Nordostgrönland nach Ittoqqortoormiit und siedelt zeitweilig in Peary-Land, wo die klimatischen Verhältnisse damals recht günstig waren. In der Umgebung von Tasiilaq treffen sie auf die Dorset-Inuit, mit denen sie sich wohl vermischen.

Eine andere Gruppe wandert langsam entlang der Westküste nach Süden, wo sie völlig neue Lebensbedingungen vorfinden, weniger Eis, offenes Meer und eine Vielzahl an Robben. Die Schlitten sind nicht mehr als Transportmittel geeignet. Es bildet sich eine neue Kultur heraus, die Inussuk. Funde haben gezeigt, dass zwischen den Inuit und den damals in Grönland lebenden Nordmänner ein Handel, zumindest ein Kontakt bestand.

875	Die Wikinger Gunnbjörn Úlfsson und Snæbjörn Galti erreichen die Ostküste Grönlands.
982	Der Isländer Eiríkur Thorvaldson, genannt Erik der Rote, muss wegen Totschlags Island für drei Jahre verlassen. Er erkundet die Westküste Grönlands und gibt dem Land den Namen ›Grönland‹, grünes Land.
985	Erik segelt zusammen mit 25 Schiffen nach Grönland, 14 kommen im Süden an. Zunächst siedeln die Nordmänner in Südgrönland und nennen den Teil Eystribygd (Ostsiedlung). Der Hof Eriks, Brattahlid im heutigen Qassiarsuk, ist das Zentrum der Siedlung. Die Westsiedlung (Vestribygd) liegt in der Gegend von Nuuk.
1000	Eriks Sohn Leif bringt das Christentum aus Norwegen mit. Er erkundet die nordamerikanische Ostküste und bereist u. a. Vínland, wo er auch überwintert.
1124	Der Norweger Arnald wird Bischof von Grönland, das er 1126 erstmals bereist. In Gardar, dem heutigen Igaliku, wird ein Bischofssitz mit Domkirche errichtet.
1261	Der grönländische Freistaat der Nordmänner unterwirft sich dem norwegischen König und zahlt Steuern gegen Aufrechterhaltung der Seeverbindung. In den folgenden Jahrhunderten verschlechtern sich die klimatischen Bedingungen, und Norwegen verliert das ökonomische Interesse an der entlegenen Insel.
1397	Dänemark, Schweden und Norwegen werden vereinigt, und Norwegens Nordatlantik-Besitzungen fallen an Dänemark.
1408	Das letzte schriftliche Zeichen von den Nordmännern ist eine beurkundete Hochzeit in der Kirche Hvalsey im September des Jahres.

Daten zur Geschichte

1500 Der Seefahrer Jón Grönländer findet einen toten Nordmann in Südgrönland. Zeichen von Lebenden sind nicht mehr vorhanden.

1578 Der Engländer Martin Frobisher landet an der Westküste.

1585 John Davis segelt mehrmals entlang der grönländischen Westküste, er will sogar einen Inuit als Schaustück mit nach Europa nehmen, doch dieser stirbt vorher.

17. Jh. Holländische Walfänger betreiben vor der Küste Grönlands kommerziellen Walfang. Zugleich handeln sie auch mit den Inuit, und die regen Kontakte bleiben nicht ohne Folgen. Die Inuit lernen Alkohol kennen, Polka tanzen und erhalten die ersten bunten Perlen, die seitdem die Tracht der Frauen schmücken. Innerhalb von 70 Jahren werden die Inuit von Waren abhängig, die sie zuvor nicht kannten. Mit Beginn des 18. Jh. wird der Kampf der Walfänger untereinander immer heftiger. Sie stehlen das Walfett und die Felle der Inuit, die sich gegenüber den Fremden jetzt mehr abgrenzen.

1721 Der dänisch-norwegische Pfarrer Hans Egede will in Grönland die Nordmänner zum Protestantismus bekehren. Da man sich einen wirtschaftlichen Zuwachs durch Grönland verspricht, unterstützt der König das Unternehmen, die Handelsgesellschaft Bergenkompanie wird gegründet. Sowohl Egedes Missionierungsversuche als auch die Etablierung des Handels lassen sich nicht gut an, obwohl entlang der Westküste die ersten Handelsstationen gegründet werden. Die Europäer bringen Seuchen ins Land, die die Bevölkerung sehr dezimieren. Schon früh warnen Inuit wie der Jäger Ulaajuk vergeblich vor den Folgen des Kontakts mit Europäern für sein Volk, da die neuen Lebensformen die traditionelle Kultur zerstören können.

1733 Die deutsche Herrnhuter-Brüdergemeinschaft kommt nach Grönland und beginnt eine äußerst erfolgreiche Missionsarbeit. Sie leben im Land, lernen die Sprache und gestalten ihre Gottesdienste mit Musik und Gefühl.

1734–1749 Der dänische Großkaufmann Jacob Severin hat die Organisation des Grönlandhandels übernommen und gründet weitere Handelsstationen.

1774 Die Königlich Grönländische Handelsgesellschaft (Den Kongelige Grønlandske Handel, KGH) wird gegründet. Sie hat nun das Monopol und verbietet den direkt Handel zwischen den Inuit und anderen Handelsschiffen oder Walfängern. In die Handelsstationen werden Verwalter und Beamte aus Dä-

Daten zur Geschichte

nemark entsandt. Außerdem unterteilt man Westgrönland in zwei Teile, den Süden mit Nuuk als wichtigster Stadt und den Norden mit Qeqertarsuaq, in denen die jeweiligen Inspektoren leben.

1814 Dänemark und Norwegen werden nach dem Frieden von Kiel wieder geteilt. Norwegen kommt unter die schwedische Krone, und Dänemark erhält die arktischen Inseln: Island, Grönland und die Färöer.

1824 Die Herrnhuter gründen die Missionsstation in Friedrichstal, Narsaq Kujaleq. Die Alphabetisierung wird gefördert, und 1825 kann schon ein großer Teil der Bevölkerung lesen.

1851 Die erste grönländische Grammatik von Samuel Kleinschmidt erscheint in Berlin. Kleinschmidt setzt sich ebenso wie der Forscher und Inspektor von Südgrönland, Heinrich Rink, für die Einbeziehung der Grönländer in die Verwaltung ein. Während der Kolonialzeit haben die Inuit fast nur noch für den Handel mit den Dänen gejagt und damit ihre Selbstversorgung aufgegeben. Dabei werden sie von den Dänen rücksichtslos ausgebeutet und übervorteilt, was eine stetig wachsende Verarmung der Bevölkerung mit sich bringt.

1862 Einführung der Vorsteherschaft in den Südkolonien, in der auch ein Grönländer vertreten ist. Ein Jahr später wird die Einrichtung auch im Norden etabliert.

1884 Gustav Holm kommt auf seiner Frauenboot-Expedition (1883–1885) erstmals in näheren Kontakt mit den Bewohnern der Ostküste in Tasiilaq. 10 Jahre später wird dort eine neue Handelsstation gegründet.

1933 Nachdem Norwegen 1931 Regionen in Ostgrönland okkupiert hatte – ein Protest gegen die Vereinbarungen im Frieden von Kiel –, spricht der Internationale Gerichtshof in Den Haag Dänemark die Oberhoheit über ganz Grönland zu.

1940 Am 9. April besetzen die Nationalsozialisten Dänemark, und die Verbindung nach Grönland wird unterbrochen. Der dänische Botschafter in den USA, Henrik Kaufmann, trifft mit der amerikanischen Regierung ein Abkommen, in dem die USA Dänemarks Souveränität anerkennen und sich bereit erklären, die Versorgung und den Schutz der Insel für die Dauer des Krieges zu übernehmen. Ab 1941 werden Luftwaffenstützpunkte in West- und Ostgrönland zur Sicherung der Konvois über den Atlantik errichtet.

1951 Der Vertrag zur Verteidigung Grönlands zwischen den USA und Dänemark wird geschlossen, die USA erhalten die Ge-

Daten zur Geschichte

nehmigung zur Errichtung der großen Thule Air Base, die noch heute von den USA kontrolliert wird.

1953 Die Kolonie Grönland erhält in der neuen Verfassung den Status einer Provinz mit zwei Vertretern im dänischen Parlament. Das Land wird für Privatinvestoren geöffnet, und es beginnt ein umfassender Ausbau der Infrastruktur.

1964 Der so genannte G-60 Plan sieht vor, die Bevölkerung aus den kleinen Siedlungen innerhalb von zehn Jahren auf die Städte zu konzentrieren, wo neue Häuser, Krankenhäuser, Fabriken und Schule errichtet werden. Die Folgen der Umsiedlung in die Plattenbauten sind massive soziale Probleme wie Alkoholismus, Gewalt, Selbstmord und Identitätsverlust.

1972 Grönland wird gegen seinen Willen zusammen mit Dänemark EG-Mitglied.

1975 Unter dem Druck aus Grönland und mit Unterstützung der dänischen Linken wird im Oktober eine Kommission für die Selbstverwaltung Grönlands eingesetzt.

1979 Am 1. Mai tritt der Vertrag über die Selbstverwaltung *(Hjemmestyre)* in Kraft. »Grönland ist ein eigener Staat innerhalb des Königreichs von Dänemark«.

1980 Das zweite Treffen der Inuit Circumpolar Conference (ICC) findet in Nuuk statt. Hans-Pavia Rosing aus Grönland wird zum ersten Präsidenten gewählt.

1985 Grönland tritt aus der EU aus. Für 16 Jahre wird eine Vereinbarung getroffen, dass die EU-Staaten in den Gewässern Grönlands fischen dürfen und dafür einen gewissen Betrag bezahlen. Die Königlich Grönländische Handelsgesellschaft (KGH) wird der Selbstverwaltung unterstellt und heißt jetzt Kalaallit Niuerfiat (KNI).

1992 Die Amerikaner verlassen bis auf Thule alle Stützpunkte, deren Einrichtungen gehen auf die grönländische Selbstverwaltung über.

1998 Die grönländische Selbstverwaltung hat seit dem 1. Juli die Verwaltung der Bodenschätze inne. Einkünfte bis zu 500 Mio. DKK aus deren Ausbeutung werden zwischen der dänischen und der grönländischen Regierung aufgeteilt.

2000 Die erste vollständige Ausgabe der Bibel in der reformierten grönländischen Schreibweise erscheint.

2001 Die Fischereivereinbarung zwischen der EU und Grönland wird um sechs Jahre verlängert.

Bevölkerung und Religion

Die Grönländer sind keine homogene Bevölkerung, sondern sie setzen sich aus Inuit, den weißen Inuit, also denjenigen, in deren Familien es europäische Vorfahren gegeben hat, und Dänen zusammen. Vor allem im Norden und Osten leben noch viele Inuit. Die Grönländer selber nennen sich in ihrer Sprache *kalaallit,* Singular *kalaaleq,* was dasselbe bedeutet wie Inuit: Menschen. Die Bezeichnung Eskimo bedeutet übersetzt ›Rohfleischesser‹ und wird als Diskriminierung empfunden. Entsprechend der Dreiteilung des Landes heißen die Westgrönländer *kitaamiut,* die Ostgrönländer *tunumiut* und die Polar-Inuit *inughuit.* Die Inuit-Vorfahren sind die Einwanderer der Thule-Kultur, lediglich die Inughuit im Gebiet von Thule stammen von Einwanderern ab, die zwischen 1700 und 1900 von Kanada und Alaska aus dorthin kamen.

Von den rund 57 000 Grönländern sind etwa 87% im Land geboren, die übrigen stammen überwiegend aus Dänemark. Die Bevölkerungszahl ist seit dem Ende der 1980er Jahre stabil geblieben. Zwar wuchs die Zahl der in Grönland Geborenen, aber im gleichen Maße fand eine Rückwanderung der Dänen statt. Rund 25% derjenigen, die nicht in Grönland geboren sind, bleiben im Durchschnitt länger als fünf Jahre im Land.

Die Altersverteilung der Bevölkerung entspricht der einer gesunden

Alterspyramide: 27% sind 14 Jahre und jünger, 68% sind zwischen 15 und 64 Jahren alt und 7% über 65 Jahren. Die Lebenserwartung verbessert sich zunehmend und liegt heute für Frauen bei 71,7 Jahren und für Männer bei 64,5 Jahren.

Aufgrund der Zentralisierungspolitik in den 1960er und 70er Jahren leben heute ca. 45 000 Grönländer in den 18 Städten, allein die Hälfte davon verteilen sich auf die drei größten Städte Nuuk, Sisimiut und Ilulissat. Zum Vergleich: 1960 lebten noch 42% der Bevölkerung in kleinen Siedlungen, 1997 nur noch 19%. Der mittlere Teil Westgrönlands ist am dichtesten bevölkert, unter anderem deshalb, weil hier Schifffahrt und Fischerei ganzjährig möglich sind.

Die grönländische Kirche ist Teil der lutherischen Volkskirche in Dänemark und hat seit Juni 1994 einen eigenen Bischof und eine eigene Domkirche in Nuuk. Der erste Bischof war Christian Mørch, er wurde 1995 von Sofie Petersen abgelöst. Der Bischof von Grönland regelt die örtlichen kirchlichen Angelegenheiten, ansonsten gehört die Kirche zur Selbstverwaltung. In den 17 Pfarreien, die meist identisch sind mit den Kommunen, gibt es insgesamt 83 Kirchen bzw. Schulkapellen. Die Bevölkerung gehört zu 99% der evangelisch lutheranischen Staatskirche an. Weitere religiöse Gemeinschaften sind u. a. die katholische Kirche, die Adventisten und die Zeugen Jehovas.

Regierung und Verwaltung

Die grönländische Selbstverwaltung beruht auf dem Akt Nr. 577, der am 29. November 1978 von der dänischen Königin Margrethe II. verlesen wurde und am 1. Mai 1979 in Grönland in Kraft trat. In den 20 Abschnitten dieses Aktes ist sowohl das Verhältnis zu Dänemark geregelt als auch der Fahrplan, nachdem die jeweiligen Bereiche in die Verantwortung der Selbstverwaltung überführt werden sollen. Damit bekam Grönland den gleichen Status als »eigener Staat innerhalb des dänischen Königreiches«, den 1948 schon die Färöer-Inseln erhalten hatten.

Das grönländische **Parlament** Inatsisartut hat 31 Mitglieder, die zwei- bis viermal jährlich in Nuuk tagen. Die Debatten finden auf Grönländisch statt und werden simultan ins Dänische übersetzt. Das Parlament wird für vier Jahre gewählt, zuletzt am 16. Februar 1999. Die 31 Mitglieder wählen den Vorsitzenden und die Regierung, bestehend aus dem Premierminister und sechs Ministern. Seit 1999 regiert eine Koalition der beiden Parteien Siumut und Inuit Ataqatigiit. Siumut, was soviel wie ›Vorwärts‹ bedeutet, ist eine sozialdemokratische Partei, die älteste Grönlands, und war bislang an allen Regierungen beteiligt. Sie stellt den Premierminister Jonathan Motzfeldt und vier Minister. Inuit Ataqatigiit bedeutet ›vereinte Inuit‹. Die eher sozialistisch orientierte Partei strebt eine engere Kooperation mit den Inuit aus Alaska, Kanada und Sibirien an und rekrutiert ihre Wählerschaft besonders bei den Jüngeren. Die zweitstärkste Kraft im Parlament ist Atassut (›Solidarität‹), eine eher gemäßigte Partei, die u. a. für den Wiedereintritt in die EU plädiert. Seit 1999 tritt die Frauenpartei Arnat Partiiat für einen stärkeren politischen Einfluss der Frauen in der Landespolitik ein. Interessant ist, dass in den 18 Bezirken zahlreiche Frauen das Amt der Bürgermeisterin innehaben.

Die Kommunen sind in der ›Nationalen Vereinigung der lokalen Vertreter‹, Kanukoka, organisiert. Alle vier Jahre wird der Bezirksrat gewählt, der je nach Größe der Kommune 3 bis 17 Mitglieder haben kann. Das Selbstbestimmungsrecht der Räte ist sehr groß, sie sind verantwortlich für die lokale Verwaltung und Organisation und haben das Recht, Steuern einzuziehen. Die nächste Wahl zum Bezirksrat findet 2001 statt, dann wird erstmals auch die Frauenpartei antreten.

Kaffemik

Seit die Dänen den Kaffee ins Land gebracht haben, hat er sich zum grönländischen Nationalgetränk entwickelt. Zeitweise wurde hier mehr Kaffee getrunken als im Mutterland. So überrascht es nicht, wenn wichtige Ereignisse wie Geburtstage, Hochzeiten, die erste Menstruation, die erste erlegte Robbe, ein Wiedersehen mit alten Freunden oder sonstige Gelegenheiten, die sich in Grönland immer finden lassen, ›mit Kaffee‹ – so die Übersetzung von *kaffemik* – begangen werden.

Wenn man eingeladen wird, ist es äußerst unhöflich, nicht zu erscheinen. Bei der Ankunft zieht man Jacke, Regenhose und natürlich auch die Schuhe aus. Der geehrten Person überreicht man ein kleines Geschenk, anschließend wird man zum Tisch geführt, der reich gedeckt ist mit selbst gebackenen Kuchen, Kaffee und Tee. Man bekommt alles gereicht, und je nach Anzahl der Gäste – in kleinen Siedlungen ist es üblich, alle Bewohner des Ortes einzuladen – nimmt man nur zwei Tassen Kaffee und zwei Stücke Kuchen. Bevor man aufsteht, um sich als Raucher in die Raucherecke zurückzuziehen, sagt man *qujanaq*, danke.

Fast alle Orte bieten Touristen den Besuch eines *kaffemik* an und weisen daraufhin, dass dort vor allem von den alten Zeiten oder den jüngsten Ereignissen erzählt wird. Doch es muss nicht viel gesprochen werden – im Unterschied zum oft geschwätzigen mitteleuropäischen Kaffeeklatsch. Manche Gäste sitzen nur schweigend dabei und genießen die Zusammenkunft ›mit Kaffee‹.

Seit 1994 gibt es einen vom Parlament bestimmten Ombudsmann. Er entscheidet und schlichtet bei Auseinandersetzungen und Streitfragen der Bürger und legt dem Parlament Rechenschaft ab.

Seit der letzten Wahl gibt es eine Autonomiekommission, die untersuchen soll, inwieweit Grönlands ökonomische und politische Selbstbestimmung innerhalb des Königreichs erweitert werden können. Der Report für die Regierung wird Ende 2001 erwartet.

Grönland hat zwei Sitze im dänischen Parlament, die derzeit jeweils von einem Vertreter der beiden Parteien Siumut und Atassut besetzt sind. Dänemark, das nach wie vor die Oberhoheit in allen Fragen der Außenpolitik, der Verteidigung und der Rechtsprechung hat, entsendet einen ›Hoheitsbeauftragten‹, Dänisch *Rigsombudsmand*. Er vertritt zusammen mit dem Obersten Richter und dem Polizeibeauftragten das dänische Rechtssystem in Grönland und ist

Regierung und Verwaltung

ICC – Inuit Circumpolar Conference

152 000 Inuit leben in der Arktis, d. h. in Grönland, Kanada, Alaska und Tschukotka. Erstmals versammelten sich am 13. Juni 1977 Delegierte aus Grönland, Alaska und Kanada in Barrow, Alaska, auf Initiative von Eben Hopson Sr. In seiner ersten Rede brachte er damals die Hoffnung zum Ausdruck, dass »diese Versammlung zu einer dauerhaften Einrichtung wird, der Inuit Circumpolar Conference, die in der Lage sein wird, die Belange aller Inuit, die unter den vier Flaggen der Arktis leben, zu vertreten.« Vor allem sei es wichtig, so meinte er weiter, dass die Inuit als Besitzer des Landes wieder die Verantwortung dafür übernähmen. Eben Hopsons Wunsch wurde Wirklichkeit, und heute zählt die ICC zu den wichtigen außerparlamentarischen Organisationen der UN, die sich für die Rechte indigener Völker einsetzen.

Die Inuit verbinden gemeinsame mehrtausendjährige, kulturelle Wurzeln und Sprachen, das traditionelle Leben als Jäger und Nomaden und heute vor allem die Tatsache, dass sie von fremden Eindringlingen und späteren Kolonialherren entrechtet und aus ihrem Land vertrieben wurden. In einem schleichenden oder – in Tschukotka – einem kurzen Pro-

für alle gesetzlich zu regelnden Familienangelegenheiten wie Adoption oder Scheidung zuständig.

Grönland ist in einigen internationalen Organisationen vertreten: Seit 1977 in der ICC (s. o.); seit 1984 im Nordischen Rat und im Nordischen Ministerrat; seit 1985 im Westnordischen Rat, wo Island, Grönland und die Färöer die Zusammenarbeit in Handel und Industrie verstärken wollen; seit 1996 im Arktischen Rat, einem Zusammenschluss der acht arktischen Länder Russland, USA, Kanada, Island, Dänemark/Grönland, Schweden, Norwegen und Finnland. Seit 1992 gibt es zwei grönländische Repräsentanten in der dänischen Delegation in der UN-Versammlung. In Zusammenarbeit mit dem dänischen Außenministerium wird seit 1996 ein grönländischer Experte für indigene Angelegenheiten nach Genf zur ILO

Regierung und Verwaltung

zess wurden sie ihrer kulturellen Identität beraubt, und ihre Lebensweise wurde vernichtet. Deshalb ist es erklärtes Ziel der ICC, für die Selbstbestimmung der Inuit zu kämpfen. Dazu gehört die wirtschaftliche Autonomie, die die Rückerstattung aller Jagdrechte und -gebiete voraussetzt.

Die Erfolge auf dem Weg zur größeren Eigenständigkeit sind unübersehbar. Grönland verfügt seit 1979 über eine Selbstverwaltung mit eigenem Parlament, ein Modell, auf das die Inuit der anderen Länder mit Interesse blicken. Die kanadischen Inuit haben seit dem 1. April 1999 ihr eigenes Land Nunavut – was ›unser Land‹ bedeutet – und die Selbstverwaltung. Ein weiterer Schritt war die Gründung des Arktischen Rates im September 1996, in dem die ICC ständig vertreten ist. Hier besteht Gelegenheit, den acht Nationen der Arktis die Anliegen der Inuit unmittelbar zu erklären. Besonders im Umweltschutz ist eine übergreifende Zusammenarbeit notwendig, denn zunehmend lassen sich Schwermetalle und radioaktive Stoffe im Fleisch der Meeressäuger nachweisen, einem der Hauptnahrungsmittel der Inuit.

Alle vier Jahre treffen sich die Delegierten zur Hauptversammlung, an der erstmals 1989 auch die Vertreter Tschukotkas teilnahmen. Das nächste Treffen findet 2002 in Nunavik, Kanada, statt. Parallel hält auch die 1995 gegründete Inuit Elders' Conference ihre Versammlung ab; im November 1994 hatte sich schon der Inuit Circumpolar Youth Council (ICYC) etabliert. Die Arbeit beider Sektionen hat sich sehr bewährt, denn die Probleme der Generationen sind unterschiedlich. Präsident der ICC, der von den Delegierten in offener Wahl ermittelt wird, ist seit 1997 der Grönländer Aqqaluk Lynge, seines Zeichens Politiker und Schriftsteller.

ICC, Head office, Dronning Ingridsvej 1, P.O. Box 204, DK–3900 Nuuk, Tel: 32 36 32, Fax 32 30 01. E-Mail: iccgreenland@inuit.org. www.inuit.org

(Internationale Arbeitsorganisation) entsandt.

Seit 1985 hat Grönland eine eigene, von Thue Christiansen entworfene Flagge. Sie symbolisiert die aufgehende Sonne über dem Polareis, die für die Rückkehr von Wärme und Licht steht. Im selben Jahr wurde auch das von Jens Rosing erdachte Nationalwappen eingeführt: ein aufrecht stehender Eisbär, der die linke Pranke erhebt.

Soziales Leben

Grönland ist ein modernes Land mit vergleichbaren sozialen Errungenschaften wie in Dänemark, deren Erhalt und Ausbau sehr kostenintensiv sind. Alle Städte haben Krankenhäuser, die zugleich den Status eines medizinischen Zentrums haben, private Arztpraxen gibt es nicht. In den Siedlungen gibt es meist eine Krankenschwester und eine kleine Kran-

Soziales Leben

Die Grönlander sind begeisterte Fußballspieler, Platz für ein Tor gibt es überall

kenstation. Das größte Krankenhaus befindet sich in Nuuk, in Spezialfällen werden die Patienten nach Kopenhagen geschickt. Transport und Behandlung sind für Grönländer kostenfrei. In den meisten Städten gibt es heute Altenheime und in einigen auch Kinderheime. Die traditionellen Familienstrukturen haben sich in Grönland vor allem in der zweiten Hälfte des 20. Jahrhundert genauso verändert wie in Europa. Mehrgenerationenfamilien sind mittlerweile selten.

Seit mehr als 100 Jahren gibt es in Grönland Schulen, Analphabetismus ist unbekannt. In jeder kleinen Siedlung werden die Kinder die ersten vier Schuljahre unterrichtet, anschließend gehen sie in die Städte auf weiterführende Schulen bzw. nach Qaqortoq, Nuuk oder Aasiaat auf ein Gymnasium. Neun Schuljahre sind Pflicht. Unterrichtet wird sowohl in Grönländisch als auch in Dänisch, doch offizielle Landessprache ist Grönländisch. Die beliebteste zusätzliche Fremdsprache ist Englisch. Außer der Pädagogischen Hochschule und der kleinen Universität in Nuuk gibt es 14 Berufsschulen, eine Hochschule für Sozialpädagogik und Handelsschulen. Die meisten Schüler müssen heute nur noch für Studien ins Ausland, meistens nach Dänemark, einige gehen auch nach Kanada oder in die USA.

Mit den verbesserten Ausbildungsmöglichkeiten im Land hat sich auch die dramatische Identitätskrise vieler junger Menschen verringert. In früheren Jahren wurden sie als Jugendliche aus dem Familien-

Soziales Leben

verband gerissen, nach Dänemark geschickt und mussten in einem fremden Land, in fremder Umgebung und letztlich auch mit einer fremden Sprache zurechtkommen.

Auch heute noch kann man immer wieder über die desolaten Zustände in grönländischen Städten und Siedlungen lesen, aber sie sind alles andere als verwahrlost. Seit Jahren hat man – erfolgreicher als in mancher deutschen Stadt – mit Kampagnen dafür gesorgt, dass der Müll nicht einfach herumfliegt, sondern gesammelt wird. Zudem versucht man die sicher nicht sehr schönen Wohnblöcke gut in Stand zu halten, so erhielten z. B. die tristen Betonklötze in Ilulissat neue Fenster und einen farbenfreudigen Anstrich. Da die Wohnungssituation in den größeren Orten, vor allem in Nuuk, sehr angespannt ist, reißt man nicht einfach wahllos ab, sondern erhält die an sich gute Bausubstanz. Große Vielfalt an Häusertypen finden man in Grönland nicht, sondern meist die vom staatlichen Bauunternehmen errichteten Fertigbauten. Privatbesitz an Boden gibt es nicht, alles gehört traditionell der Allgemeinheit, sprich der jeweiligen Kommune. Der Standard der Häuser und Wohnungen entspricht unserem europäischen, nur gibt es nicht überall Wasserleitungen zu den Häusern, sondern man baut entsprechende Tanks ein, die von Wasserwagen gefüllt werden. In den kleineren Siedlungen und den alten Häusern trifft man meistens noch Trocken- oder Chemietoiletten an.

Der legendäre und oft beschriebene Alkoholkonsum hat sich auf ein europäisches Level eingependelt, vor allem viele junge Leute lehnen Alkohol strikt ab. Sie besinnen sich immer mehr auf die Traditionen, und so trifft man in vielen Orten Kajakvereine an, in denen der Bau der schnittigen Boote genauso gelernt wird wie der Umgang mit ihnen. Mehrmals im Jahr finden Wettkämpfe statt, in denen es vor allem um Geschicklichkeit geht. Auch der Trommeltanz hat bei jungen Grönländern eine Renaissance erlebt. Die Jungen sehen die Probleme in ihrer Gesellschaft, sie sind besser ausgebildet und wollen sich eine gesicherte Zukunft in ihrem Land aufbauen, ohne ihre Identität als Inuit dafür aufgeben zu müssen.

Nachdem erkannt wurde, wie wichtig ein Sportangebot für die Jugend ist, hat man in vielen Orten Sporthallen gebaut, die so etwas wie ein Treffpunkt geworden sind. Da die Grönländer begeisterte Fußballspieler sind, sieht man viele Fußballplätze, auf denen im Sommer zahlreiche Spiele – auch Meisterschaften – ausgetragen werden.

Wie überall spielen die neuen Kommunikationsmittel eine große Rolle, vor allem vom Internet verspricht man sich eine bessere Anbindung an den Rest der Welt. Mobiltelefone gehören zum Alltag, manche Grönländer haben schon auf den festen Anschluss verzichtet, weil sie so jeder Zeit erreichbar sind, bei der Jagd, auf der Straße, in der Sitzung oder im Bus.

Natürlich gibt es auch Probleme, vor allem im Osten und Norden, wo die meisten Fänger leben. Ihr hohes soziales Ansehen – auch im modernen Grönland – steht im krassen Gegensatz zu ihren materiellen Lebensbedingungen. Eine gewisse Resignation trifft man hier häufiger an, auch sind die Selbstmordraten in den Regionen deutlich höher. Doch deshalb steht Grönland nicht vor dem »Notstand«, wie 1999 in der Frankfurter Allgemeinen Zeitung zu lesen war. Das Land befindet sich im Umbruch, und es gibt durchaus viele Rückschläge, aber auch erkennbare Erfolge. Die Menschen sind stolz auf das, was sie erreicht haben, und auch stolz auf das Land, in dem sie leben.

Literatur

Literatur in unserem Verständnis gibt es in Grönland noch nicht lange. 1851 erschien eine von Samuel Kleinschmidt verfasste Grammatik der grönländischen Sprache in Berlin. Sie bildet zusammen mit dem Grönländischen Wörterbuch von 1871 die Grundlage für die Sprache der Grönländer. Mit der Rechtschreibreform im Jahr 1973 erhielt sie die heute gültige vereinfachte Schreibweise. 1861 kam die erste Zeitung in grönländischer Sprache heraus, ›Atuagagdliutit‹, die auch heute noch erscheint. Zunächst bestand sie nur aus einem Blatt und informierte die Grönländer über das, was in der Welt passierte. Später

wurde sie zu einer Plattform für die Debatten über soziale Veränderungen und die grönländische Identität.

Die ursprüngliche Literatur der Grönländer basiert auf mündlicher Überlieferung: Erzählungen, Legenden und Lieder. Die wichtigsten Themen sind die Welt mit ihren Naturkräften und Geistern und natürlich die Jagd. Beliebt sind auch Geschichten von geplagten Menschen, die sich mit Hilfe übernatürlicher Kräfte an den Bösen rächen können, wie der Waisenjunge Kaassassuk (s. S. 60). Die erste Sammlung dieser Erzählungen brachte Heinrich Rink in den Jahren 1866–1871 auf Dänisch heraus. 1921–1925 erschien dann das große Werk von Knud Rasmussen ›Mythen und Sagen aus Grönland‹. Diese reiche orale Tradition wurde ergänzt durch die zahllosen Lieder, die meist zur Trommel gesungen wurden.

Den Beginn der modernen Prosa markiert 1915 das Erscheinen von Mathias Storchs (1883–1957) Roman ›Sinnattugaq‹ (Ein Traum). In dem Zukunftsroman beschreibt der Autor, seines Zeichens Pfarrer, ein besseres und schöneres Nuuk im Jahre 2105, das durch christliches Handeln auch zu erreichen sei. Auch der zweite Roman von Augo Lynge (1899–1959), ›Ukiut 300-nngornerat‹ (Der 300. Jahrestag) spielt in der Zukunft: 2021, 300 Jahre nach der Ankunft von Hans Egede. Weitere Autoren, die um die Jahrhundertwende geboren wurden und eine realistisch beobachtende Haltung einnehmen, sind Hans Lyn-

Literatur

ge, Frederik Nielsen und Otto Rosing. Hans Lynges (1906–1988) Stil ist wesentlich entwickelter und reifer als der seiner damaligen Kollegen. Sein Roman ›Ersinngitsup Piumasaa‹ (Der Wille des Unsichtbaren), geschrieben 1938, erschienen 1967, gilt als einer der Höhepunkte der grönländischen Literatur.

Einen Wendepunkt in der grönländischen Literatur, die sich sehr mit Themen der Vergangenheit beschäftigt hatte und zudem stark von kirchlichen Vorstellungen geprägt war, stellt der Roman ›Nuturaq‹ (Das Kind oder auch Die Unerfahrene) von Hans Hendrik dar, der 1971 erschien. Erstmals trat damit ein junger Autor auf, der auch die Erotik nicht ausspart.

Die Autoren, die in den 1940er Jahren geboren wurden, haben sich in den 1960er und 70er Jahren verstärkt mit der Vorherrschaft der Dänen in ihrem Land beschäftigt, sie griffen auf die Vergangenheit zurück, um so den Stolz ihres Volkes zu stärken. Einer der wichtigsten Autoren, der in diesen Jahren zu schreiben begann, ist Aqqaluk Lynge, der gegenwärtige Präsident der ICC und Vorsitzender der Autorenunion in Grönland. Er hat nicht nur zahlreiche sozialkritische Essays geschrieben, sondern auch Gedichte, Hörspiele und Theaterstücke, u. a. zusammen mit dem Lyriker, Liedtexter und Musiker Malik Høegh. In seinem letzten Buch ›Gesichtspunkt‹, erschienen 1997, hat er viele seiner Gedichte und Artikel vereint. Zu den gegenwärtig interessantesten Autoren gehört Hans Anthon Lynge, Lyriker und Romancier, der mit seinem Gedichtband ›Im Norden, wo ich wohne‹ als erster grönländischer Autor für den Nordischen Literaturpreis 1991 nominiert wurde. In späteren Jahren wurden Marianne Petersen und Aqqaluk Lynge für den Preis ausgewählt. Zuletzt stand 2000 der Erzählungenband von Jørgen Fleischer mit dem Titel ›Seeredaaq und die anderen‹ auf der Vorschlagsliste; 2001 Hans Anthon Lynge für den Roman ›Allaqqitat‹.

Obwohl Grönland mit seinen knapp 57 000 Einwohner eine relativ kleine Lesergruppe darstellt, gibt es drei Verlage im Land, der älteste wurde 1857 gegründet. Der größte ist ›Atuakkiorfik‹, gegründet 1956. Insgesamt erscheinen jährlich rund 40 bis 50 Titel: Fiktion, Sachbuch, Kinderbücher, Schulbücher und natürlich auch Übersetzungen. Die Auflagenhöhen bewegen sich zwischen 1500 bis 2000 Exemplaren, insofern überrascht es nicht, dass kein grönländischer Autor allein vom Schreiben leben kann.

In allen grönländischen Kommunen gibt es in den Städten eine Bibliothek, in Nuuk die Nationalbibliothek mit ihrer einzigartigen Groenlandica-Sammlung.

Musik

Die traditionelle grönländische Musik ist unmittelbar mit der Literatur verbunden, zum Trommeltanz (s. S. 46) wurde immer gesungen; manche dieser Lieder sind noch heute bekannt und haben durchaus lyrische Qualität.

Die Grönländer waren neuen Einflüssen schon immer sehr aufgeschlossen, und so geht der ›Nationaltanz‹ *Kalattut* auf europäische Tanz- und Musiktraditionen zurück. Die sehr schwungvolle Polka, eine Art Square-Dance, wurde ursprünglich von den Walfängern ins Land gebracht. Der Tanz, meist mit Akkordeonbegleitung, ist beliebt bei Jung und Alt, entsprechend fehlt er auf keinem Fest. Doch auch die Missionare haben die Musik Grönlands mit ihren Kirchenliedern und Hymnen bereichert. Einige wurden neu geschrieben wie z. B. von Rasmus Berthelsen (1827–1901), der zusammen mit Heinrich Rink arbeitete, andere Lieder wurden ins Grönländische übersetzt, z. B. von dem Herrnhuter-Missionar Carl Julius Spindler (1838–1918). Problematisch ist dabei, dass die grönländischen Wörter oft sehr lang sind und deshalb die Melodie verändert werden musste. Chorischer Gesang ist heute weit verbreitet, fast jeder Ort hat seinen eigenen Chor, und alle zusammen bilden den Nationalchor. Aber auch der Kirchengesang wird nicht nur von einigen Alten praktiziert, sondern die Jungen sind durchaus text- und melodiesicher.

Die Musik des 20. Jh. wie Swing, Jazz oder Rockmusik gelangte über das Radio nach Grönland. 1973 kam die erste LP einer grönländischen Gruppe auf den Markt, die Gruppe hieß ›Sume‹ (wo) und ihr Debüt ›sumut‹ (wohin). Die Platte schlug ein wie eine Bombe. Die Gruppe sang von der grönländischen Kultur, dem Stolz und der Geschichte, hier erklangen kämpferische Töne. Nach Meinung von Karsten Sommer, dem Produzenten des grönländischen Plattenlabels ›ULO‹, der damals die LP noch in Dänemark herausbrachte, hat diese Musik einen großen Einfluss auf die Unabhängigkeitsbewegung im Land gehabt. 25 000 Platten wurden in ganz Skandinavien verkauft, selbst Radio Luxemburg spielte damals die Musik. ›Sume‹ war ein Durchbruch für die Musikszene in Grönland, die Gruppe hat heute Kultstatus. Malik Høegh ist einer ihrer führenden Texter.

Ein weiterer großer Sänger, dessen erste LP 1974 erschien, ist Rasmus Lyberth. Er schreibt Musik und Texte seiner sehr gefühlvoll vorgetragenen, aber niemals sentimentalen Lieder selber. Begonnen hat er mit ›Sume‹, später arbeitete er mit dem ›Tuukkaq‹-Theater zusammen, das mit Musik und Tanz Mythen und Szenen aus dem Alltag darstellte. Lyberth hat auch die Hauptrolle in dem ersten originär grönländischen Film ›Herz des Lichtes‹ (1997) gespielt. 1996 wurde Rasmus Lyberth für den Musikpreis des Nordischen Rates nominiert. Die Theatergruppe ›Tuukkaq‹ hat sich wieder auf die alten Lieder und den Trommeltanz besonnen. In den 1980ern veröffentlichten sie einige Platten.

1976 fand zum ersten Mal das Sommerfestival ›Aasivik‹ statt mit Musik, Zeltlager und politischen

Musik

Debatten. Im Verlauf der Jahre sind die Debatten etwas in den Hintergrund getreten, aber das Festival mit viel Livemusik ist erhalten geblieben und eine gute Gelegenheit, Freunde und Verwandte aus anderen Teilen Grönlands wiederzusehen, der Festivalort wechselt jährlich.

Heute sind Musikangebot und -produktion erstaunlich rege. Die Gruppen singen auf Grönländisch und erhalten so ihre Sprache frisch und dynamisch. Außerdem können sehr viele Grönländer auf der Gitarre oder dem Akkordeon spielen. Zu den neuen Namen zählen ›Ole Kristiansen Band‹, ›Mariina‹, ›Inneruulat‹ oder auch ›Nuuk Posse‹. Die Rap-Gruppe ›Nuuk Posse‹ greift in einigen Stücken auch auf die alte Gesangtradition zurück. Ein gutes Beispiel für diese Mischung aus alt und neu ist die CD Nanu Disco ›In search of the roots‹, die 1998 herauskam. Doch wie überall findet auch in Grönland Popmusik die meisten Käufer, immerhin in der eigenen Sprache vorgetragen. Rund 12 Titel produziert ›ULO‹, es gibt noch fünf weitere CD-Verlage, allein 1998 kamen 40 CDs auf den Markt. Selbst der Verkauf in fast allen größeren Läden im Land hilft nicht viel, bei diesem Überangebot kaufen die Geschäfte nur kleine Stückzahlen pro Titel.

Bildende Kunst

›Etwas Merkwürdiges, das zurechtgemacht ist‹, bedeutet das grönländische Wort für Kunst, *erqumitsuliaq.* Es entstand im 19. Jh. mit der Ankunft der Europäer, durch die sich ein Kunstbegriff in unserem Sinne erst entwickelte. Typisch für die frühen Artefakte der Inuit ist die enge Verbindung von Form und Funktion. Die Arbeiten waren integrierter Teil des Alltags und des religiösen Lebens und spiegeln Interpretationen von Natur, Mensch und Tier, ihre Beziehungen zueinander, die Sagen und Mythen wider. Alles war lebendig und hatte entsprechend eine *inua,* eine Seele. So glaubte man auch, das sich Tiere nur mit einer schönen Waffe erlegen lassen. Viel Arbeit wurde in die Ornamentik und die Dekorationen der Griffe gesteckt, und schon früh begannen die Inuit Figuren aus Speckstein, Knochen oder Elfenbein zu schnitzen, die auch heute noch von zahlreichen Künstlern gefertigt werden. Traditionell dominierte das Figurative, das in seiner groteskesten Ausprägung in der Darstellung der Tupilaks zu finden ist (s. S. 194f.).

Malerei und Grafik sind Darstellungsformen, die erst in der Mitte des 19. Jahrhunderts aufkamen, beeinflusst durch die Dänen. Der Druck von Grafiken wurde durch Heinrich Rink ermöglicht, der in den 1850er Jahren die erste Druckerei in Nuuk eröffnete. Erstmals traten die bisher anonymen Künstler auch als Personen in Erscheinung. Einer der ersten ist Aron fra Kangeq (1822–1869), der als Vater der grönländischen Malerei angesehen wird. Seine zahlreichen Aquarelle und

Der Trommeltanz

»The beat of the drum is the beat of the heart«

Die Trommel (*qilaat*) ist das einzige traditionelle grönländische Musikinstrument. Die fast kreisrunde, im Norden auch ovale Handtrommel ähnelt einem Tamburin. Der Rahmen wird entweder aus Treibholz, Walrossrippen oder vergleichbar flexiblen Knochen hergestellt. Für die Membrane verwendet man z. B. Bär- oder Walrossmägen oder die Plazenta von Robben, manchmal auch moderne Materialien wie Plastik, doch der Klang der Trommel ist dann nicht so gut. Felle werden fast nie benutzt, da sie zu dick sind. Der kurze Griff ist aus Holz oder Knochen, je nach Region, das Gleiche gilt auch für den Trommelstock.

Grönländische Trommeln werden immer von unten gegen den Rahmen geschlagen, in Ost- und Nordgrönland meist auf der dem Griff gegenüberliegenden Seite. In diesen beiden Gebieten ist der Trommeltanz noch am lebendigsten, denn hier kamen die ersten Europäer und Missionare erst im ausgehenden 19. Jh. Für die Missionare war der Trommeltanz ›Teufelswerk‹, das verboten werden musste, vor allem das Spiel der Schamanen, der *angakoqs*, die damit Krankheiten vertrieben oder die Mutter des Meeres gnädig stimmten, damit die Jagd erfolgreich verlief. Trommeltanz, immer verbunden mit Gesang, gehörte zum täglichen Leben der Inuit-Gesellschaft. Es gab sehr unterschiedliche Formen: Sologesänge wie reine, aus der unmittelbaren Situation heraus spontan entstandene Gefühlslieder, Gesänge einzelner innerhalb der Gruppe, z. B. um ein besonderes Ereignis zu feiern, und das Trommeltanzduell. Diese Form, bei der sich zwei Sänger mit ihren Trommeln gegenüber standen, war von großer Bedeutung, denn hier wurden richtige Blutfehden und Konflikte ausgetragen. Sieger wurde, wer zuerst das Publikum zum Lachen brachte. Am Ende konnte es nach diesem ›Sängerkrieg‹ durchaus zu einer Freundschaft der beiden Kontrahenten kommen.

Wichtig ist auch der Tanz, meist sehr erotische Bewegungen mit den Hüften, vermutlich mit ein Grund, weshalb die Missionare diese Musik verboten. Heute geben die oft schon sehr alten Sänger ihre Kenntnisse an die Jungen weiter, und regelmäßig werden bei Festen Trommeltanzvorführungen gezeigt. Auch in Westgrönland ist es in den letzten Jahren zu einer Renaissance gekommen, und die Tradition wird wieder gepflegt. Tipp: Die CD ›Traditional Greenlandic Music‹, ULO 75, gibt einen guten Eindruck vom Trommeltanz zwischen 1905 und 1984.

Grafiken zeigen Szenen aus der Sagenwelt und aus dem Alltag. Schon bei ihm ist das das wichtigste Thema aller grönländischen Künstler vertreten, die Auseinandersetzung mit der Natur. Der Maler, Bildhauer und Dichter Hans Lynge (1906–1988) hat sich in seinem Werk mit diesem Thema auf besondere Weise beschäftigt. Seine Bilder haben eine klare, leuchtende Kraft, die die Kälte zum Ausdruck bringen, ohne kalt zu wirken. Seine farblich vielschichtigen Blautöne strahlen geradezu, er wird deshalb als der ›Maler des Lichts‹ bezeichnet. Er hat sich auch für die Gründung einer Kunsthochschule in Nuuk eingesetzt, die 1972 unter seine Leitung eröffnet wurde und heute der Selbstverwaltung untersteht.

Ein weiterer bemerkenswerter Künstler, dessen Werken man in Büchern oder Museen häufiger begegnet, ist Kârale Andreassen (1890–1934). Er fertigte zahlreiche Zeichnungen für die Sammlungen der Mythen und Erzählungen, die Knud Rasmussen herausbrachte. Seine fantastischen und für uns geradezu surrealen Bilder spiegeln nicht nur den Alltag der Menschen damals wider, sondern vor allem ihr Geisterverständnis: Zwitterwesen, halb Mensch, halb Tier, die fast immer eine Bedrohung darstellen.

Die wohl bedeutendste Künstlerin der Gegenwart ist Aka Høegh, geboren 1947, die mit ihren Ausstellungen auch über Dänemark hinaus bekannt wurde. Sie hatte einen intensiven Kontakt zu Hans Lynge, doch ihr Werk trägt eine andere Handschrift. Ihre Arbeiten sind vielerorts zu sehen: Schornsteine, Kirchenkreuze, Vorhänge oder Wandmalereien. Zwei Themen sind prägend für sie, die Natur, die sie sowohl thematisch verarbeitet als auch als Material wie Treibholz oder Knochen verwendet, und die Menschen, für die sie sehr bewusst arbeitet und die sie mit einer großen Intensität porträtiert. Die Gesichter, blicken gleichsam in eine andere Welt, so auch die Steinreliefs in Qaqortoq, die sie innerhalb des von ihr initiierten Projektes ›Stein und Mensch‹ schuf.

Hier sind auch einige Arbeiten von jungen, grönländischen Künstlern zu sehen, die eine einjährige Ausbildung in Nuuk an der Kunsthochschule erhalten haben, und von denen man in Zukunft sicher noch einiges sehen wird.

Kunsthandwerk und Nationaltracht

Die handwerklichen Fähigkeiten der Inuit sind über die Jahrtausende belegt und zeigen sich vor allem in zwei Bereichen: Messer und Harpunen sowie vielgestaltige Fellarbeiten, die z. B. für die Nationaltracht der Frauen notwendig sind.

Die wichtigsten Werkzeuge der Inuit sind Messer. Man braucht sie zur Jagd und zur Robbenfellbearbeitung. Das berühmte Frauenmesser *ulo*, ein Schabemesser, ist scharf genug, um Robbenleder in winzig

Kunsthandwerk und Nationaltracht

Kunsthandwerk aus Ostgrönland hat einen guten Ruf bei Kennern

kleine Streifen zu schneiden. Noch heute gibt es in jedem grönländischen Haushalt ein *ulo,* in Ost- und Nordgrönland werden sie noch immer in Handarbeit hergestellt. Es gibt drei unterschiedliche Typen, wobei die in Nord- und Westgrönland sehr ähnlich sind. Hier ist eine halbmondförmige Klinge über eine Angel mit dem Griff verbunden. Die Westgrönländer hatten als erste Eisen und andere Metalle von den Europäern erhalten, während die anderen meist noch scharf geschliffene Steine verwendeten. Als Griffe dienten Walrosszähne, Knochen oder auch Holz. In Ostgrönland ist die Klinge eher rechteckig und über zwei Angeln mit dem Griff verbunden. Dieses wichtige Handwerkszeug der Frauen wird heute auch als Souvenir mit dekorierten Griffen angeboten. Auch in die Schmuckproduktion hat das *ulo* Eingang gefunden, zahlreiche Anhänger und Ohrringe haben diese Form. Für Feministinnen ist das *ulo* ein der bei uns bekannten Doppelaxt vergleichbares Symbol.

Die Jagdmesser wurden schon in früheren Zeiten an ihren Griffen, die meist aus Knochen oder Holz waren, verziert. Bevor man Metall für die Klingen hatte, verwendet man geschliffene Narwalzähne. Die Ornamentik konnte aus einfachen Strichen bestehen oder aus Darstellungen von kleinen Szenen, wie z. B. von den Tieren, die mit der Waffe gejagt wurden. Manche Griffe erhielten auch die stilisierte Form einer Robbe, sofern es die Griffigkeit verbesserte. Auch andere Werkzeuge für die Jagd und den Fischfang wurden dekoriert, z. B. auch Harpunenspitzen aus Narwalzahn oder auch die Fischleinensenker, die an den Kajaks befestigt waren.

Der Einsatz von Robbenfellen hat das Überleben in der rauen Natur seit jeher erleichtert. Die Stiefel und die Fellhosen der grönländischen Frauentracht bestehen noch größtenteils daraus. Es heißt, es sei die einzige Tracht auf der Welt, die Hosen für Frauen vorsähe. Die Fertigung der *kamiks* – der Stiefel – erfordert großes handwerkliches Können und viel Zeit. Die Felle werden mit

Kunsthandwerk und Nationaltracht

dem *ulo* vom Fett befreit, müssen weich geklopft oder auch weich gekaut werden. Für die Sohlen müssen die Haare entfernt werden. Mit einer speziellen Nähtechnik werden die Schuhe wasserdicht. Das Leder wird gefärbt, außer strahlend weißen Kamiks sieht man auch rote oder schwarze. Heute verwendet man chemische Färbungen für Stoffe, früher wurden Naturfarben benutzt. Diese Stiefel sind kleine Kunstwerke, reich verziert mit millimeterbreiten, verschiedenfarbigen Lederstreifen, die zu Mustern verarbeitet werden. Diese Lederarbeit (*avittat*) sieht man nicht nur an den Kamiks, sondern auch auf Taschen und an den Hosen der Tracht. Oberhalb des Lederstiefels kommt bei einigen ein Stoffteil, den Abschluss bildet ein breiter Fellrand. In den oberschenkelhohen Kamiks stecken kurze Robbenfellhosen. Zur Tracht gehören ein Anorak (oder eine Bluse) und ein Perlenkragen. Die Ärmel schmückt Robbenfell, über dem Anorak steht ein Fellkragen, der nicht befestigt ist.

Auf den Einfluss der Herrnhuter geht die je nach Familienstand unterschiedliche Farbgebung des Anoraks zurück. Junge Mädchen und unverheiratete Frauen tragen hell rote, manchmal mit einem floralen Muster versehene Blusen, verheiratete Frauen häufig ein dunkleres Rot, auch die Kamiks sind meist dunkler. Ältere verheiratete Frauen haben oft blaue, violette oder sehr dunkelrote Blusen, meist mit roten Kamiks. Witwen tragen dunkelblau oder auch schwarze Blusen mit schwarzen Kamiks, außerdem tragen sie keinen Perlenkragen mehr.

Diese Perlenkragen, die sich in den jeweiligen Regionen nach Farbe und Größe unterscheiden, können bis zu zwei Kilogramm wiegen, und viele Frauen fertigen sie selber. Perlenarbeiten gehören in Grönland zu beliebten Handarbeiten, man verwendet sie auch als Zierdecken, Armbänder oder macht kleine Figuren daraus.

Die Trachten unterscheiden sich auch regional. An der Ostküste tragen die Frauen weiße Anoraks, die an die traditionellen Fellanoraks erinnern, mit Perlenverzierungen und Perlenschmuck für den Kopf. Im Norden erhalten die oberschenkelhohen Kamiks aus Leder einen Eisbärfellrand, die kurzen Hosen sind aus Fuchsfell. Perlenkragen sieht man hier nicht.

Auch bei der ansonsten wesentlich schlichteren Männertracht gibt es Unterschiede zwischen verheirateten und unverheirateten Männern: ledige tragen weiße Kamiks, verheiratete schwarze. Ansonsten haben die Männer im Westen und Osten einen weißen Anorak zur dunklen Hose, die Inughuit einen hellen Anorak zu Eisbärfellhosen.

Die Nationaltracht wird in Grönland zu vielen Gelegenheiten getragen: erster Schultag, Schulabschluss, Konfirmation, Hochzeit und zahlreiche Feiertage und Feste. Da die Fertigung sowohl aufwendig als auch kostspielig ist, werden Trachten auch vererbt.

49

UNTERWEGS
IN GRÖNLAND

Nuuk

Narsarsuaq

Qassiarsuk

Igaliku

Qaqortoq

Nanortalik

Kangerlussuaq

Sisimiut

Maniitsoq

Die Diskobucht

Uummannaq

Upernavik

Tasiilaq

Ittoqqortoormiit

Nuuk

Spaziergänge durch Nuuk

Blick auf Nuuk

Nuuk

Die größte Stadt der Arktis in beeindruckender Umgebung: Auf den Fjorden treiben Eisberge und schneebedeckte Gebirgszüge mit markanten Gipfeln erstrecken sich bis zum Inlandeis. In der Hauptstadt ist die Moderne genauso präsent wie die 4000jährige Jägerkultur.

Nuuk bedeutet ›Landzunge‹ und ist für manchen Reisenden – und auch für Grönländer – nicht mehr Grönland. Das wirtschaftliche, kulturelle und politische Zentrum der größten Insel der Welt mit seinen ›nur‹ 13 500 Einwohnern ist für europäische Verhältnisse eine kleine, jedoch Grönlands größte Stadt. Nuuk verfügt über alle Einrichtungen einer Hauptstadt: die Selbstverwaltung, das Kulturzentrum Katuaq, die Universität, das größte Krankenhaus der Insel, Verwaltungssitze der wichtigsten Firmen und eine Fußgängerzone. Die Stadt wirkt wie ein Versuchsfeld für Siedlungspolitik und -entwicklung, was sie natürlich auch ist. Wenig einladend sehen die Wohnblöcke mit ihrer gleichförmigen Front aus, doch wenn man in der Wohnung aus dem Fenster blickt, sieht man die Eisberge im Fjord und die in das goldene Licht der untergehenden Sonne getauchten Gipfel von Ukkusissat. Vielleicht ist Nuuk nicht die schönste Hauptstadt der Welt, aber sicher die mit einer der schönsten Umgebungen.

Geologisch gehört das Gebiet um Nuuk zu den ältesten der Erde, in der Isua-Region hat man Spuren von Lebensformen gefunden, die 3,8 Mio. Jahre alt sind. Doch auch als Siedlungsgebiet hat die Region eine lange Geschichte. Die ersten Menschen, die zur Saqqaq-Kultur gezählt werden, kamen um 2400 v. Chr. aus Nordamerika in die Nähe von Qoornoq und lebten bis 1000 v. Chr. in Grönland. Spuren der Dorset-Kultur fand man im Gebiet der ehemaligen Siedlung Kangeq. Diese Siedler verschwanden um 800 n. Chr. Die dritte Einwanderungswelle kam aus dem Osten, normannische Siedler, die sich in den Jahren 1000 bis 1350 hier niederließen. Ihr Hauptsiedlungsgebiet war in der Region um den Ameralik-Fjord, der damals Lysefjord hieß, der ›lichte Fjord‹. Auf dem größten und bekanntesten Hof Sandnæs lebten Thorsteinn Eiriksson und seine Frau Gudrid eine kurze Zeit. Insgesamt hat man 70 Höfe und drei Kirchen in dem Gebiet gefunden, das im Mittelalter Westsiedlung (Vestribygd) genannt wurde. 1350 konnte Ívar Bárdarson, der im Auftrag des norwegischen Bischofs Gardar verwaltete, auf seiner Reise zur Westsiedlung nur noch feststellen, dass dort »keine Christen und keine Heiden mehr waren, nur noch einige wilde Schafe und Kühe«.

Die vierte Einwanderungswelle erfolgte durch die Thule-Inuit, die Vorfahren der heutigen Inuit. Von ihnen hat man einige Winter- und Sommerwohnstätten im Gebiet von Nuuk gefunden. Abgesehen von Walfängern und Forschern im 16. und 17. Jh. hatten die Inuit bis zur Ankunft Hans Egedes 1721 keinen Kontakt zu Europäern. Mit der Gründung von Nuuk, das damals Godthåb (Gute Hoffnung) hieß, beginnt am 29. August 1728 die moderne Geschichte der Stadt und die Geschichte der dänischen Kolonisation Grönlands. Egedes Aufgabe war die Errichtung von Handelsstationen im Land, doch das gelang ihm nicht. Enttäuscht über seine geringen Erfolge und unglücklich über den Tod seiner Frau Gertrud Rask verließ er Grönland 1736. Gertrud war wie viele Inuit an den 1733 eingeschleppten Pocken gestorben.

1733 gestattete der dänische König der deutschen Herrnhuter-Mission, sich auch in Grönland zu etablieren, doch eine Zusammenarbeit zwischen Dänen und Deutschen kam aufgrund der unterschiedlichen theologischen Ansätze nicht zustande.

Die Entwicklung Nuuks zur Hauptstadt begann erst nach der Gründung der Königlich Grönländischen Handelsgesellschaft 1774. In ihrer Blütezeit in der ersten Hälfte des 19. Jh. entstanden viele der Kolonialhäuser um den alten Hafen. Die Bevölkerung wuchs damals noch sehr langsam.

Erst 100 Jahre später setzten die Dänen die Pläne um, die das Stadtbild und das Leben in Nuuk radikal veränderten. G-60 nannte sich die Politik der Zentralisierung, die in Nuuk die wahnsinnigsten Blüten trieb. In dem rund 200 m langen Block P leben über 500 Menschen, so viele wie in zwei oder drei traditionellen grönländischen Siedlungen zusammen. Südlich des Kolonialhafens erheben sich 10 große weiße Wohnblöcke, die zum Wahr-

---

Der Postkasten des Weihnachtsmannes

zeichen des modernen Nuuk geworden sind.

Heute gehören die aufgezwungenen Zentralisierungspläne für die Einwohner in der Hauptstadt der Vergangenheit an, man beschreitet jetzt auch architektonisch bessere und humanere Wege. Da der Bedarf an Neubauten riesig ist, trifft man ständig auf Baustellen, allerdings entstehen heute vor allem Wohnanlagen mit kleinen, separaten Einheiten. Viele Menschen ziehen nach Nuuk, denn hier gibt es Arbeitsplätze, und die Lebensbedingungen entsprechen eher denen der modernen Welt. Dennoch bestehen ausreichende Möglichkeiten für Jagd- und Fischausflüge, wie die vielen Jagdhütten an den Fjordküsten zeigen.

Den besten Eindruck von der Größe der Stadt erhält man auf einer Fahrt mit dem Linienbus, die ungefähr eine Stunde dauert. Dabei erkennt man, dass Nuuk aus drei Teilen besteht: die Region um den Kolonialhafen, das moderne Nuuk mit der Konsummeile und die neuen Stadtteile Nuussuaq und Eqalugalinnguit. Es lohnt sich, auf Entdeckungstour zu gehen, z. B. indem man den zahllosen Treppen folgt, die einzelne Straßenzüge miteinander verbinden und Nuuk zu einer richtigen Fußgängerstadt machen.

Ein Streifzug durch das Zentrum

Ein guter Weg zum Kolonialhafen beginnt am markanten, architektonisch gelungenen Kulturzentrum Katuaq. Man folgt der Straße Kuussuaq und wendet sich an ihrem Ende nach links, bis man zu Treppen gelangt, die zum Kolonialhafen führen. Schon von weitem sieht man den überdimensionalen **Weihnachtsbaum** – Grönlands höchster Baum. Er steht vor Gebäuden aus den 1950er Jahren, in denen nicht nur die Touristeninformation (Takornariaqarfik) untergebracht ist, sondern auch die **Poststation von Santa Claus (1),** ein Laden mit Weihnachtsprodukten, in dem man einen Weihnachtsstempel erhalten kann. Jährlich schicken Tausende Kinder aus aller Welt Briefe mit ihren Weihnachtswünschen hierher. Der riesige Postkasten direkt neben dem Haus wird vor Weihnachten geleert. In die Säule daneben werfen Kinder ihre Schnuller, um zu zeigen, dass sie dem ›Babyalter‹ entwachsen sind.

Auf dem Weg in Richtung Stadt kommt man zunächst zum **Grönländischen Nationalmuseum und Archiv (2;** Katersugaasivissua Torqqorsivialu), die 1991 vereint wurden und in Lagerhäusern aus den 1920er Jahren untergebracht sind. Am Eingang des Neubaus von 1992 prangt als Logo des Nationalmuseums das Sonnensymbol der Inuit. Hier sieht man zahlreiche Exponate, die Auskunft über die Entwicklungsgeschichte Grönlands geben. Neben anderen Exponaten aus der Saqqaq- und Thule-Kultur werden Kajaks und Umiaks gezeigt, außerdem gibt es eine umfangreiche Tupilak-Sammlung. Außer regelmäßigen Sonderausstellungen kann man sich noch eine Kunstsammlung ansehen, die die Entwicklung der grönländischen Kunst in den letzten 130 Jahren dokumentiert. Einer der bemerkenswertesten Künstler war Aron fra Kangeq, von dessen 250 Bildern immerhin 160 im Nationalmuseum hängen. Neben dem Museum befindet sich eine Bronzetafel mit einem Relief von einem von Arons Holzschnitten. Der größte Schatz des Museums sind die Mumien aus Qilakitsoq bei Uummannaq, die man 1972 in einer großen Grotte fand und die dort seit 1475 gelegen haben (s. S. 174). Die gute Durchlüftung der Steingrotte, die niedrige Temperatur und geringe Luftfeuchtigkeit ermöglichten eine natürliche Mumifizierung. Die vollständig erhaltene Kleidung sowie andere interessante Funde geben einen guten Aufschluss über die Lebensweise im 15. Jh. Vier der insgesamt 8 Mumien, sechs Frauen und zwei Kinder im Alter von 50 Jahren bis 6 Monaten, sind hier zu sehen. Nach ihrem Fund wurden sie zunächst in Kopenhagen wissenschaftlich untersucht; der Bericht liest sich spannend wie ein Krimi (Öffnungszeiten: Di–So 10–16 Uhr).

Neben dem Museum befinden sich zwei alte **Lagerhäuser,** Depots des Museums, und der **Kajakverein.** Vor allem Jugendliche interessieren sich in den letzten 10 Jahren wieder zunehmend für den Bau und die Handhabung dieser leichten und schnellen Boote. Regelmäßig finden in den Orten entlang der Westküste Wettkämpfe statt. Mit etwas Glück

Mumie im Nationalmuseum

sieht man auch Kajaker in der Bucht trainieren. Gegenüber dem Museum an einem kleinen Bach steht die alte Zimmermannswerkstatt aus dem Jahre 1852, doch das Gebäude ist schon älter. Ursprünglich war hier die erste, 1765 erbaute Kirche Nuuks. Der **Kolonialhafen** erstreckt sich über die gesamte Rückfront des Museums und der ehemaligen Lagerhäuser. Heute nutzen die Fischer und Bewohner die Anlegestelle für ihre kleinen Motorboote, außerdem ist die geschützte Bucht ein idealer Übungsplatz für die Kajaker.

Kurz hinter dem kleinen Bach führt ein Weg rechts hinauf, über ihn gelangt man zum **Brædtet (3;** Ul-

Nuuk

Blick auf Krankenhaus, Erlöser-Kirche und Egede-Denkmal

luinnarsiutinut Pisiniarfiit), dem lokalen Markt, wo die Jäger ihren täglichen Fang anbieten. Etwas weiter residiert der Verlag ›Atuakkiorfik‹ mit einer kleinen Buchhandlung in einem der Kolonialhäuser.

Wenn man den Hans Egedesvej weiter in nördliche Richtung geht, kommt man an dem ältesten Haus von Nuuk vorbei, dem **Hans Egede-Haus (4;** Hans Egede Illuat) aus dem Jahr 1728. Heute dient das Gebäude repräsentativen Zwecken und als Gästehaus für offizielle Besucher, zuvor war es lange der Sitz des Premierministers der Selbstverwaltung.

Auffallend ist ein leuchtend gelbes Gebäude, das 1903 erbaute **alte Krankenhaus (5).** Traditionell waren Krankenhäuser in früheren Jahren gelb, und in vielen Orten ist das auch bis heute beibehalten worden. Diese Farbgebung – Läden waren immer rot und Verwaltungshäuser blau – erleichterte die Orientierung in jedem Ort. Vor allem Tuberkulosekranke wurden im Krankenhaus bis in die 1950er Jahre behandelt. Aufgrund des geringen Platzes mussten damals noch viele Patienten nach Dänemark geschickt werden. Erst 1954 wurde weiter südöstlich in Richtung Atlantikhafen das neue Königin Ingrid-Krankenhaus errichtet, das 211 Betten hat.

Oberhalb des alten Krankenhauses, das jetzt als Kolleg genutzt wird, steht das **Denkmal (6),** das fast jede Aufnahme von Nuuk ziert: die Statue von Hans Egede, errichtet 1921 anlässlich der 200-Jahrfeier der An-

Nuuk

kunft Egedes. Es ist ein Werk des Bildhauers August V. Saabye, das Original steht an der Marmorkirche in Kopenhagen. Von dem kleinen Hügel hat man einen hervorragenden Blick auf die Stadt und über den Kolonialhafen. Das graue Haus aus dem Jahr 1830 ist der Sitz des Rigsombudsmands, dem dänischen Vertreter in Grönland, und Gästehaus der königlichen Familie. Daneben steht die rote **Erlöser-Kirche (7;** Annaassisup Oqaluffia), die 1849 geweiht wurde. Damals hatte sie eine Kuppel, die noch auf alten Bildern zu sehen ist und 1884 durch den Turm ersetzt wurde. Innen befinden sich Ölgemälde von Carl Rasmussen und ein Marmorrelief aus dem Jahr 1894, das Hans Egede und seine Frau Gertrud Rask zeigt. Die Erlöser-Kirche wurde mit Errichtung eines eigenen Bistums 1994 die Domkirche des Landes. In der Nähe der Kirche steht eine Bronzebüste zur Erinnerung an Jonathan Petersen (1881–1961), Organist der Kirche, aber vor allem Komponist und Kirchenlieddichter. In dem roten Haus nebenan, dem ehemaligen Lehrerseminar aus dem Jahre 1854, der ältesten Kulturinstitution Grönlands, wohnt heute die Bischöfin Sofie Petersen. Auf dem **Friedhof** neben der Erlöser-Kirche sind mehrere Gräber bekannter Leute wie das von Samuel Kleinschmidt.

Vom Friedhof geht es weiter nördlich zu dem auffallenden roten Bau aus dem Jahr 1907. Hier ist seitdem das **Lehrerseminar (8)** untergebracht. Der schöne Kolonialbau dominiert

auch Nuuks Stadtwappen. Die älteste Ausbildungsstätte der Insel ist ein Symbol für die Identität des Landes, denn hier erhielten nicht nur etliche bekannte Grönländer eine Ausbildung, sondern auch die eigene Sprache wurde gelehrt. Das Seminar mit dem weißen Gipfel des Berges Sermitsiaq im Hintergrund, der von manchen Plätzen in der Stadt wie der ›Hausberg‹ wirkt, ziert auch das Stadtwappen von Nuuk. Ein gelbes Kajakpaddel und Wellen vervollkommnen das Bild.

Vor dem Seminar stehen zwei interessante **Gedenksteine.** Der eine erinnert an Rasmus Berthelsen (1827–1901), den ersten am Seminar ausgebildeten Lehrer, der 1861–1874 auch Redakteur der grönländischen Zeitung ›Atuagagdliutit‹ war. Der andere Stein ist Jørgen Brønlund (1877–1907) gewidmet, der an mehreren Expeditionen in Nordgrönland teilnahm, wo er im November 1907 starb.

Vom Seminar läuft man wieder in Richtung Zentrum vorbei an einem Platz, auf dem kleine Mauern die Neugier wecken. Hier wurde der Versuch unternommen, einen arktischen Garten mit allen Pflanzen der Umgebung anzulegen. Doch das Projekt scheiterte, und so blieben lediglich die Umrandungen mit einigen Gewächsen übrig. Das Denkmal auf dem Platz erinnert an den Besuch des dänischen Königs Frederik IX. und der Königin Ingrid 1952 in Grönland.

Die Skulptur vor dem **Parlament (9)** hat der grönländische Künstler

Kaassassuk-Skulptur vor dem Parlament

Simon Kristoffersen geschaffen. Sie stellt die Erzählung von dem Knaben Kaassassuk dar, der als Waisenkind von allen in der Siedlung schlecht behandelt wurde. Erst mit der Hilfe von *Pissaap inua*, dem Geist der Kraft, gelingt es ihm, groß und stark zu werden und sich an seinen Misshandlern zu rächen. Die Geschichte ist jedem Grönländer bekannt, und hier versinnbildlicht sie den Gedanken der Eigenständigkeit Grönlands. Sie wurde 1989 aufgestellt, 10 Jahre nach Einführung der Selbstverwaltung.

Architektonisch eines der gelungensten Gebäude – nicht nur in Grönland – ist das im Februar 1997 eröffnete Kulturzentrum **Katuaq (10).** Geplant von der dänischen Architektenfirma Schmidt, Hammer & Lassen aus Århus, beeindruckt die multifunktionale Bühneneinrichtung, die Katuaq sowohl als Kongresszentrum ausweist als auch als hervorragenden Raum für Theaterinszenierungen. Beeindruckend ist der Vorhang, den Aka Høegh entworfen hat. Regelmäßig finden hier die unterschiedlichsten Veranstaltungen statt, außerdem haben NAPA, das Nordische Institut in Grönland, und Silamiut, das grönländische Theater, hier ihre Heimat gefunden. Jeden Sommer gibt es eine große Ausstellung, die einem bildenden Künstler des Landes gewidmet ist. Die Cafeteria trägt mit

Nuuk

dazu bei, dass Katuaq ein beliebter Treffpunkt ist. Finanziert wurde die Einrichtung von der Stadt, dem Land und dem nordischen Ministerrat, die Besitzer sind Stadt und Land, außerdem gibt es Zuschüsse von Sponsoren (Öffnungszeiten: Mo–Sa 11–21, So 12–21 Uhr; www.katuaq.gl).

Von Katuaq aus wendet man sich nach links auf die Straße Kuussuaq zum **Rathaus (11).** Ein Besuch lohnt sich, um den Wandteppich von Hans Lynge zu betrachten. Er zeigt Motive der Stadtgeschichte und wurde aus naturfarbiger Wolle aus Südgrönland gewoben.

Gegenüber dem Rathaus erblickt man die riesigen Wohnblöcke aus den 1960er Jahren, die wie ungeheure, fast schon brutale Fremdkörper wirken. Der Straße Aqqusinersuaq, der ›großen Straße‹, folgt man zum Hotel Hans Egede, wo Grönlands einzige Ampel die Menschen sicher über die Straße leitet.

Durch die Fußgängerzone Naapittarfik, vorbei an Geschäften, die neben den üblichen Dingen auch grönländisches Kunsthandwerk anbieten, gelangt man zur **Nationalbibliothek (12**; Atuakkanik Atorniartarfik), die die Groenlandica-Sammlung beherbergt. Diese umfasst alle Bücher auf Grönländisch aus Grönland und dem Ausland. 1968 zerstörte ein verheerendes Feuer die Bestände der Sammlung, nur die Manuskripte von Samuel Kleinschmidt, dessen erste grönländische Grammatik man hier betrachten kann, blieben erhalten. Außerdem gibt es hier die erste Ausgabe der Zeitung ›Atuagagdliutit‹

Das Kulturzentrum Katuaq

aus dem Jahr 1861 (Öffnungszeiten im Sommer: Mo 13–16, Mi 14–17, Fr 10–13 Uhr; www.katak.gl).

Südlich der Nationalbibliothek kommt man an mehreren Restaurants und einer Bowlinganlage vorbei. Ole's Varehus war übrigens das erste private Geschäft in Grönland.

Ein einsamer Pfahl steht am Abzweig des Samuel Kleinschmidtsvej auf einem Felsen. Hier pflegte der Sprachforscher seine Laterne aufzuhängen, wenn er im Winter auf dem Weg von seinem Haus zur Herrnhuter-Mission war. Der Pfahl steht genau auf der Hälfte der Strecke zwischen Kolonialhafen und

Nuuk

Die Hauptstraße in Nuuk mit Hotel Egede

Mission. Er hängte morgens die Lampe dort auf, um abends in der Dunkelheit den Weg finden zu können. Deshalb heißt der Pfahl auch Samuel Kleinschmidts Laternenpfahl bzw. auf grönländisch **Qullerfik (13).**

Die moderne **Hans Egede-Kirche (14)** wurde anlässlich der 250-Jahrfeier der Ankunft Egedes 1971 errichtet. In der Kirche, in der 350 Menschen Platz finden, hängen zwei Bilder von Egede und seiner Frau, die angeblich 1708 in Bergen gemalt worden sind. Außerdem sieht man ein Modell des Schiffes ›Hans Egede‹, das im Februar 1942 von einem deutschen U-Boot torpediert wurde, ein Gedenkstein vor der Kirche erinnert daran.

Søndre Herrnhutvej führt vorbei an einem weiteren großen **Friedhof** – insgesamt gibt es vier in Nuuk –, und wie überall im Land sieht man nur schlichte weiße Kreuze mit farbenprächtigen Kunstblumen auf den Gräbern. Die Straße endet an der ehemaligen **Missionskirche (15),** die 1747 gebaut wurde. Die Herrnhuter kamen 1733 nach Nuuk und hatten großen Erfolg bei ihrer Missionsarbeit. Bis zu 450 Menschen – die meisten aus Südgrönland – siedelten im Jahr 1752 in der Nähe der Station und bildeten eine eigene kleine Kolonie. Bis 1899 blieb die Mission hier, anschließend stand die Kirche lange Zeit leer. 1987 wurde sie vollständig renoviert und beherbergt heute die 1984 gegründete Universität Grönlands (Ilisimatusarfik). Hier studieren rund 150 Studenten in den vier Fakultäten Grönländisch, Verwaltung, kulturelle und soziale Studien sowie Theologie.

Ausflüge und Wanderungen

Die Touristeninformation bietet eine Vielzahl an geführten Touren während des ganzen Jahres an, wie z.B. Besichtigungen des **Sitzes der Selbstverwaltung** oder des **Instituts für natürliche Ressourcen,** dessen interessanten Bau man auf der Fahrt vom Flughafen in die Stadt sieht. Hier erhält man qualifizierte Einführungen in die Arbeit der Einrichtungen und beim Besuch der Selbstverwaltung auch in die Geschichte Grönlands.

Eine schöne Tagestour führt zu **Annaa's Haus** (Aanaat Illuat), einem traditionellen, komplett ausgestatteten Sodenhaus, in dem Picknicks veranstaltet und der jungen Generation die alten Lebensformen wieder nahe gebracht werden sollen. Man erreicht es entweder mit dem Flughafenbus, oder fährt bis zum Stadtteil Eqalugalinnguit und wandert am Meer entlang. Von hier aus kann man auch die Wanderung um den Berg **Quassussuaq** (443 m; dän. Lille Malene) starten, die in Nuussuaq endet. Von der Ostseite gelangt man bequem auf den Berg, der einen guten Blick auf Nuuk und die Fjordlandschaft ermöglicht. Trotz der unmittelbaren Nähe zur Stadt erhält man auf dieser Wanderung schon einen Eindruck von der Weite und

Unberührtheit der Landschaft. Die Westseite des Berges erschließen zwei Skilifte, ein 200 m langer Kinderlift und ein 1150 m langer, die im Winter stark frequentiert werden. Dann sind auch Schneemobilfahrten möglich, und ein kleiner Kiosk versorgt Durstige mit heißem Kaffee.

Um auf den Berg **Ukkusissat** (761 m; dän. Store Malene) zu wandern, startet man von Nuussuaq aus, geht bis zum See Qallussuaq und von dort hinauf. Vom Gipfel hat man einen fantastischen Blick über Nuuk und die weite Fjordlandschaft.

Auf eine größere Wanderung sollten sich nur sehr erfahrene Trecker begeben, denn die Region ist alpin mit teilweise vergletscherten Bergen. Diese wilde Landschaft ist Grönlands rentierreichste Gegend. Eine Tour führt von Nuuk nach **Qooqqut,** wo der Enkel von Knud Rasmussen, Lars Rasmussen 1974 ein Hotel errichtet hat, das er 15 Jahre leitete. Leider brannte es zweimal völlig aus. Heute kann man hier über die Touristeninformation Nuuk ein Sommerhaus mieten, ansonsten hat man ja das Zelt, das man auf dieser fünftägigen Wanderung braucht. Qooqqut bietet ausgezeichnete Angelmöglichkeiten, und für den, der sich die anstrengenden, aber landschaftlich faszinierenden fünf Wandertage sparen will, findet sich auch eine Möglichkeit, mit dem Boot dorthin zu gelangen. Hilfe bietet die Touristeninformation in Nuuk.

Von Qooqqut kann man weiter bis nach Kapisillit wandern. Auf die-

Nuuk

ser Strecke kommt man an zahlreichen normannischen Ruinen und an **Itinnera** vorbei, wo die Saqqaq-Inuit schon vor 4000 Jahren ein Rentierlager besaßen und wo heute alljährlich von den Rentierzüchtern aus Kapisillit die Tiere für die Jagd zusammengetrieben werden. Für diese Strecke sollte man mindestens weitere fünf Tage rechnen.

Die Umgebung von Nuuk

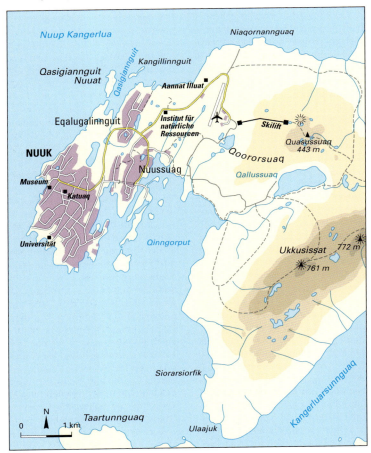

Kapisillit mit seinen rund 110 Einwohnern lebt außer von der Rentierzucht vor allem vom Lachsfang. In der Nähe der Siedlung befindet sich der einzige Laichplatz für Lachse in Grönland, der Fluss Kapisilik, deshalb ist der Ort ideal für Angler und ebenso geeignet als Ausgangspunkt für weitere Wanderungen zum Inlandeis oder zum Fjord Ameralik, der sich von Nuuk bis hierher erstreckt. Vom Fjord gelangt man in das **Austmannadalen,** wo die meisten Höfe der Siedler der Ostsiedlung standen. Hier hatte auch Nansen sein Zeltlager, nachdem er 1888 in 42 Tagen zusammen mit seiner Mannschaft das Inlandeis von der Ostküste her überquert hatte. Mit selbst gebauten Ruderbooten aus Weidenästen und Segeltuch gelangten die Männer dann nach Nuuk, wo sie den Winter verbrachten. Die Wanderung Kapisillit – Austmannadalen – Kapisillit dauert ungefähr 14 Tage, und man bewegt sich in absoluter Einsamkeit, wenn man von Rentieren und Mücken einmal absieht. Die Landschaft, von Fjorden, Gletschern und dem grünen Austmannadal begrenzt, zählt zu den schönsten Wandergebieten Westgrönlands. Meist bewegt man sich auf einem seenreichen Hochplateau. Übernachtungsmöglichkeiten gibt es in Kapisillit. Im Ort kann man seine Lebensmittel wieder ergänzen, ansonsten braucht man für die Wanderung ein Zelt und entsprechenden Proviant.

Für Nicht-Wanderer gibt es zahlreiche Bootsausflüge, sei es zur Walbe-obachtung, um die Eisberge im Fjord **Nuup Kangerlua** nördlich von Nuuk zu bewundern oder um Hans Egedes ersten Wohnort auf der heute unbewohnten Insel **Håbets Ø** im Süden der Hauptstadt aufzusuchen. Heute sieht man hier allerdings nur noch Ruinen. Die Fahrt zu der ebenfalls südlich von Nuuk gelegenen ehemaligen Siedlung **Kangeq,** wo der bekannte Maler Aron gelebt und gearbeitet hat, bietet meist auch eine gute Möglichkeit für Walbeobachtungen. Um bequem einen umfassenden Eindruck von Nuuks fantastischem Hinterland zu erhalten, fliegt man mit dem Helikopter zum rund 100 km entfernten Inlandeis. Auf dem Flug dorthin gibt es Stopps in Kapisillit und Anavik, wo eine gut erhaltene Normannenruine zu besichtigen ist. Der Flug kostet mit Guide, Aufenthalten und Verpflegung rund 1900 DKK.

Wenn man mit dem Küstenboot von Süden gekommen ist, hat man die Siedlung **Qeqertarsuatsiaat** passiert, die 100 km südlich von Nuuk liegt und auch zur Kommune der Hauptstadt gehört. Gegründet wurde der Ort 1754 von dem dänischen Kaufmann Anders Olsen als geografische Zwischenstation zwischen Paamiut und Nuuk. Wichtigstes Handelsgut waren Robbenfelle und -fett. In den alten Zeiten erzählte man von einer alljährlichen, glänzenden Erscheinung in den Fjorden um Qeqertarsuatsiaat: riesige Schwärme von atlantischem Wildlachs. Kabeljau ist ebenfalls in großen Mengen in den Gewässern zu finden, entspre-

Aus dem Kajak in den Helikopter

Die wichtigsten Transportmittel in Grönland

Die Inuit sind seit Jahrtausenden ein mobiles Volk. Außer den Hundeschlitten kamen die beiden Bootstypen Kajak und Umiak, das Frauenboot, zum Einsatz. Das Kajak ist ein wendiges Boot und geeignet, selbst zwischen dicht an dicht treibenden Eisbergen hindurch zu fahren. Lautlos nähert sich der Jäger damit seiner Beute, und deshalb benutzt man es im Norden noch heute für die Jagd. Auf dem Kajak sind alle Waffen und Ausrüstungsgegenstände griffbereit befestigt.

Der Bau des Kajaks erfordert großes handwerkliches Können, denn Maßarbeit ist nötig, damit ein Mann Platz findet. Doch hat man auch schon gehört, dass noch Frau und Kind mit reisten. Selbst mit dieser ›Last‹ legten die Inuit Tausende Kilometer zurück. In den letzten Jahrzehnten wurden zahlreiche Kajakclubs im Westen und Süden gegründet. Hier lernen die jungen Grönländer nicht nur den Bau, sondern trainieren auch den Umgang mit den Booten. Wichtig ist die Beherrschung der ›Eskimorolle‹, ein Wendemanöver, mit dem ein gekentertes Boot wieder aufgerichtet wird. Eine spezielle Kleidung verhindert, dass Wasser in das Kajak dringt. Ein Anorak aus Därmen wird am Rand der Sitzluke wasserdicht befestigt, Mann und Kajak bilden eine Einheit. Selbst nach mehrmaligen Drehungen, bei denen die Männer sich kopfüber ins Wasser stürzen, bleibt die Kleidung unter dem Anorak völlig trocken.

Ein ausgesprochenes Reiseboot war das Umiak. Hierin konnten ganze Siedlungen transportiert werden: Frauen, Kinder, Zelte. Ansonsten benutzten die Inuit dieses offene Ruderboot zur Waljagd, die nur mit mehreren Männern gemacht werden konnte. Heute fährt man mit kleinen Motorschiffen und -booten heraus, und die traditionellen Transportmittel sind den neuen gewichen: Küstenschiffen und Flugzeugen.

Fast jede Stadt in Grönland hat einen Flughafen, auf denen die Greenlandair-Maschinen landen können. Diese sind groß genug, um gegebenenfalls mehrere Hundeschlittengespanne zu transportieren. Von den Städten aus fliegt man die kleinen Siedlungen mit Helikoptern an, vor allem zur Versorgung im Winter und bei akuten Notfällen.

Grönländer lieben es, zu reisen, und so sind die Flugzeuge und Helikopter gut ausgelastet. An den Wochenenden im Sommer geht's zum Ausflug ins Umland, dann herrscht reger Motorbootverkehr auf den Fjorden, denn was in Europa das Auto ist, ist in Grönland das Motorboot.

Nuuk

chend leben die 260 Einwohner des Ortes heute von der Fischerei. Berühmt ist der Ort auch für die farbenprächtigen Taschen aus Robbenleder, die die Frauen in mühsamer Handarbeit herstellen. Interessant ist die Kirche, die zu Teilen aus der ehemaligen Herrnhuter-Mission Lichtenfels (Akunnaat) stammt. Qeqertarsuatsiaat ist ein Ort, in dem man noch viel vom Leben der Jäger und Fischer mitbekommt.

Touristeninformation, Hans Egedesvej 29, Tel. 32 27 00, Fax 32 27 10. Öffnungszeiten: 1.6.–31.8. Mo-Fr 10–17, Sa + So 12–16 Uhr; 1.9.–31.5. Mo-Fr 10–17 Uhr. www.greenland-guide.gl/nuuktour/. Geführte Touren in und um Nuuk sowie die oben erwähnten Bootsfahrten. Helfen auch bei Sonderwünschen und organisieren Unterkünfte in Kapisillit und Qeqertarsuatsiaat.

Hotel Hans Egede (Preisklasse 3), Aqqusinersuaq 1–5, Tel. 32 42 22, Fax 32 44 87: Für alle, die die Bequemlichkeit und den internationalen Standard eines 4-Sterne-Hotels schätzen, ist diese Unterkunft geeignet. Solarium, Sauna, Spa sowie Restaurant und Bar sind im Haus. **Umiartortut Angerlassimaffiat** (Seemannsheim; Preisklasse 2), Marinevej 13, Tel. 32 10 29, Fax 32 21 04: Ideal, wenn man mit dem Schiff reist, da in unmittelbarer Hafennähe. Ansonsten ruhige und komfortable Zimmer. **Aanaat Illuat** (Preisklasse 1): Wer wissen will, wie man in einem traditionellen Inuit-Haus schläft, hat hier Gelegenheit. Besonders großen Leuten ist eher abzuraten. Zu buchen über die Touristeninformation. **Bed & Breakfast** (Preisklasse 1) ist eine gute Möglichkeit, um in Kontakt mit Bewohnern zu kommen. Bad- und Küchenbenutzung

sind immer gegeben. Diese und weitere preiswerte Unterkünfte können in der Touristeninformation gebucht werden.

Jugendherberge (Preisklasse 1) in der Sporthalle Golfimik Arsartarfik (Godthåb Hallen) am Vandsøvej 2. Die zehn Betten sind auf zwei Räume verteilt, Küche, Bad und Waschmaschine sind vorhanden. Ausgewiesene **Zeltplätze** in der Stadt gibt es nicht, aber außerhalb bestehen durchaus schöne Möglichkeiten an den Fjorden.

Café Rudolf, Hans Egedesvej 29, Tel. 32 47 24: Direkt über dem Posthaus des Weihnachtsmanns sitzt man in angenehmer Atmosphäre mit Blick auf den Fjord. Das Essen ist ausgezeichnet, und das Angebot reicht vom Salat bis zu Menüs von grönländischem Fisch und Fleisch. Am Wochenende empfiehlt sich für den Abend eine Reservierung. **Cafetuaq** heißt die Cafeteria im Kulturzentrum Katuaq (s. o.). Neben kleinen Imbissen gibt es sehr gute Gerichte (dänische und internationale Küche) zu durchaus akzeptablen Preisen. Ein beliebter Platz, um Freunde zu treffen und die Spaziergänger zu beobachten. **Restaurant Sky-Top** im Hotel Hans Egede, Tel. 32 42 22: Ein recht gehobener Platz – im wahrsten Sinne des Wortes – mit Blick auf Nuuk. Rentier, Moschusochse und Lammfleisch stehen neben Fischgerichten auf der Speisekarte. Das gediegene Ambiente schlägt sich leider auf die Preise nieder. **Tulles Rock Café,** Aqqusinersuaq 7, Tel. 32 12 40: Auch Nuuk hat eine Variante der bekannten Kette Hard Rock Café. Gemütlich und große Portionen amerikanischen Stils. Auch abends eine gute Adresse, um noch ein Bier zu trinken. **Seemannsheim** (s. o.): Die Cafeteria für die ›Arbeiterklasse‹ bietet einfache, aber gute Hausmannskost zu sehr akzeptablen Preisen.

67

Nicht überall ersetzt das Motorboot die traditionellen Kajaks

Die Grönländer lieben es zu tanzen, kein Fest ohne anschließenden Schwoof, der bei Jung und Alt beliebteste Tanz ist die Polka. Nuuk bietet dazu gute Möglichkeiten. **Pub Takuss**, Skibshavnsvej 30, Tel. 32 11 06: gemütlich und vor allem von mittelalten Gästen bevorzugt. Falls jemand zu betrunken ist, wird er freundlich aber bestimmt zur Tür geleitet. **Restaurant Kristinemut**, Aqqusinersuaq 5, Tel. 32 12 40: bietet regelmäßig Livemusik, wird vor allem von jüngeren bevorzugt. **Tulles Rock Café** (s. o.) veranstaltet regelmäßig Technonights. Wer sich für grönländische Gruppen interessiert, ist hier richtig.

In Nuuk gibt es einige Geschäfte mit sehr schönem Kunsthandwerk wie Schmuck aus Walrosszahn oder Specksteinfiguren, die meist von Künstlern aus der Stadt oder Umgebung stammen. Die Touristeninformation bietet auch einen Besuch bei einem Künstler an. Schönen Schmuck, Felltaschen und Kunsthandwerk findet man in der Fußgängerzone, z. B. **unik** oder **Arktis Gaveshop**, H. J. Rinksvej 23, und **Anori Art**, Indaleeppaq Aqqutaa 14. Pelzkleidung, hergestellt von Great Greenland, gibt es in dem Oberbekleidungsgeschäft **Minikka** in der Fußgängerzone. Wer Literatur über Grönland aus Grönland oder Musik des Landes sucht, findet die in den beiden **Buchhandlungen** ›Atuagkat‹ und ›Atuakkiorfik‹. Atuagkat, Aqqusinersuaq 16, Tel. 32 17 37, Fax 32 24 44, www.atuagkat.gl. Atuakkiorfik, Hans Egedesvej 3, Tel. 32 21 22, Fax 32 25 00.

Alljährlich findet in der dritten Woche im März ein **Schneeskulpturen-Festival** statt. Außer Künstlern aus aller Welt kann auch jedermann daran teilnehmen und die 3x3x3 m großen Blöcke in ein weißes Kunstwerk auf Zeit verwandeln. Am **Kulturfestival** im August beteiligen sich die unterschiedlichsten Gruppen – Musik, Theater, Tanz – aus der Stadt.

Außer den erwähnten **Wanderungen** gibt es natürlich noch andere Routen in der Umgebung. **Angler** finden in den Fjorden und Flüssen reichlich Fische, ein Angelschein ist in der Touristeninformation erhältlich. Für **Sommerskilauf** und im Winter natürlich **Alpin** und **Langlauf** sowie **Snowmobilfahrten** kann man sich entsprechende Ausrüstungen in der Touristeninformation leihen. In das

Nuuk

Sommerskigebiet am Kangerluarsunnguaq (Kobbefjord) kann man organisierte Touren buchen. Alternativ fährt man eine Strecke mit dem Boot und wandert die andere nach Nuuk zurück. Wer Nuuk mit dem **Fahrrad** kennenlernen möchte, kann auch das in der Touristeninformation ausleihen. Für den **Golfspieler** bietet Nuuk eine 9-Loch-Anlage, die einzige Rasenanlage in ganz Grönland. Die Rasenplatten stammen übrigens aus Island. Im Juni und Juli kann man praktisch 24 Stunden spielen. Weitere Informationen in der Touristeninformation. Für den professionellen Marathonläufer wie für den Amateur ist der **Nuuk Marathon** im Juli ein wichtiges Ereignis. Als man erstmals 1990 startete, nahmen 50 Läufer teil, jetzt sind es 250 (www.nuuk-marathon.gl). **Bowling** ist eine weitere Sportart, die man ganzjährig in Nuuk betreiben kann, Bowling Centre, Skibshavnsvej 32, Tel. 34 80 80, tägl. geöffnet.

Regelmäßige **Flugverbindungen** von und nach Kangerlussuaq, Narsarsuaq, Kulusuk, Maniitsoq und Ilulissat. Morgens und nachmittags verkehrt die Buslinie 3 zwischen Flughafen und Stadt, ansonsten muss man mit dem Taxi fahren (ca. 120 DKK). Außerdem fährt jede Woche mindestens ein **Schiff** nach Qaqortoq und Uummannaq, das Regionalboot nach Kapisillit einmal die Woche. Die regulären Küstenschiffe aus denn und in den Süden halten in Qeqertarsuatsiaat. Die Fahrt mit dem **Stadtbus** kostet 10 DKK für eine Stunde. **Taxiruf:** Tel. 32 18 18, 32 22 22.

Südgrönland

Narsarsuaq

Qassiarsuk

Igaliku

Narsaq

Qaqortoq

Paamiut

Ivittuut und Kangilinnguit

Nanortalik und Umgebung

Blick auf Qaqortoq

Südgrönland

Dem Süden verdankt Grönland seinen Namen, denn ein mildes Klima, eine vergleichsweise üppige Vegetation und sogar bis zu sieben Meter hohe Bäume lassen das Land wirklich grün erscheinen. Zahlreiche Ruinen aus der Zeit der Wikinger und Qaqortoq, die schönste Stadt des Südens, machen die Region zum Paradies – nicht nur für Wanderer und Alpinisten.

Hier gingen vor über 1000 Jahren die Wikinger an Land, und auch heute noch ist der Süden Grönlands Einstieg in dieses große und großartige Land. Die einzelnen Orte sind gut mit Flugzeugen und per Boot zu erreichen. Beliebt sind auch die zahlreichen Wanderrouten im Süden, die immer besser markiert werden, und auf denen die frei laufenden Schafe eine gute Vorarbeit bei der Anlage der ›Wege‹ geleistet haben.

Zahlreiche Ruinen erinnern an eine der größten Normannensiedlung außerhalb ihrer Heimatländer Norwegen und Island. Die Ostsiedlung (Eystribygd) erstreckte sich vom heutigen Narsarsuaq bis südlich von Nanortalik, in den besten Zeiten lebten hier rund 4000 Siedler. Ihr Verschwinden im 15. Jh. umgibt bis heute ein Geheimnis. Damals wie heute ist die Schafzucht ein wichtiger Wirtschaftszweig in Südgrönland, und so trifft man während der Sommermonate oft die Muttertiere mit ein oder zwei Lämmern an, die

sich unbeirrt über die Berge und Hänge fressen und die Vegetation recht kurz halten. Wanderer haben manchmal unmittelbaren Kontakt, wenn die Tiere direkt am Zelt vorbei ziehen.

Doch nicht nur die Geschichte macht diese Region zwischen der Kommune Paamiut und dem Kap Farvel so faszinierend. Während der Sommermonate treiben in den Fjorden zahllose Eisberge, die den langen Weg von der Ostküste um Kap Farvel gekommen sind. Manchmal ›fährt‹ ein Eisbär darauf mit und ist für die Jäger eine leichte Beute. Das türkisblaue Meer mit den weißen Eisskulpturen bildet einen reizvollen Kontrast zu den grünen Wiesen und den grauen, bizarr geformten Gebirgen, die in der Gegend um Nanortalik unmittelbar an den Fjorden aufragen. Wer einmal mit dem Schiff die Küste entlang gefahren ist, versteht, dass Erik der Rote so begeistert von dem Land war, dass er ihm den Namen ›grünes Land‹ gab.

Narsarsuaq

Das Rollfeld von Grönlands zweit-
größtem internationalen Flughafen
zerschneidet die riesige Fläche, nur
wenige Meter vor dem Fjord mit den
blauweiß schimmernden Eisbergen
endet die Bahn. Fast möchte man
dem Piloten zurufen, endlich zu
bremsen, denn wer möchte schon in
einem Eisfjord schwimmen? Wenn
man die Landemanöver vom Boden
aus beobachtet, wirken sie noch
abenteuerlicher, hier zeigt sich das
fliegerische Können der Greenlandair-Piloten.

Narsarsuaq heißt übersetzt ›die
große Ebene‹ und ist das Tor zum
Süden. Wie hingeworfen wirken die
weit verstreuten Gebäude, in denen
die 180 Einwohner leben und arbeiten. Wer einen Ort erwartet, wird
enttäuscht sein, irgendwo zwischen
Hotel und Flughafen liegt das ima-
ginäre Zentrum. Doch alle notwendigen Einrichtungen vom Geschäft
über Schule bis zum Club mit den
Tanzvergnügen findet man hier. Es
gibt sogar einen Bus, der regelmäßig
zwischen Jugendherberge, Flughafen, Hotel und Hafen verkehrt. Der
im Hotel ausgehängte Fahrplan hat
aber nur Annäherungswert, denn
letztlich kann man den Bus überall
auf der Strecke anhalten.

Gegründet wurde Narsarsuaq
von den Amerikanern, sie errichteten hier 1941 die Militärbasis Bluie
West One, einen ersten wichtigen
Stützpunkt zwischen den USA und
Europa während des Zweiten Weltkrieges. Bis zu 4000 Mann waren in
den Hochzeiten hier stationiert. Die
vorhandenen Gebäude sind überwiegend Relikte der Basis, einige
der praktischen Containerbauten
hat man etwas verschönert, indem
man ihnen, wie z. B. dem heutigen
Hotel Narsarsuaq, ein Dach aufgesetzt hat. Einen Eindruck von der
Größe des ehemaligen militärischen
Areals erhält man, wenn man die
Straße in nordöstlicher Richtung
zum Gletscher geht. In der Wende-
schleife der Straße direkt hinter dem
See kann man noch die Grundmauern des ehemaligen Krankenhauses
erkennen. Einsam ragt ein Kamin
mit Schornstein aus den Ruinen.
Um dieses Krankenhaus mit einer
Kapazität von bis zu 1000 Betten
ranken sich noch immer die wildes-
ten Gerüchte, denn diese Größen-
ordnung war in der Tat im Verhältnis
zur Mannschaftsstärke überwältigend. Es heißt, die Amerikaner hätten die Schwerstverwundeten während des Korea-Krieges hierhin
transportiert, weil man der amerikanischen Bevölkerung den demorali-
sierenden Anblick der Soldaten er-
sparen wollte. Wie gut sich das
Gerücht hält, dokumentiert der Brief
eines ehemaligen Arztes, der vehe-
ment dagegen hält. Interessant ist
die Geschichte der Basis auf jeden
Fall, und in dem seit 1991 eingerichteten **Museum** im ehemaligen
Headquarter und jetzigen Blue Ice
Café kann man sie anhand von Fotos, Modellen, Dokumenten u. a.
studieren. Z. B. gehörte auch Marle-
ne Dietrich zu den illustren Besuchern. Doch das Museum informiert

Narsarsuaq

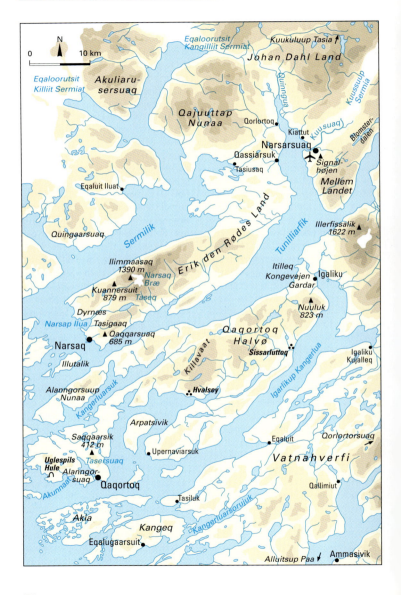

Narsarsuaq

nicht nur über die Airbase, sondern auch über die Geschichte und das Leben in Südgrönland, die Schafzucht, einen der wichtigsten Wirtschaftszweige, und über die ehemaligen Siedlungen der Normannen (Öffnungszeiten: tägl. 10–18 Uhr).

Am 11.11.1958 verließen die letzten amerikanischen Soldaten Narsarsuaq und die Dänen übernahmen den Flughafen, der zum zentralen Transithub im Süden wurde. Seit 1987 steht er unter der Regie der grönländischen Selbstverwaltung. Am Flughafen hat die Ice Patrol ihren Stützpunkt. Sie kontrolliert den Fluss und die Konzentration der Eisberge, die vor allem von März bis Juni in großer Zahl entlang der Südwestküste treiben. Der Treibeisgürtel kann sogar so dicht werden, dass er für kleinere Schiffe in den Sommermonaten vollständig unpassierbar wird. Regelmäßig unternimmt man Kontrollflüge, um den aktuellen Stand an die Schiffe weiterzugeben. Gegründet wurde der grönländische Eisservice 1959 nach dem tragischen Unglück der ›Hans Hedtoft‹ (s. S. 90).

Narsarsuaq ist sowohl ein idealer Ausgangspunkt für Tagestouren als auch für mehrtägige Wanderungen. Überaus beliebt ist der Weg ins nordöstlich gelegene **Blomsterdalen** (Blumental), wo man die regionale Flora studieren kann. Von hier aus

ist es auch nicht mehr weit bis zum Gletscher, wo man einen ersten direkten Kontakt zum Inlandeis bekommt, das nur 8 km vom Flughafen entfernt ist. Etwas Ausdauer braucht man allerdings für die ca. achtstündige Wanderung. Einen guten Überblick über die große Ebene bis zum Eisschild verschafft man sich schon von dem 226 m hohen **Signalhøjen,** der sich hinter dem Hotel erhebt. Nordöstlich der Jugendherberge führt ein befestigter Weg auf den Hügel.

Alpine Kenntnisse setzen die Wanderungen ins **Johan Dahl-Land** voraus, wo man auf einer Höhe von rund 1000 m wandert. Doch bevor man dahin gelangt, muss man sich mit einem Boot über den breiten Fluss Kuusuaq setzen lassen, der vom Kuussup-Gletscher gespeist wird. Johan Dahl-Land liegt zwischen zwei Gletscherzungen des Inlandeises und bietet außer den immer wieder tollen Blicken auf das Inlandeis ein großes Naturerlebnis. Eine Tour führt von Kiattuut ins Hochland, wo man an den zahlreichen Seen schöne Zeltplätze findet. Das erste Ziel ist der See Kuukuluup Tasia, in den der Gletscher Kuukuluup Sermia kalbt. Anschließend folgt man dem Flusslauf des Qinngua, überquert ihn kurz vor der Mündung in den Fjord über eine Brücke und läuft auf der anderen Seite bis nach Qassiarsuk. Für die gesamte Tour rechnet man 12 Tage plus Reservetage. Entsprechend muss man auch Proviant mitnehmen. Unterwegs schläft man im Zelt.

Narsarsuaq – Qassiarsuk – Igaliku – Narsaq – Qaqortoq

Qassiarsuk

Zwei Möglichkeiten hat man, um Qassiarsuk von Narsarsuaq aus zu erreichen: eine zweitägige Wanderung um den Fjord herum oder – bequemer – eine 20minütiger Bootsfahrt über den Tunulliarfik, den Waldfjord, der seinen Namen dem vor rund 1000 Jahren reichen Baumbestand verdankt. Gegründet wurde das Dorf von Otto Frederiksen, der sich hier 1924 als Schafzüchter niederließ und bewies, dass man auch so seinen Lebensunterhalt bestreiten kann. Daraus entwickelte sich eine der größten Zuchtstationen Grönlands. Die Familie Frederiksen stellt seit Jahrzehnten den Dorfvorstand, und ihre Stellung im 70 Einwohner zählenden Dorf ist zu vergleichen mit der Bedeutung, die Erik der Rote für die Siedler hatte, als er sich hier niederließ. Erik wählte für sich und die Seinen diesen Platz, den er Brattahlid, steiler Hang, nannte. Ein **Gedenkstein** neben der Jugendherberge erinnert an die Landung Eriks im Jahr 982 in Grönland und seine endgültige Niederlassung 985.

Zwischen Jugendherberge und Kommunehaus führt ein Pfad zur **Leif Eiriksson Statue,** die im Sommer 2000 anlässlich der 1000-Jahr-Feier von Leifs Fahrt von Qassiarsuk gen Westen errichtet wurde. Eine weitere Kopie steht im norwegischen Tromsø. August Werner entwarf die Statue ursprünglich für die Weltausstellung in Seattle 1962. Die dortige Leif Eiriksson Foundation war maßgeblich an der Entstehung

Die Überreste des ehemaligen Brattahlid

dieser Statue beteiligt, und als besonderer Clou wurde sie von einem direkten Nachfahren Leifs enthüllt. Energisch und kraftvoll ist die Körperhaltung des großen Seefahrers, dessen Blick nach Westen schweift und der als erster Europäer seinen Fuß auf den Boden der ›Neuen Welt‹ setzte.

Geht man weiter auf dem Hauptweg entlang dem Fjord in nördlicher Richtung, gelangt man zum **Museum,** dem ehemaligen Wohnhaus von Otto Frederiksen. Hier kann man neben seiner alten Couchgarnitur auch einige alte landwirtschaftliche Werkzeuge betrachten.

Doch die Sehenswürdigkeiten, die jährlich zahlreiche Touristen anziehen, sind die **Ruinen der Normannen.** Eine kleine Ruine unweit der heutigen Kirche gilt als Thjodhilds Kirche. Eriks Frau bekannte sich schon im Jahr 1000 zum Christentum und ließ ein kleines Gotteshaus bauen. Als überzeugte Christin lehnte sie es ab, mit ihrem Mann das Bett zu teilen, so lange er noch Heide war. Die große Kirche innerhalb der Ruinenanlage stammt aus dem 13. Jahrhundert. Ausgrabungen in Qassiarsuk belegen, dass hier von 985 bis in die Mitte des 15. Jahrhunderts Menschen gewohnt haben. Das Bronzerelief an der Felswand ist ein stilisierter Lageplan der einzelnen Gebäude und wurde von Havsteen Mikkelsen gefertigt. Einen guten Blick auf die gesamte Anlage hat man von dem kleinen Hügel oberhalb des Reliefs aus. Das Inuit-Haus nahe dem Fjord stammt aus dem 18.

Jahrhundert und ist noch komplett erhalten.

2000 feierte man auch 1000 Jahre Christentum in Grönland, was natürlich nur bedingt stimmt, denn die Christianisierung der Urbevölkerung begann erst im 18. Jahrhundert. Die Feiern waren ein guter Anlass, zwei Replika einzuweihen: **Eriks Langhaus,** eine Nachbildung aus dem 11. Jahrhundert, und **Thjodhilds Kirche.** Besonders schön ist hier das Kreuz aus Treibholz, das die grönländische Künstlerin Aka Høegh geschaffen hat. Die Glocke ist ein Geschenk aus Island und trägt als Inschrift Zeilen von Stefán frá Hvítádalur: »Lausche der Stimme des Erzes und preise Gott«. Sowohl wissenschaftlich als auch finanziell haben die Isländer die Grönländer bei der Errichtung der beiden Gebäude unterstützt, letztlich waren es ja auch Isländer, die hier gelebt hatten.

Von Qassiarsuk aus lohnen Wanderungen zu anderen Schaffarmen wie **Tasiusaq** oder **Qorlortoq.** Auf beiden Farmen kann man das Leben der Schafzüchter kennen lernen, außerdem sind sie gute Standorte, wenn man nur Tagestouren entlang des Fjords Nordre Sermilik mit seinen vorbeitreibenden Eisbergen unternehmen will. Hier findet man immer wieder Spuren und Ruinen der Normannen. Reizvoll ist auch eine Zweitagestour zum nördlich gelegenen **Eqaloorutsit Kangilliit-Gletscher,** der unmittelbar in den Nordre Sermilik-Fjord kalbt. Äußerst beliebt ist die vier bis sechs Tage dauernde Wanderung nach **Narsaq,** dabei kann man entweder einige Schaffarmen ansteuern, wo man meist auch eine Unterkunft findet, oder man läuft über die Hochebene und übernachtet im Zelt. Für beide Touren muss man die Lebensmittel mitnehmen. Vor allem für ›Einsteiger‹, die zum ersten Mal in Grönland wandern, sind die Touren ideal, weil sie durch gut überschaubares Terrain führen und man keine besonders großen Höhenunterschiede bewältigen muss.

Igaliku

Nur knapp eine Stunde dauert die Bootsfahrt von Narsarsuaq über den Fjord zwischen den Eisbergen hindurch und entlang dem steil aufragenden Gebirge von Mellem Landet mit seinen zahlreichen Wasserfällen. Auf der gegenüberliegenden Seite liegt Erik den Rødes Land: sanft ansteigende Hänge mit saftig grünen Weiden. Itilleq heißt die Anlegestelle, an der je nach Wasserstand und Schiffsgröße das Aus- und Einsteigen etwas abenteuerlich ist. Von hier führt ein Wirtschaftsweg, der Kongevejen, nach Igaliku.

Igaliku ist ein Bilderbuchdorf! Wenn man über die letzte Kuppe kommt, liegen die hingestreuten Häuser inmitten von Wiesen und zahlreichen Kartoffelfeldern. Viele Häuser sind aus dem rötlichen Sandstein der umgebenden Berge gemauert. Umrahmt wird die idyllische Szenerie von den Bergen jenseits des Igaliko-Fjords. Die rund 40 Einwohner leben von der Schafzucht und der Landwirtschaft, wie es schon der Ortsgründer Anders Olsen 1782 tat. Ein Gedenkstein erinnert in der Mitte des Dorfes an ihn. Auch wenn Igaliku ein reizvoller Flecken ist, der im Sommer sehr von den Städtern aus Qaqortoq als Sommersitz geschätzt wird, so ist es doch vor allem seine bemerkenswerte Geschichte, die den Besuch lohnt.

Zusammen mit Erik kam Einar 985 nach Grönland, ließ sich hier nieder und gab dem Fjord den Namen Einarsfjord. Später lebte hier laut der Vinland Saga Eriks uneheliche Tochter Freydis mit ihrem Mann Thorvard. Gardar, wie der Platz während der Normannenzeit hieß, war neben Brattahlid ein weiterer bedeutender Ort der Ostsiedlung, an dem das regelmäßige Thing abgehalten wurde. Politisches und geistliches Zentrum wurde es, als 1126 der Bischofssitz hierhin kam und um 1200 die große **Domkirche St. Nikolaus** errichtet wurde, deren Grundmauern noch deutlich zu erkennen sind. Mit einer Grundfläche von über 400 m^2 zählte die Kirche zu den größten im skandinavischen Raum. Archäologen sind sich sicher, dass die Ausstattung sehr prächtig war. Im Chor befindet sich das Grab des 1209 gestorbenen Bischofs Jon Smyrill. Über 40 Ruinen hat man in Igaliku ausgegraben. Die Größe der Stallungen, die in unmittelbare Nähe neben der Kirche liegen, bezeugen, dass es sich um einen reichen Bischofssitz gehandelt haben muss, bis zu 100 Kühe konnten hier

Wo sind sie geblieben?

Die ›Isländer‹ in Grönland

Seit Jahrhunderten fragen sich Wissenschaftler, was mit den Nachfahren der isländischen Siedler, die 985 mit Eiríkur Thorvaldson, genannt Erik der Rote, nach Grönland kamen, im 15. Jh. geschah. In knapp 450 Jahren lebten ca. 26 000 Menschen in der Ostsiedlung zwischen dem heutigen Paamiut und Kap Farvel und der Westsiedlung rund um das Fjordgebiet bei Nuuk. Mit Erik landeten 300 bis 400 Menschen in Grönland (Grünland), wie er dieses Land aus Werbegründen genannt hatte. Drei Jahre musste er als Geächteter Island verlassen und hatte ausreichend Zeit, die Westküste und den Süden Grönlands zu erkunden. Vermutlich kam er bis zur Diskoinsel, wo die Siedler später hervorragende Jagdgebiete fanden. Das Land entsprach damals den Vorstellungen der isländischen Bauern: saftige Wiesen für Kühe und Schafe, Platz für die Höfe, ausreichend Treibholz an den Stränden für den Hausbau und fischreiche Flüsse. Zudem waren die Klimaverhältnisse im 10. Jh. wesentlich besser als heute.

Die neuen Siedlungen ließen sich gut an. Der Handel zwischen Europa und Grönland florierte, denn die Grönländer, wie sich die Siedler des jungen Freistaates selber nannten, verfügten über interessante Produkte: Elfenbein von Walross und Narwal, Felle aller Art, Eisbären und vor allem Stoff. Im Gegenzug erhielten sie Eisen, Waffen, Werkzeuge, Salz, Honig und Luxusartikel. Ihr Wohlstand zeigt sich an der Größe einiger Ruinen wie in Hvalsey, Herjolfsnes oder Sandnes im Westen. Als Eriks Sohn Leifur auch noch die kanadische Küste entdeckte, erweiterte sich das Handelsgebiet. So gilt heute als gesichert, dass die Grönländer mit der dortigen Urbevölkerung handelten. Auch die Inuit im Nordwesten Grönlands hatten wohl Kontakt zu den Nordmännern, denn man fand Holzfiguren, die eindeutige Züge der Europäer tragen.

Um 1300 begann eine so genannte kleine Eiszeit. Die Heuernten verregneten, die Winter wurden kälter, und das Vieh starb. Heute sehen Wissenschaftler darin den Grund, warum die Siedler der Westsiedlung zu ihren Landsleuten in den Süden zogen. Rund 100 Jahre später wanderten auch diese aus, nach derzeitigem Forschungsstand vermutlich nach Island. Es gibt auch Ansätze, die einen Abzug nach Amerika vermuten. Frühere Überlegungen, dass Krankheiten, Degeneration oder Vermischung mit den Inuit die Ursache waren, wurden widerlegt, ebenso die Theorie, die Inuit hätten die Nordmänner ermordet. Sie wanderten wohl einfach wieder aus.

Igaliku

Über 40 Ruinen hat man in Igaliku, dem früheren Gardar, ausgegraben

gehalten werden. Auch die Lagerhäuser für die Naturalabgaben der Gemeindemitglieder hatten eine beachtliche Größe. Schon damals betrieb man hier intensiv Landwirtschaft. Die Weiden wurden über ein – bis heute teilweise noch genutztes – Bewässerungssystem versorgt. Mittels kleiner Staudämme wurde das Wasser an den Wasserfällen gesammelt und über gemauerte Rinnen weitergeleitet. Bis 1378 residierte hier ein Bischof, danach bestand nur noch die Diözese.

Igaliku ist ein hervorragender Ausgangspunkt für Wanderungen. Vom 823 m hohen **Nuuluk,** der südlich des Dorfes aufragt, hat man einen schönen Blick über den Ort, die Qaqortoq-Halbinsel und den Fjord. Der markierte Weg führt an den Staustufen des alten Bewässerungssystems vorbei. Den ersten Teil muss man auch erklimmen, wenn man die klassische Wanderung zur rund 60 km entfernten Stadt **Qaqortoq** laufen will, eine der beliebtesten Wanderrouten, die an weiteren herausragenden Ruinenplätzen vorbeiführt, wie z. B. Sissarluttoq am Igaliko-Fjord und Hvalsey (s. S. 93). Diese Strecke führt durch eine grüne Landschaft vorbei an malerisch gelegenen Seen. Auch wenn die Ruinen von Sissarluttoq nicht direkt am Weg liegen, so lohnen sie den Abstecher. Die zahlreichen Gebäude lassen sich gut erkennen, und der geschützte Platz wird heute noch von den Fischern genutzt. Für die Route sollte man sechs Tage einpla-

Igaliku

nen, fast überall gibt es hervorragende Zeltplätze.

Der 1662 m hohe Berg **Illerfissalik** nördlich von Igaliku war der Signalberg der Normannen. Seine Besteigung (pro Strecke ca. 15 km) setzt alpine Erfahrung voraus und muss als mehrtägige Tour geplant werden.

Mit einem Boot kann man sich nach **Igaliku Kujalleq** auf der anderen Seite des Fjords bringen lassen. Von hier führen zahlreiche Wanderrouten durch das Seengebiet Vatnahverfi, wo auch Hütten zur Übernachtung zur Verfügung stehen. Viele Ruinen zeugen davon, dass das Gebiet schon zur Zeit der Normannen sehr beliebt war, heute gibt es hier mehrere Schaffarmen (s. S. 103).

Der **Informationsstand** im Flughafengebäude in Narsarsuaq ist bei der Ankunft der Maschinen aus Kopenhagen besetzt. Ansonsten wendet man sich an die Touristeninformation vor dem Flughafen: Tel. 66 53 01. Im Büro von **Arctic Adventure** im Hotel Narsarsuaq, Tel. 66 52 40, und bei Jacky Simoud, einem Outfitter in Qassiarsuk, Tel. 57 25 71, erhält man ebenfalls Auskünfte.

Hotel Narsarsuaq (Preisklasse 1–3), Tel. 66 52 53, Fax 66 53 70: einfache, gut ausgestattete Zimmer, meistens mit eigenem Bad. Wer es komfortabler liebt, wird sich hier wohl fühlen. Auch Schlafsackunterkunft vorhanden.

Fjeldstationen Narsarsuaq (Preisklasse 1), Tel. 66 52 21, Fax 66 54 22, +45-33 13 85 92 (Reservierung über Greenland Travel möglich): einfache, funktional eingerichtete Sechsbettzimmer. Geschmackvolles Gemeinschaftszimmer, Küche und Waschmaschine vorhanden. Wird von engagiertem Paar geleitet, das auch Telefonanrufe und Post annimmt und weiterleitet. **Qassiarsuk** (Preisklasse 1), Tel. 66 50 10, 57 25 55, Fax 66 50 10: einfach eingerichtete Zweibettzimmer, Küche und gemütlicher Gemeinschaftsraum. **Igaliku** (Preisklasse 1), Tel. 57 36 33, 66 61 31: Einfache Vierbettzimmer, sogar mit Bettwäsche und Frühstück zu buchen. Angenehm ist auch die Cafeteria im Haus. Außerdem kann man über die Jugendherberge **Hütten** mieten, die direkt am Ortseingang am Hang stehen, ideal für Familien.

In **Narsarsuaq** gibt es in Richtung Gletscher schöne Plätze, um wild zu zelten. Ansonsten liegt direkt ein Platz neben der Jugendherberge. In **Qassiarsuk** und **Igaliku** kann man außerhalb des eingezäunten Ortes frei zelten, ansonsten jeweils direkt neben den Jugendherbergen.

Im **Hotel Narsarsuaq** (s. o.) kann man gut und preiswert in der Cafeteria essen. Wer ein Dinner mit Blick auf den Fjord schätzt, hat dazu im Restaurant auf der ersten Etage Gelegenheit. Hier werden gute Menüs mit Lamm oder Moschusochse angeboten. Weine sind gut, aber natürlich relativ teuer. Im **Blue Ice Café** sitzt man wie im Wohnzimmer direkt im ehemaligen AirForce-Headquarter. Wenige Speisen, aber dafür reichlich Lesestoff über Grönland. Der **Flughafen** hat eine kleine Cafeteria, die bei Ankünften und Abflügen geöffnet hat. Bietet kleinere Speisen und Andenken an. **Qassiarsuk: Café Brattahlid** in der Nähe der Ruinen mit herrlichem Blick auf den Fjord. Kleinere Speisen, oft auch guten Kuchen. **Igaliku: Die Cafeteria** (s. o.) hat meist am Abend geöffnet, größere Mahlzeiten muss man vorher anmelden.

81

Die erwähnten Wanderungen muss man selber organisieren. Vor Ort kann man die Ausflüge von Narsarsuaq nach Qassiarsuk, Igaliku und Narsaq buchen. Außerdem werden geführte **Wanderungen** zum Inlandeis sowie **Hubschrauberflüge** angeboten. Informationen und Buchungen: Arctic Adventure (s. o.). **Mountainbikes** kann man in Narsarsuaq im Blue Ice Café und in Qassiarsuk in der Jugendherberge mieten. **Reittouren** werden in Qassiarsuk angeboten und über Jørgine Frederiksen in Tasiusaq, Tel. 57 24 75. Für die ganz Fitten findet im September das **Greenland Adventure Race** statt, bei dem man 95 km laufen – 2 km über den Gletscher –, 50 km mit dem Mountainbike und 40 km mit dem Kajak fahren muss. Informationen: Greenland Adventure Race, Tel. 66 13 25, www.gar.gl (s. S. 216f.).

Direkte Flugverbindungen von Kopenhagen und Nuuk. Mehrmals wöchentlich Hubschrauber- und Schiffsverbindungen von Paamiut, Narsaq, Qaqortoq, Alluitsup Paa und Nanortalik. Tickets erhält man am Kartenschalter im Flughafengebäude: Tel. 66 52 87, Fax 66 52 89. Öffnungszeiten: Mo–Fr 8–15 Uhr.

Narsaq

Narsarsuaq, Qassiarsuk und Igaliku gehören verwaltungstechnisch zur 8500 km² großen Kommune Narsaq, in der rund 2100 Menschen leben, 1800 wohnen in der Stadt Narsaq.

Der Name Narsaq bedeutet ›die Ebene‹ und bezeichnet die Lage zu Füßen des 685 m hohen Berges Qaqqarsuaq. Der Halbinsel, auf der die Stadt liegt, sind zahlreiche Inseln vorgelagert, in den Sommermonaten treiben unzählige Eisberge in dem Fjord. Vom Berg hat man einen herrlichen Blick über die Stadt, den Fjord und über die Berge bis zum Inlandeis. Die bunten Häuser fügen sich harmonisch in die Landschaft ein, und viele Besucher haben sich in die malerische kleine Stadt, über der oft im Sommer ein strahlend blauer Himmel zu sehen ist, geradezu verliebt.

Zahlreiche Spuren der ersten Siedler, die sowohl mit den Einwanderungswellen der Saqqaq-Kultur als auch mit den Normannen kamen, lassen sich in der unmittelbaren Umgebung der Stadt finden. Gegründet wurde Narsaq 1830 als Handelszentrum Nordprøven der Kolonie Julianehåb (heute Qaqortoq). Doch ein größerer Ort entstand erst mit der Errichtung der Fischfabrik 1953, und sechs Jahre später erhielt Narsaq den Stadtstatus. Heute sind sowohl Fischverarbeitung als auch Schafzucht wichtige wirtschaftliche Standbeine. Jährlich werden hier in Grönlands einzigem Schlachthof Rentiere und rund 20 000 Lämmer geschlachtet und verarbeitet. Ein weiterer Arbeitgeber ist der älteste private pelzverarbeitende Betrieb Eskimo Pels, der sowohl für den heimischen Markt als auch für den Export produziert.

Den **Stadtrundgang** beginnt man am alten Hafen, wo mehrere alte Häuser aus der Kolonialzeit stehen, in denen heute Ausstellungen zu sehen sind. Die Nummern auf den Dächern stammen aus der Zeit der

Ujarassiorit

Die Magie grönländischer Mineralien

Grönlands neuer Volkssport heißt übersetzt: »Geh und suche Steine.« Seit 1989 wird die Bevölkerung bei der Suche nach wertvollen Mineralien, von denen es im Land sehr viele gibt, einbezogen und kann Gesteinsproben zum Büro für Mineralien und Öl in Nuuk schicken. Die Funde sollen neue Erkenntnisse über die Regionen vermitteln, deshalb sind Steine aus der ehemaligen Kryolith-Mine in Ivittuut oder Goldproben aus dem Gebiet nordöstlich von Nanortalik uninteressant. Die Proben werden untersucht und begutachtet und je nach Wert bezahlt. 1999 erhielt ein Jäger aus dem Dorf Sermiligaaq an der Ostküste 25 000 DKK, für eine Probe, die 8 g Gold pro Tonne enthielt. Außer Konkurrenz war der sensationelle Fund eines Geologen in der Nähe von Nuuk. Das Gestein enthielt sichtbares Gold, und die geo-chemischen Untersuchen ergaben einen Gehalt von 691 g pro Tonne. Weitere Informationen über den Stand der Suche und die Preisträger unter: www.bmp.gl.

Den Halbedelstein Tuttupit hat man weltweit nur an zwei Orten gefunden. Annähernd gleichzeitig entdeckte man im Jahr 1957 ein großes Vorkommen in der Nähe von Narsaq am Berg Illimmaasaq und ein kleineres auf der Kola-Halbinsel in Russland. Meist hat der relativ weiche Stein eine rote Farbe – vor allem im Kvanefjeld bei Narsaq – doch Einschlüsse von Mineralien bringen auch andere Färbungen hervor. Der Tuttupit verändert seine Farbe auch in Abhängigkeit vom Licht. So wird er bei Lagerung im Dunkeln blasser, ›erholt‹ sich aber wieder im Sonnenlicht. Andere Steine verlieren wiederum ihre Farbe in der Sonne und können sie durch Röntgenstrahlen wiedererlangen. Kaum ein Stein gleicht dem anderen, was ihn als Schmuckstein so attraktiv macht. Der dänische Hofgoldschmied Ove Dragsted hat ihn erstmals verarbeitet, heute findet man ihn häufig bei den regionalen Goldschmieden in Südgrönland.

Der Name Tuttupit geht zurück auf eine alte Erzählung. Das Mädchen Tuttu, was übersetzt ›Rentier‹ heißt, wollte sein Kind in der Einsamkeit der Berge gebären. Dort, wo ihr Blut und die Plazenta auf den Boden fielen, entstand der Tuttupit. Eine ähnliche Erzählung existiert auch bei den Saami auf der Kola-Halbinsel. Aufgrund seiner Seltenheit und seiner besonderen Eigenschaften gilt er bei Vertretern der New Age-Bewegung als ein Stein, der geistige Kraft in sich trägt, und ist deshalb sehr begehrt.

amerikanischen Militärbasis und dienten den Piloten zur Orientierung beim Anflug. Im Gebäude **A-34,** dem Haupthaus mit Museumsladen und Informationsstelle für Führungen und Sonderausstellungen, gibt eine kulturhistorische Ausstellung Einblick in die Geschichte der Region von den Inuit-Kulturen bis in die Gegenwart. Eine kleinere Ausstellung widmet sich den Nordmännern. Im Haus **B-61** ist die ehemalige Druckerei von Frederik Høegh untergebracht, in der in den 1930ern und 1940ern die landesweit verbreitete Zeitung ›Sujumut‹ (Vorwärts) gedruckt wurde. Auf dem Dachboden ist ein alter Laden aus der Zeit zwischen 1930 und 1950 aufgebaut, der die Waren aus der ›guten‹ alten Zeit anbietet. Eine Wohnung aus den 1950ern hat man in dem Haus **B-59** eingerichtet. Interessant ist der Vergleich mit den Wohnverhältnissen in dem rekonstruierten Torfhaus, das im Stil der 1930–60er eingerichtet ist, und sich in unmittelbarer Nachbarschaft zu den Kolonialhäusern befindet. Das ehemalige Speckhaus beherbergt eine geologische Sammlung mit Gesteins- und Mineralienfunden aus der Gegend um Narsaq (Öffnungszeiten: tägl. 13–16 Uhr).

Direkt am Louisevej liegt der Fischmarkt, **Brædtet,** wo die Jäger und Fischer das dunkelrote, fast schwarze Robbenfleisch und Fische anbieten. Diesen Markt findet man in allen grönländischen Orten. Der aus dem Dänischen stammende Name bedeutet ›das Brett‹, denn

früher wurde der Fang einfach auf Pappen liegend unmittelbar am Hafen verkauft, heute in eigenen Gebäuden mit Steintheken. Wer sich selber versorgen will, kann dort fangfrische Ware erstehen. Manchmal gibt es auch noch Engelwurz als Gemüse im Angebot. Die Grönländer essen es vorzugsweise roh, entweder knabbern sie die Stiele oder machen aus den Blättern Salat. Wer Maggi mag, wird den Geschmack von Engelwurz lieben.

Wenn man den Louisevej in westlicher Richtung geht, sieht man die etwas erhöht liegende **Kirche,** die der bekannte grönländische Architekt Pavia Høegh 1927 baute. Bis zu dem Zeitpunkt waren die Gotteshäuser aus Dänemark oder Norwegen importiert worden. Das Innere

Narsaq

Blick in die Kirche von Narsaq

der Kirche ist in den Farben Gelb, Weiß und Blau gestaltet, die Sonne, Eis und Meer symbolisieren. 1981 wurde die Kirche erweitert, was die Proportionen etwas veränderte, und neu geweiht.

Der weitere Weg führt zum **Henrik Lund-Haus** neben dem Friedhof. Henrik Lund (1875–1948) lebte hier zusammen mit seiner Frau Malene von 1918 bis zu seinem Tod. Von ihm stammt der Text der grönländischen Nationalhymne ›Nunarput, utoqqarsuanngoravit‹ (Unser Land, das so alt geworden ist). Er war nicht nur ein bekannter Dichter und Maler, sondern auch Pfarrer und lange Jahre Mitglied des Landrats in Südgrönland. Malene, die das Andenken ihres Mannes pflegte und Ehrenbürgerin der Stadt war, starb 1979 mit 102 Jahren und wurde damit die älteste Grönländerin. Die Größe des Hauses und zahlreiche Kunstgegenstände zeigen, dass die Familie zur Oberschicht gehörte (Öffnungszeiten: tägl. 14–16 Uhr).

Über den Akureyrivej gelangt man direkt zu **Eskimo Pels.** Regelmäßig werden Führungen durch den kleinen Betrieb angeboten, aber man kann auch einfach vorbeigehen und den Frauen in der Nähstube bei der Arbeit zugucken. Nur wenige Meter entfernt auf dem Mestervej B-866 hat Børge Brodersen sein **Steinmuseum.** Mit Begeisterung erklärt der Hobbygeologe seine zahlreichen Funde, die fast alle aus Grönland stammen. Vor allem die Gegend um Narsaq ist bekannt für ihre zahlreichen Mineralien, von denen der berühmteste der rote Tuttupit ist (s. S. 83; Tel. 66 10 62).

Außer einem Stadtrundgang, bei dem man auch den Kajakhafen aufsuchen sollte, gibt es schöne Wandermöglichkeiten in der näheren Umgebung. In **Dyrnæs** am Nordufer der Bucht Narsaq Ilua ist eine weitere Siedlung der Normannen zu sehen. Vermutlich handelt es sich um die von Ivar Bardarsson in seinen Reiseaufzeichnungen aus der Mitte des 14. Jh. erwähnte Kirche, die damals zur größten grönländischen Gemeinde gehörte. Ohne die Erklärungen wären die Ruinen kaum noch zu erkennen, zudem hat man

85

Narsaq

nur wenige Ausgrabungen vorgenommen. Von 1956 bis 1985 befand sich hier die geologische Forschungsstation, die die Mineralvorkommen von Ilimmaasaq und die Uranvorkommen am Kvanefjeld untersuchten (Dauer insgesamt ca. 4 Stunden).

Ausgesprochen lohnend ist eine Wanderung zum **Kuannersuit** (Kvanefjeld). Hier hat man in den 1970ern Uran entdeckt, aber den Abbau sowohl aus ökonomischen als auch aus ökologischen Überlegungen unterlassen. Der Weg zur Mine ist befestigt, reizvoll ist der weitere Aufstieg auf den 879 m hohen Berg. Auf dem Gipfel findet man viele seltene und schöne Gesteine. Auffallend ist auch die Vegetationsarmut, die vermutlich auf die radioaktive Strahlung des Urans zurückzuführen ist (Dauer insgesamt ca. 8 Stunden).

Eine weitere Bergtour führt auf den 12 km entfernten **Ilimmaasaq** (1390 m) und den Gletscher **Narsaq Bræ.** Hier findet man schöne Mineralien, auch den Tuttupit. Da das Gestein vegetationshemmend wirkt, hat die Umgebung fast den Charakter einer Mondlandschaft. Man kann aus der Tour einen mehrtägigen Aufenthalt machen, gute Zeltmöglichkeiten finden sich am Fluss Narsaq Elv, der aus dem Narsaq Bræ entspringt.

Wesentlich einfacher ist dagegen die Besteigung der beiden Hausberge **Tasigaaq** (350 m) und **Qaqqarsuaq** (685 m), von denen man einen guten Blick auf den Fjord hat (Dauer insgesamt ca. 2 Stunden).

Ein Bootsausflug zur Insel **Tuttutuup Isua** östlich von Narsaq führt zu den Ruinen einer Inuit-Wintersiedlung, der größten und besterhaltenen Südgrönlands, insgesamt hat man 24 Gebäude gefunden. Hier lebten die Menschen von 1300 bis 1800, und man kann gut die Entwicklung von den kleinen, runden Häusern zu größeren, rechteckigen Gemeinschaftshäusern sehen. Die Bootsfahrt kann man über die Touristeninformation buchen, sie dauert mit Besichtigung insgesamt vier Stunden.

Für größere Wanderungen, z. B. die vier bis sechs Tage nach **Qassiarsuk,** bietet sich Narsaq als Ausgangspunkt an. Hier erhält man alle Informationen und kann sich reichlich mit Lebensmitteln ausstatten. Manche Wanderer besorgen sich auch eine Angellizenz und versorgen sich unterwegs selbst. Die ideale Einsteigerwanderung beginnt entweder direkt hinter dem Hotel Inuili und führt zwischen den beiden Hausbergen hindurch, oder man geht in Richtung Kuannersuit (Kvanefjeld) und quert dort den Narsaq Elv. Ziel des ersten Tages ist der See Taseq. Nach dieser ersten, etwas steilen Etappe bleibt man auf einer sehr grünen Hochebene. Von hier aus eröffnen sich immer wieder schöne Ausblicke über die Fjorde und die weiten Gebirgslandschaften. Man braucht Verpflegung für sechs Tage und natürlich ein gutes Zelt, denn im Süden herrschen häufiger starke Föhnwinde. An der Küste vermieten einige Schafsfarmen auch Unterkünfte.

Narsaq

Narsaq Touristenbüro in der Nähe des Søndervej. Hier kann man Touren durch die Stadt und in der Umgebung buchen. Tel. 661325, Fax 661394. www.greenland-guide.gl/narsaq-tourist/

Hotel Perlen (Preisklasse 2), Tel. 661313, 572017; Fax 661333, ist das erste Haus am Platz und bietet sogar Zimmer mit eigenem Bad an. Freundliche Ausstattung. Während der Sommermonate vermietet das Hotel Perlen auch die Apartments der Haushaltsschule **Inuili** (Preisklasse 2). Sie sind nicht nur gut ausgestattet, sondern man hat auch einen fantastischen Blick auf die Stadt und den Fjord. **Hotel Niviarsiaq** (Preisklasse 2), Gl Sygehusvej B-503, Tel. 661290, 572248; Fax 661890: Die rührige Besitzerin hat das Haus in den letzten Jahren renoviert, gemütliche Ausstattung. Waschmaschine und Trockner vorhanden.

Die **Jugendherberge** (Preisklasse 1), Carl Egedesvej, Tel. 661665, Fax 665221, +45-331385 92, liegt schön am Hang und wurde ursprünglich für Arbeiter in den 1960er Jahren gebaut. Sehr einfache Zweibettzimmer mit Stockbetten und äußerst bescheidene sanitäre Anlagen. Wird von Greenland Travel unterhalten. **Narsaq Farm House** (Preisklasse 1), Tel. 661049, 572073; Fax 661064, wird von dem Isländer Helgi Jonasson bewirtschaftet, der zugleich auch als Outfitter tätig ist. Einfache Zimmer mit zwei bis fünf Betten. Liegt auf dem Weg zum Kvanefjeld. Touren und Ausrüstungen werden angeboten, außerdem kann man den Transport aus oder in die Stadt organisieren.

Zeltplätze gibt es innerhalb der Stadt nur neben der Jugendherberge, ansonsten kann man überall außerhalb der eingezäunten und kultivierten Felder zelten.

Restaurant Arctic House, Mariannesvej, Tel. 661640: Das einzige Restaurant des Ortes bietet gute Lammfleischgerichte. **Imbisse:** Café Narsaq, Søndervej B-157, Tel. 661609, 572208. Imbiss Narsaq Grill, Gammelvej B-1032, Tel. 661614.

Außer dem erwähnten Schmuck und **Eskimo Pels,** wo man wunderbare Jacken oder andere praktische Kleidungsstücke aus Robbenfell für den Winter kaufen kann, gibt es noch zwei besondere Läden. **Marriorfik** am Louisevej im Zentrum der Stadt bietet Keramiken an, die nur in dieser Werkstatt hergestellt werden (Mo–Fr 8–16 Uhr). **Meqqileriffik** ist eine Wollwerkstatt, in der eine sehr spezielle Verarbeitung praktiziert wird. Die Wollsachen sehen wie Filz aus. Fiskervej, Mo–Fr 8–16 Uhr.

Bootsfahrten und **Wanderungen** werden über das Touristenbüro und von Helgi Jonasson (s. o.) angeboten, außerdem können Angelscheine für **Forellenangeln** vor Ort erworben werden. 200 DKK für einen Monat. Helgi Jonasson vermietet auch **Mountainbikes.**

Mit dem **Schiff** von Narsarsuaq oder anderen Orten Südgrönlands. Während der Sommermonate Mo–Sa **Helikopterflüge** von und nach Narsarsuaq. Auch weitere Direktflüge zu Orten Südgrönlands.

Qaqortoq

›Die Weiße‹, so die Übersetzung des Namens, ist die größte Stadt Südgrönlands mit immerhin 3150 Einwohnern und weiteren knapp 300 in den übrigen Orten der Kommune. Der Name leitet sich von den zahl-

87

Qaqortoq

Qaqortoq

reichen Eisbergen in der Bucht ab, die zwar schön sind, aber leider auch dafür verantwortlich, dass zwischen März und Juli nicht immer alle Schiffe den Hafen anlaufen können. Vielleicht ist Qaqortoq sogar die schönste grönländische Stadt, nicht nur von ihrer Lage, denn fast alle sind malerisch und beeindruckend gelegen, sondern aufgrund ihrer Architektur. Ob man per Schiff oder Helikopter ankommt, sofort fällt ein mit Kupfer und Messing beschlagener Schornstein ins Auge. Die Bildhauerin und Malerin Aka Høegh hat den 36 m hohen Turm des Wärmekraftwerks von Qaqortoq 1990 als Symbol für Feuer, Wärme und Kraft gestaltet. Architektonisch gelungen sind auch die Wohnblocks, die sich farbenfroh und aufgelockert am Hang gruppieren. Die versetzt gebauten Häuser schaffen kleinere, menschenfreundliche Einheiten, anders als die Bausünden der 1960er und 1970er Jahre, die leider auch in Qaqortoq zu sehen sind.

Gegründet wurde Qaqortoq 1775 von dem norwegischen Kaufmann Anders Olsen, der einen geeigneten Handelsplatz in Südgrönland suchte und den geschützten Naturhafen für ideal hielt. Doch schon damals bereiteten die Eisberge Probleme, und oft musste die Fracht im nördlich gelegenen, eisfreien Paamiut gelöscht und anschließend mit kleinen Boo-

ten in die Kolonie transportiert werden. Im 18. Jh. lebten viele Inuit in dem Gebiet, das aufgrund der zahlreichen Meeressäuger gute Jagdgründe bot. Der dänische Name Julianehåb ging zurück auf die Witwe von König Frederik V., Juliane Marie. 1779 stellten zwei Dänen übrigens definitiv fest, dass in diesem Gebiet die ehemalige Ostsiedlung der Normannen gelegen hatte und nicht an der Ostküste. Sie bereisten ganz Südgrönland und untersuchten die Ruinen. Anhand des Materials konnten alle aus den Sagas bekannten Ortsnamen auf die Orte der Gegend übertragen werden. Mit ein Grund für die Anlage dieses Handelspostens, der zugleich als Missionsstelle fungierte, war, einen guten Zugang zum Osten zu erhalten. Die Suche nach den ersten nordischen Kolonialisten hielt noch bis ins frühe 19. Jh. an.

Das alte Qaqortoq liegt in der Nähe des Hafens, und in seinem Zentrum befindet sich der einzige Springbrunnen Grönlands. Gebaut hat ihn der Architekt des Ortes, Pavia Høegh, 1927 aus Igaliko-Sandstein und Holz. Auf dem Brunnenrand stehen Namen verdienter Grönländer wie Anders Olsen, Henrik Lund oder Knud Rasmussen.

Das älteste Gebäude, ein mehrgeschossiges, schwarz geteertes Haus, das 1797 gebaut wurde, ist ein hervorragendes Beispiel für die dänische Tradition der Fertigbauhäuser: Alle Teile kamen damals aus Dänemark und wurden anhand der Nummerierung vor Ort aufgebaut. Auffal-

---

Die Kanone vor dem Museum brachte Knud Rasmussen hierher

Qaqortoq

lend ist das gelbe Fachwerkhaus, das in den 80er Jahren des 19. Jh. gebaut wurde und damals die Werkstatt der Zimmermänner und Böttcher war. Die Böttcher zählten zu den bedeutenden Handwerkern, da sie die Fässer für den Speck und Tran herstellten, dem wichtigsten Exportartikel. Gegenüber steht ein dunkles Haus, die ehemalige Schmiede aus dem Jahr 1871, in der heute das **Museum** untergebracht ist. Die permanenten Ausstellungen vermitteln viel über die Geschichte der Inuit und der Nordmänner, außerdem finden jeden Sommer zusätzliche Ausstellungen statt, oft mit Werken bekannter Künstler Grönlands (Öffnungszeiten: tägl. 10–16 Uhr). Zum Museum gehört ein Sodenhaus, das eingerichtet ist wie zu Beginn des 20. Jh. Vor dem Museum steht eine kleine Kanone, die ursprünglich von einem Walfänger stammt und die Knud Rasmussen aus Ostgrönland hierhin brachte.

Richtung Hafen kommt man einem kleinen roten Haus vorbei, in dem von 1863 bis 1900 der Verwaltungsvorstand von Südgrönland tagte. Die erste politische Versammlung, durch die die Bevölkerung eine Mitverantwortung bei der Entwicklung des Landes erhielt, wurde initiiert von Heinrich Rink und Samuel Kleinschmidt.

Auf dem Spaziergang durch den Ort fällt immer wieder die rote **Kirche** mit dem leuchtenden grünen Schindeldach ins Auge. Sie wurde 1832 gebaut, nachdem das aus Norwegen stammende Baumaterial zu-

vor fast vier Jahre in Paamiut gelegen hatte, wo das Schiff auf Grund gelaufen war. Das Innere der Kirche ist in den Farben Grönlands und des Eises gestaltet. Hier findet sich das einzige Zeugnis von der Havarie der M/S ›Hans Hedtoft‹, bei der alle 95 Mann Besatzung vor Kap Farvel am 30. Januar 1959 ertranken: ein Monate nach dem Unglück in Island angetriebener Rettungsring. In der Kirche hängt außerdem eine Tafel mit den Namen der Besatzung und der Reisenden. Die neue Kirche oberhalb der Stadt neben dem Hotel wurde 1973 gebaut, sehenswert ist vor allem die Altartafel von Maria Haagen-Müller.

Ein lohnender Stadtgang folgt den **Skulpturen** des Projektes ›Stein und Mensch‹, sowohl durch das alte als auch durch das neue Qaqortoq. In den Sommermonaten 1993 und 1994 fertigten 18 Künstler aus Skandinavien und Grönland die Skulpturen an. Initiiert hatte das Projekt die Bildhauerin Aka Høegh, die auch in Qaqortoq lebt und arbeitet. Einen entsprechenden Stadtplan erhält man im Touristenbüro. Ein weiteres Werk von Aka Høegh ist in der Aula des Gymnasiums zu sehen, wo sie einen 40 m langen Fries gemalt hat, inspiriert von den Volkserzählungen ›Die Mutter des Meeres‹ und ›Die Sonne und der Mond‹.

Qaqortoq ist nicht nur das kulturelle Zentrum des Süden, dem in den nächsten Jahren durch den Bau eines größeren Kulturzentrums Rechnung getragen werden soll. Qaqortoq ist mit Gymnasium, Berufsschule, Tou-

Qaqortoq

Objekt des Projektes ›Stein und Mensch‹

rismusschule und Arbeiterhochschule vor allem ein Ausbildungszentrum, das Lernwillige aus dem ganzen Land anzieht. Wichtigster Wirtschaftszweig ist die Fischerei mit einer entsprechend großen Fabrik. Ein weiterer großer Arbeitgeber ist das staatlich subventionierte, pelzverarbeitende Unternehmen Great Greenland, zu dem eine Gerberei, Färberei und eine Nähstube gehören. Die Produkte zeichnen sich aus durch hohe Qualität und perfekte Verarbeitung, jährlich wird nur eine begrenzte Anzahl an Mänteln und Jacken hergestellt, alle Kleidungstücke haben eine Nummer. Ein Gang durch die Anlage ist sehr interessant, und mit einem kundigen Führer kann man viel über Robben und die Fellverarbeitung in Grönland lernen (s. S. 24f.). Informationen bei der Touristeninformation.

Zur Ruine in Hvalsey

Qaqortoq ist der Ausgangspunkt – oder das Ziel – der Wanderung nach Igaliku (s. S. 78f.). Um sich vorher schon etwas einzulaufen, kann man schöne Tagestouren machen. Reizvoll ist der Gang um den See **Tasersuaq** mit fast ständigen Blick auf die Stadt. Ganz mutige nehmen auch schon mal an einem warmen Sommertag ein Bad darin (Dauer ca. 4–5 Std.). Einen fantastischen Blick auf die Stadt, den Fjord und im Norden bis hin zu dem markanten Bergmassiv Killavaat, auf Dänisch Redekammen (Haarkamm), hat man von dem Berg **Saqqaarsik** (375 m) aus, den

Hvalsey

Kirchenruine in Hvalsey

man gut von der Volkshochschule aus erreichen kann (hin und zurück ca. 5 Std.).

Beliebt ist auch die Wanderung zu der Höhle **Uglespils Hule** in der Nähe der Bucht Akunnaat westlich der Stadt. Zunächst geht man am See Tasersuaq entlang, lässt den Berg Alanngorsuaq links liegen und orientiert sich in Richtung Bucht. Benannt ist die Höhle nach der deutschen Schelmenfigur Till Eulenspiegel, dessen Geschichten auch in Dänemark bekannt sind. Doch warum es eine Höhle mit seinem Namen in Grönland gibt, weiß man nicht (hin und zurück ca. 8 Std.).

Bootstouren führen zur Schafsfarm **Kangerluarsorujuk** oder in den kleinen Ort **Eqalugaarsuit** auf der Insel Kangeq, wo man einen kleinen Eindruck vom dörflichen Leben erhält. Die Fahrten gehen zwischen zahlreichen Inseln hindurch und haben daher einen landschaftlich großen Reiz.

Die Bootsfahrt zu den ›Warmen Quellen‹ von **Uunartoq** dauert vier Stunden. Wer nicht mehr weiter in den Süden nach Alluitsup Paa will, hat hier eine gute Gelegenheit, ein warmes Bad im Anblick der Eisberge zu genießen (s. S. 104).

Ein schöner Tagesausflug führt mit dem Boot zur Ruine Hvalsey. Auf dem halben Weg dorthin liegt die Schafzuchtstation **Upernaviarsuk,** die zugleich auch Ausbildungsort ist. In der 1953 gebauten Station versucht man mit Hilfe isländischer Erfahrungen bessere Zucht- und Haltungsergebnisse für Schafe zu er-

Hvalsey

zielen, dabei werden auch Versuche mit unterschiedlichem Futter unternommen. Außerdem zieht man hier Baumsetzlinge, z.B. Sibirische Lärchen, die in Südgrönland angepflanzt werden sollen. Auch Gemüse wird angebaut, z.B. Salat, Rhabarber und Tomaten oder auch Erdbeeren aus Alaska. Über die Touristeninformation kann man einen Besuch vereinbaren.

Als der Cousin von Erik dem Roten, Thorkel Farserk, 985 nach **Hvalsey** (Qaqortukulooq) kam, gelangte er durch Ackerbau und Viehzucht schnell zu Reichtum, denn die Gegend war fruchtbar. Die große Ruinenanlage zeugt von dem damaligen Wohlstand. Das große Langhaus wurde im Verlauf der Jahrzehnte um mehrere Anbauten erweitert. Die Halle mit ihren 41 m² ist die zweitgrößte nach der in Gardar und dokumentiert die gesellschaftliche Stellung des Hofes innerhalb der Ostsiedlung. Thorkels Grab vermutet man in der Nähe der runden Pferdekoppel.

Die heute noch imposante, 16 x 8 m große Kirchenruine wurde um 1300 mit dem Granit vom Berg Qaqortoq gebaut. Die Regelmäßigkeit der Steine machte es nicht notwendig, sie in Stücke zu zerschlagen. Beeindruckend sind immer noch die Fensterbögen. Zum Verfugen verwandten die Nordmänner Ton und Kalk, der sicher dazu beigetragen hat, dass die Kirche so gut erhalten ist. Vom Stil erinnert sie mehr an die anglo-norwegische Tradition, die auf den nordschottischen Inseln wie den Orkneys und den Shetlands zu finden ist. Vermutlich erstreckte sich um die Kirche herum ein Friedhof. Um die Ruine besser erhalten zu können, die in den letzten Jahren langsam auseinander zu fallen droht, hat die UNESCO sie zum Weltkulturerbe erklärt. Die Kirchengemeinde umfasste insgesamt 30 kleine Höfe und hatte einen eigenen Priester. Die letzte Eintragung in Verbindung mit Hvalsey datiert vom 14. September 1408: die Hochzeit von dem Isländer Thorsteinn Olafsson und der Grönländerin Sigrid Bjørnsdóttir.

Innerhalb der Ruinenanlage sind die Grundmauern weiterer Gebäude gut zu erkennen, entsprechende Tafeln klären über ihre früheren Funktionen auf, so dass man sich gut in die damalige Zeit zurückversetzen kann. Die herrliche Lage inmitten bunter Wiesen mit Blick auf den Fjord begeistert nicht nur Touristen, auch die Bewohner von Qaqortoq machen häufig Ausflüge hierhin.

 Touristeninformation, Torvevej B-68, Tel. 64 24 44, Fax 64 24 95.

Seemannsheim (Preisklasse 2), Ringvej B-40, Tel. 64 22 39, Fax 64 26 78: eine zentral gelegene, gute Übernachtungsmöglichkeit mit angenehmen Zimmern. Außerdem wird sogar nachts etwas zu essen und zu trinken im Gemeinschaftszimmer angeboten. **Sulisartut Hochschule** (Preisklasse 1+2), Kamikorfik B-1021, Tel. 64 24 66, Fax 64 29 73: ein breites Angebot unterschiedlich ausgestatteter Zimmer, vom Hotelniveau bis zum Jugendherbergsstandard. Alle sehr angenehm ausgestattet.

Qaqortoq

Schlafplätze (Preisklasse 1) im Jugendherbergsstil sind von Juni bis Juli in der Stadt vorhanden und können ebenso wie **Wanderhütten** in der Region über die Touristeninformation (s. o.) gebucht werden.

Zeltplatz innerhalb der Stadt direkt neben der Hochschule, ansonsten nur Plätze außerhalb des Ortes.

Das **Seemannsheim** (s. o.) hat eine gute Cafeteria mit Tagesgerichten und kleineren Snacks. Hier essen viele Einheimische zu Mittag. Geöffnet: Mo–Sa 7–20 Uhr, So 8–20 Uhr. **Restaurant Napparsivik,** Tel. 64 30 67: Dieses gemütliche Lokal in einem schönen alten Fachwerkhaus bietet vor allem Fleischgerichte an, z. B. grönländisches Lamm. Beliebt auch bei den Bewohnern, am Wochenende besser reservieren. Geöffnet: tägl. 12–24 Uhr. Einen etwas spröden Charme hat das **Hafencafé,** Torvet B-163, 1. Etage, Tel. 64 22 45: Hier trifft sich die arbeitende Bevölkerung. Gute kleine Gerichte und Kuchen. Geöffnet: Mo–Fr 7.30–17 Uhr, Sa–So 8–15 Uhr. **Selbstversorger** finden mehrere Lebensmittelgeschäfte, die auch außerhalb der regulären Zeiten geöffnet haben. Fisch kauft man auf dem Markt am Hafen.

Die erwähnten **Ausflüge** und weitere **Bootsfahrten** zu kleineren Siedlungen oder **Helikopterflüge** zum Inlandeis können über das Touristenbüro gebucht werden. Für eine **Besichtigung** der Fabrik Great Greenland wendet man sich auch an das Touristenbüro. Der Isländer Stefan H. Magnusson, Tel. 64 13 46, 57 38 56, Fax 64 13 36, hat eine Rentierfarm in Isortoq in der Nähe des Inlandeis. Er arbeitet als Outfitter und bietet außer Übernachtungen u.a. **Wanderungen, Bootstouren** und im Winter **Snowmobilausflüge** an.

Mehrmals wöchentlich **Bootsverbindungen** von und nach Narsarsuaq sowie zu den anderen Orten an der Westküste. Mo–Sa **Flüge** von und nach Narsarsuaq. Außerdem kann man auch privat Boote chartern: Poul Egede Charter, Tel. 57 38 20. M/B Polarfox, Tel. 57 38 15, 64 24 00.

In der Stadt fährt zwischen 7 und 21 Uhr ein **Bus,** entsprechende Haltestelle sind zu sehen. Aussteigen kann man nach Wunsch. Zwischen 6.30 und 3 Uhr fahren auch **Taxen,** Tel. 64 11 11, 57 39 77.

Paamiut

Paamiut ist die nördlichste Stadt Südgrönlands oder auch die südlichste Stadt Grönlands, die ganzjährig per Schiff angesteuert werden kann. Knapp 2000 Einwohner leben hier, in dem zur Kommune zählenden, südlich gelegenen Ort Arsuk rund 200. Der Lage direkt am Kuannersooq-Fjord verdankt Paamiut auch seinen Namen, er bedeutet ›Volk an der Mündung‹.

Der Ort wurde 1742 als Handelsstation für die umliegenden Siedlungen gegründet, wichtige Produkte waren Speck und Felle. Die Gründer waren der Kaufmann Jacob v.d. Geelmuyden und der Missionar Arnoldus Sylow. Der dänische Name Frederikshåb leitete sich von Kronprinz Frederik (1723–1766) ab, der 1746 König Frederik V. wurde. Nach anfänglichen Schwierigkeiten, bedingt durch schlechte Wetter- und Eisverhältnisse, konnte die Königlich Grönländische Handelsgesell-

94

Paamiut

Die Friedenskirche von Paamiut

schaft 1774 endlich ihre Arbeit aufnehmen.

Paamiut zählt sicher nicht zu den schönsten Orten Grönlands. Die zahlreichen großen Wohnungsbauten sind unrühmliche Relikte aus der Zeit, als man Paamiut zu Grönlands zweitgrößter Stadt mit 10 000 Einwohnern machen wollte. In den 1960er Jahren gab es große Kabeljauvorkommen vor der Küste, deshalb sollte hier eine riesige Fischfabrik errichtet werden. Doch der Kabeljau verschwand, und zurück blieben die Pläne sowie die ersten Wohnblöcke. Dennoch wurde die Fischfabrik fertiggestellt, sie ist heute Royal Greenlands wichtigste Kabeljaufiletierfabrik. Eine kleinere Fischfabrik in Arsuk ist seit 1980 in der Hand einer Kooperative von rund 30 Fischern. Die liefern ihre Fänge an die Fabrik, und diese verkauft die Produkte direkt nach Dänemark. Die große Bedeutung der Fischerei für Paamiut zeigt sich auch darin, dass hier seit 1996 die Fischerei- und Schifffahrtsschule des Landes angesiedelt ist.

Sehenswert sind die **Kolonialbauten,** in denen sich das Museum und das Touristenbüro befinden. Das Museum zeigt u. a. Objekte der alten Inuit-Kulturen und eine Ausstellung über die Zeit der europäischen Walfänger an der Westküste (Öffnungszeiten: 1.6.–31.8. 8–16 Uhr).

Die **Friedenskirche** (Eqqisinerup Oqaluffia) erinnert an norwegische Stabkirchen und wurde 1909 errichtet. Ihre Vorgängerin entstand 1722 – aus Stein und Soden – auf Veran-

Paamiut

lassung von Otto Fabricius, der von 1768 bis 1773 in Frederikshåb als Missionar tätig war. Fabricius schrieb umfangreiche wissenschaftliche Abhandlungen über Grönland und blieb später als Professor und Titularbischof im Land. Neben der Kirche erinnert ein Denkmal an Otto Fabricius.

Ein bemerkenswerter moderner Bau ist die größte Sportanlage Grönlands mit zwei Volleyballfeldern. Ansonsten lockt weniger der Ort zu einem Aufenthalt, als vielmehr die Umgebung.

In den Fjord kalben zwei große Inlandeisgletscher, der **Avannarleq** und der **Nigerlikasik.** Dicht an dicht liegen die Eisberge, wie eine Wand ragen der Nigerlikasik-Gletscher und Berge, die eine Höhe bis zu 1000 m erreichen, vor einem auf. Allein die Fahrt durch den Fjord ist schon unglaublich beeindruckend.

Für Wanderer bieten die nähere und weitere Umgebung gute Möglichkeiten. Wer Mehrtagestouren plant, sollte Trecking erprobt sein, da man hier keine Siedlungen oder Höfe vorfindet, in denen man übernachten oder Proviant aufnehmen kann. Besonders die Umgebung am **Eqaluit** hat sowohl für Botaniker als auch Ornithologen großen Reiz. Hier leben und nisten Jagd- und Wanderfalken, außerdem kann man Seeadler sehen.

Paamiut gilt als Küstenregion mit der größten Walpopulation. Von August bis Oktober kann man fast schon garantieren, dass man auf einer Safari Buckel- und Finnwale sieht.

Touristenbüro, Othorsuup Aqq B-38, Tel. 68 16 73, Fax 68 18 76.

In **Paamiut: Hotel Paamiut** (Preisklasse 2), Kirkegårdsvej 11, Tel. 681798, Fax 681328: Hier gibt es nur drei Doppel-, aber immerhin 15 Einzelzimmer mit einfacher Ausstattung. **Petersens Hotel** (Preisklasse 2), Illoqarfiup Qeppa 13, Tel. 68 12 99: sehr klein mit nur vier einfach ausgestatteten Zimmern. Buchungen in anderen Sprachen als Dänisch und Grönländisch müssen über das Touristenbüro vorgenommen werden.
In **Arsuk: Motel Kialaaq** (Preisklasse 2), Tel. 68 50 33: eine einfache und kleine Unterkunft mit Aufenthaltsraum und Kochgelegenheit. Andere **Häuser** in Arsuk können Gruppen oder Familien auch für einen längeren Zeitraum mieten. Für alle Buchungen in anderen Sprachen als Dänisch und Grönländisch muss man das Touristenbüro in Paamiut kontaktieren. **Weitere Übernachtungsmöglichkeiten** z. B. in der Jugendherberge oder in der Fischereischule lassen sich über das Touristenbüro buchen. Außerhalb des Ortes gibt es auch geeignete **Zeltplätze.**

Außer dem Restaurant im Hotel Paamiut gibt es im Ort nur das **Café Paamiut,** Illoqarfip Qeppa 5, Tel. 681700. Ob die Cafeteria in der Sporthalle öffnet, wird von Jahr zu Jahr entschieden, Anders Petersenip Aqq B-885, Tel. 68 12 52. Ansonsten kann man sich gut selbst versorgen.

Paamiut ist bekannt für seine hervorragenden Specksteinarbeiten sowie für die farbfrohen Lederarbeiten, die z. B. zur Verzierung der Kamiks verwendet werden. In der örtlichen Lederwerkstatt wird diese Tradition gepflegt. Weitere Lederwaren findet man in der Werkstatt: Mersortafik Ippat, Talittarfimmut B-563, Tel. 68 14 96.

96

Die beschriebenen **Touren** kann man über das Touristenbüro buchen. Außerdem bietet der Outfitter Birger Knudsen, Tel. und Fax 68 10 19, ein Experte für Vogel- und Walbeobachtungen, Touren an zu Siedlungen, Ruinen und im Juli Ausflüge zu Adlerhorsten. Bei ihm kann man auch Zelte und Equipment leihen. Im Winter bestehen in der Region ausgezeichnete Möglichkeiten für **Skilanglauf**.

Einmal wöchentlich **Flüge** von Nuuk und Narsarsuaq sowie einmal pro Woche **Schiffsverbindungen** von und nach Qaqortoq und Ilulissat. Das Schiff läuft auf der Fahrt auch Arsuk an.

Ivittuut und Kangilinnguit

Grönlands kleinste Kommune ist Ivittuut, doch die rund 170 Einwohner leben im 6 km entfernten Kangilinnguit. Beide Orte verbindet eine Straße, von der man stolz sagt, es sei die einzige Straße Grönlands, die zwei Orte verbinde.

Ivittuut bedeutet die ›Grasreiche‹. Die Umgebung ist für Naturliebhaber wegen der vielfältigen Flora und des reichen Vogellebens einzigartig und bietet zudem den Vorteil, kaum von Touristen frequentiert zu werden. Vor der Küste gibt es außerdem zahlreiche Wale und Robben.

Berühmt wurde Ivittuut aufgrund seines Kryolithvorkommens, dem bedeutendsten der Welt, das die Dänen ab 1857 förderten. Viele Jahre war Kryolith die wichtigste Einnah-

mequelle, um das dänische Engagement in Grönland zu finanzieren. In den Jahren bis zum Zweiten Weltkrieg hatte die Mine ihre Blütezeit, da Kryolith ein wichtiger Stoff für die Herstellung von Aluminium ist. Während des Zweiten Weltkrieges beschützte die amerikanische Küstenwache die Mine vor möglichen deutschen Überfällen. Nachdem man die Vorkommen endgültig ausgebeutet hatte, wurde die Mine 1987 geschlossen. Zurück ist ein 30 000 m^2 großes Abraumloch geblieben, das sich langsam mit Wasser füllt. Die gut erhaltenen Häuser stammen überwiegend aus der Zeit zu Beginn des 20. Jh.

Den ehemaligen amerikanischen Marinestützpunkt bei Kangilinnguit haben 1951 die Dänen übernommen, heute ist hier das Grönland Kommando der Dänischen Marine stationiert. Seine Aufgaben sind die Überwachung der Fischerei, die Seerettung und die Beobachtung der Meeresverhältnisse.

In der Region versucht man einen so genannten Thementourismus zu etablieren, z. B. geführte Vogelbeobachtungen – hier ist der Seeadler heimisch – oder geologische Fahrten – über 90 unterschiedliche Mineralien kommen in der Region vor. Individualreisende sind auf viel Improvisationstalent angewiesen, da es kein Geschäft im Ort gibt. Doch wer sich darauf einlässt, findet Natur pur. Seit 1987 gibt es hier auch Moschusochsen. Der Bestand von damals 15 Tieren ist auf fast 150 angewachsen. Wanderungen in der

Umgebung können mit Hilfe der regionalen Wanderkarte gut bewerkstelligt werden.

Eine lohnende Tour führt von Ivittuut zum südlich gelegenen **Ikka-Fjord.** Auf dem Fjordboden nördlich von Snævringen, wo auch eine Nordmännerruine liegt, befinden sich einzigartige Mineralienformationen, die so genannten Ikkait. Auf einer Fläche von 750 000 m² stehen mehr als 500 Säulen, die bis zu 20 m hoch sein und einen Durchmesser von 15 m erlangen können, jährlich wachsen sie bis zu einem halben Meter. Entstanden sind diese Kalziumkarbonatverbindungen vermutlich vor rund 10 000 Jahren. Bei ruhiger See kann man die Säulen gut erkennen. Diese geologische Besonderheit, die sonst nur aus den abflusslosen Seen des amerikanischen Westens bekannt ist, bietet einer einzigartigen Lebensgemeinschaft terrestischer und mariner Organismen Schutz vor den Widrigkeiten des arktischen Wetters. Forscher der Universität von Kopenhagen schlagen deshalb vor, den Fjord als Weltkulturerbe unter den Schutz der UNESCO zu stellen. Boote dürfen in dem Gebiet nur einen Tiefgang von max. 1,3 m haben. Diese Tour kann man als Wanderung machen, indem man einem Pfad, der von der Straße zwischen Ivittut und Kangilinnguit abzweigt, in südlicher Richtung folgt. Der Fjord ist ca. 8 km entfernt.

Reizvolle Bootsfahrten führen auch zu den Inlandeisgletschern, die in die Fjorde kalben, z. B. in den Asuk-Fjord. Hier kommt man an dem imponierenden Wasserfall am Fox Havn vorbei, wenn man Glück hat, sieht man dort den Seeadler. Buchungen und Informationen bei den Informationsstellen.

Ivittuut Kommune, Tel. 69 10 77, Fax 69 10 73, außerdem direkt bei Greenland Tourism in Dänemark, **South Greenland Tourist Information,** Narsarsuaq, Tel. 66 53 01, Fax 66 53 02 und **Arctic Adventure** (s. S. 81).

Über die Kommune kann man die unten genannten Unterkünfte buchen. Alle sind einfach ausgestattet, ausgesprochen preiswert und stammen noch aus der Zeit, als der Ort Minenstadt war. **Hotel Ivittuut** hat nur zwei Doppel- und ein Einzelzimmer, aber dafür zwei Aufenthaltsräume, Küche und eine Waschmaschine. **Quatering:** Alle acht Einzelzimmer haben ein eigenes Bad. Kochmöglichkeit und Aufenthaltsraum vorhanden. **Humbelo:** ein Doppel- und sechs Einzelzimmer. Küche und Aufenthaltsraum vorhanden. Alle Preisklasse 1.

Keine Verpflegungsmöglichkeit vor Ort. Man muss alles mitbringen oder auf Wanderungen angeln.

Derzeit zweimal wöchentlich **Flüge** von Narsarsuaq und Paamiut. Reisemöglichkeiten per Schiff vor Ort klären, da Ivittuut nicht an der Hauptroute liegt.

Nanortalik und Umgebung

Nanortalik ist die südlichste Kommune des Landes und erstreckt sich bis zur Ostküste zum Kangerlussuat-

Nanortalik

siaq-Fjord. In dem Gebiet, zu dem außer der Stadt Nanortalik mit ihren 1500 Einwohnern noch fünf weitere Siedlungen gehören, können Naturliebhaber fantastische Wanderungen im Vatnahverfi unternehmen, Alpinisten finden eine Vielzahl lohnender Berge entlang des Tasermuit-Fjords, und Kulturinteressierte können die zahlreichen Ruinen der Normannen und Inuit aufsuchen. Die Inuit schätzten das Gebiet wegen des Robbenreichtums. Im Mittelalter lebten zahlreiche Normannen in den fruchtbaren Tälern im Innern der Fjorde, und der Hof Herjolfsnes zählte zu den bedeutendsten der damaligen Zeit.

1797 gründeten der norwegische Kaufmann Johan Christian Mørch und der Böttcher David Kleist zunächst eine Station in Sissarissoq, nördlich des jetzigen Standortes von Nanortalik. 1830 zog man wegen der wesentlich besseren Voraussetzungen für einen Hafen um. Die damalige Handelsstation hatte Verbindungen bis zur Ostküste, und nicht selten kamen Inuit von dort, die selbst für die Süd- und Westküsten-Inuit wie Wilde aussahen. Sie trugen lange Haare und zahlreiche Amulette, wie es vor der Christianisierung auch im Westen üblich war. Die Haupthandelsgüter waren Felle und Speck von den Inuit und Waffen und Kleiderstoffe von den Europäern.

Der Name Nanortalik bedeutet ›Ort der Bären‹, die tatsächlich regelmäßig im Frühjahr auf Eisschol-

Nanortalik und Umgebung

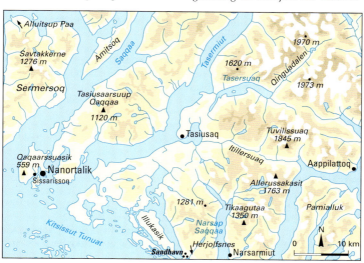

Nanortalik

Die Kirche von Nanortalik

len antreiben und eine willkommene Beute für professionelle Jäger sind. Hier im Süden könnten die zumeist ausgehungerten Bären durchaus Schaden für Mensch und Tier verursachen. Manchmal treiben sie sogar noch weiter nördlich bis auf die Höhe von Qaqortoq.

Zunächst stagnierte die Entwicklung des Ortes, die Tuberkulose grassierte. Außerdem ging der Robbenfang in der Region zurück, und der Fischfang konnte sich aufgrund des Treibeises nicht so gut entwickeln. Von 1915 bis 1925 brachte die Graphit-Mine auf der Insel Amitsoq einigen Gewinn. Erst 1950 wuchs der Ort mit zunehmender Fischerei, heute ist der Haupterwerb die Schafzucht, außerdem spielt die Robbenjagd noch eine größere Rolle. Im Frühjahr wird Jagd auf die Klappmützenrobben gemacht, die dann in großer Zahl von Neufundland herüberschwimmen. Seit 10 Jahren bereitet man sich zudem darauf vor, die Goldvorkommen in den Gebieten um Nanortalik zu schürfen. Probebohrungen haben gezeigt, dass die Qualität der Vorkommen sehr hoch ist.

Nanortalik ist eine hübsche, überschaubare Stadt, mit dem größten Freilichtmuseum Grönlands, das im alten Koloniehafen liegt. In den neun Häusern des **Nanortalik-Museums** wird nicht nur viel Wissenswertes über den Alltag im 19. und 20. Jh. vermittelt, sondern es gibt auch eine umfangreiche Ausstellung mit Exponaten der Ausgrabungen von Herjolfsnes. Interessant sind besonders die Informationen über die Bekleidung der Nordmänner, zu der u. a. eine Kapuze gehörte, die in gleicher Form auch in Europa getragen wurde, was auf den regen Austausch zwischen den Siedlungen in Grönland und Europa schließen lässt. Nicht weniger interessant ist das Sodenhaus mit seiner originalgetreuen Einrichtung (Öffnungszeiten: 1.6.–30.9. So–Do 13–16 Uhr). Von einem kleinen Aussichtsstein inmitten der Häuser hat man einen guten Blick auf die alte Anlage.

In der Nähe der alten Kolonialhäuser steht auch die markante weiße **Kirche** aus dem Jahre 1916. Die Orgel in dem schön gestalteten Innenraum stammt von der Herrnhutermission in Frederiksdal. Direkt neben der Kirche steht ein großer Granitblock, der Knud Rasmussen-Stein. Von der richtigen Seite und Perspektive ähnelt der Stein Rasmussens markantem Profil.

Von der Kirche führt die Straße weiter in den modernen Teil des Ortes mit der Anlegestelle für die Passagierboote und dem Kommunehaus mit einer Elefantenskulptur davor. Auch in Nanortalik stößt man auf die Wohnblöcke aus den 1960er und 1970er Jahren. Auf der Nordseite der besiedelten Landzunge liegen Krankenhaus und Hotel Kap Farvel.

Wenn man in westlicher Richtung aus dem Ort geht und um die Bucht herumläuft, gelangt man zu der alten Handelsstation **Sissarissoq**. Der Platz ist zum einen gut an dem Kreuz zu erkennen, und zum anderen sieht man noch zahlreiche Grundmauern und etliche Inuit-Gräber. Auf dem Weg dorthin kommt man an dem so genannten Eisbärstein vorbei. Hier soll früher ein Inuit-Junge seinen jungen Bären angebunden haben, wenn er nicht mit ihm spazierengehen wollte. Vermutlich handelt es sich um einen Türstein eines ehemaligen Nordmännerhofes. Direkt hinter dem alten Siedlungsplatz kann der 559 m hohe **Qaqaarssuasik** bestiegen werden, der höchste Berg der Nanortalik-Insel. Von ihm hat man einen hervorragenden Blick über den Atlantik und ins Hinterland.

Auf den Spuren der Vergangenheit und ins Paradies der Trecker

Eine Reise in den äußersten Süden Grönlands führt zu den beiden Siedlungen Narsarmijit und Aappilattoq. **Narsarmijit,** in einigen Karten heißt es noch Narsaq Kujalleq, hat rund 130 Einwohner, die von der Schafszucht und der Jagd leben. Der Ort wurde 1824 von Konrad Kleinschmidt als Frederiksdal, der südlichsten Missionsstation der Herrnhuter, gegründet. Für die 1826 gebaute Kirche musste das Holz mit dem Umiak, dem Frauenboot, aus Qaqortoq herangefahren werden. Während des Zweiten Weltkrieges errichteten die Amerikaner in der Nähe der Siedlung eine Rundfunknavigationsstation, die einige Arbeitsplätze schuf.

Auf der gegenüberliegenden Seite des Fjords Narsap Sarqaa liegen die

Umgebung von Nanortalik

Ruinen der Normannensiedlungen Herjolfsnes und Sandhavn. Die Kirche von **Herjolfsnes** zählt zu den drei bedeutendsten der Ostsiedlung und wurde vermutlich im 13. Jh. gebaut. Ausgrabungen zeigen, dass es nicht die erste Kirche auf diesem Platz war, doch die frühere war wesentlich kleiner und hatte ein Innenmaß von 14,5 m Länge und 6,5 m Breite. Ausgrabungen im Jahr 1921 brachten den Archäologen entscheidende Kenntnisse über die Lebensweise und vor allem über die Kleidung der Nordmänner. Die exponierte Lage der Siedlung, die rund 5 km von der Kirche in westlicher Richtung liegt und **Sandhavn** heißt, erklärt sich damit, dass der erste Siedler Herjolf ein Handelsmann war. Sandhavn war der erste bzw. letzte Hafen, den die Seeleute auf ihrem Weg zwischen Island bzw. Grönland ansteuerten. Vermutlich erhielt auch die Kirche besondere Einnahmen von den vorbeisegelnden Händlern. Herjolf begleitete Erik den Roten 985, es heißt, er stamme von dem ersten Siedler Islands, Ingolfur Arnarson, ab. In Sandhavn hat man rund 20 Ruinen gefunden, Wohnstätten und Packhäuser für die Handelsgüter der damaligen Zeit wie Felle, Narwal- und Walrosszähne oder Trockenfisch.

Die östlichste Siedlung des Distriktes ist **Aappilattoq** mit 170 Einwohnern. Die isolierte Lage wird verstärkt in den Monaten Mai bis Juli, wenn das Packeis die Bootsverbindung erschwert. In der Siedlung leben die Menschen noch auf sehr traditionelle Weise von der Jagd auf Robben und auch Eisbären. Einige Bewohner stammen von der Ostküste, und die Lebensweise hier ähnelt sehr der im Osten. Für Bergsteiger ist der Ort ein beliebter Ausgangspunkt, um sich zur Insel **Pamialluk** bringen zu lassen, einem Paradies für Bergsteiger! Allein die Bootsfahrt durch die Fjorde vorbei an den steil aufragenden Zinnen ist ein überwältigendes Erlebnis. Aappilattoq liegt am Fjord Ikerasassuaq, an dem sich auch die gleichnamige Wetterstation befindet und durch den kleinere Boote zur Ostküste gelangen.

Der 75 km lange **Tasermiut-Fjord** führt hinein in eine Landschaft der Riesen aus Granit und endet am Inlandeis. Ausgangspunkt für Wanderungen in der Gegend ist die kleine Siedlung **Tasiusaq** mit 90 Einwohnern. Von hier aus kann man zum See **Tasersuaq** wandern und von dessen Ostrand in das **Qinngua-Tal,** wo Grönlands einziges ›richtiges‹ Waldgebiet mit bis zu 7 m hohen Bäumen liegt. Über 300 Pflanzenarten findet man in dem Naturschutzgebiet. Weiter nördlich, nur 14 km vom Inlandeis entfernt, finden sich Ruinen eines Augustinerklosters aus dem 14. Jh. Die Mönche hatten sich einen sehr schönen Platz ausgesucht mit dem Wasserfall in dem vegetationsreichen Tal, umgeben von imposanten Bergen. Hinweis: Als Wanderer kann man von Süden kommend den Fluss Kuua nicht furten.

Die Bootsfahrt durch den Tasermiut-Fjord führt an Bergen vorbei, die immer wieder eine Herausforderung

Umgebung von Nanortalik

Im Qinngua-Tal gibt es ›richtige‹ Bäume

für erfahrene Alpinisten darstellen. Früher nannten Reisende die Gegend auch »das Italien Grönlands«.

Die größte Siedlung des Distrikts ist das weiter nördlich0 gelegene **Alluitsup Paa** mit seinen 500 Einwohnern, die heute vor allem vom Krabbenfang leben. Alluitsup Paa ist ein guter Ausgangspunkt und ein noch besseres Ziel für Wanderungen im **Vatnahverfi,** dem Gebiet mit der größten Bevölkerungsdichte zur Zeit der Normannen (s. S. 79). Es ist auch die einzige Region, die offiziell ihre nordische Bezeichnung behalten hat. Die klassische Route geht von Igaliku Kujalleq (Søndre Igaliku) nach Qorlortorsuaq, wo Grönlands größter, gleichnamiger Wasserfall aus dem See 62 m tief stürzt. In dem Gelände kann man gut wandern, größtes Problem ist der Buschbewuchs, der aber auf einer Höhe von 300 bis 500 m nur noch kniehoch ist. Viele Schafspfade erleichtern das Fortkommen.

Eine weitere Station auf der Wanderung ist **Alluitsoq,** die frühere Herrnhuter-Mission Lichtenau ca. 5 km nördlich von Alluitsup Paa und in nur zwei Stunden von dort zu Fuß zu erreichen. Lichtenau wurde 1774 für die Bewohner in Süd- und Ostgrönland errichtet. Die Missionare machten es sich zur Aufgabe, die Menschen aus den anderen Siedlun-

Umgebung von Nanortalik

gen hierher zu locken, was nicht zuletzt auch wegen der lebendigen und musikreichen Gottesdienste gelang. 1929 war Alluitsoq mit 447 Einwohnern die größte Siedlung Grönlands. Die geschützte und fruchtbare Gegend bot eine gute Voraussetzung für Landwirtschaft. In Lichtenau wurde 1814 Samuel Kleinschmidt geboren, der nach seiner Ausbildung in Deutschland 1841 zunächst hier als Missionar tätig war und anschließend nach Nuuk zog. Die Kirche aus dem Jahre 1871 ist im typischen Herrnhuter-Stil gebaut und erinnert an deutsche Fachwerkhäuser. Auf dem Weg zum Haupthaus steht ein Gedenkstein mit den Namen der hier tätigen Missionare. Außer dem Friedhof der Herrnhuter liegt auf einer kleinen Anhöhe auch der Inuit-Friedhof, wo in einzelnen Gräbern die Gebeine noch zu sehen sind. Die Mission wurde 1900 aufgegeben und gehört heute der Gemeinschaft christlicher junger Männer. Im Ort leben nur noch wenige Familie.

Von Alluitsup Paa lohnt sich eine Bootsfahrt zu den heißen Quellen auf der östlich gelegenen Insel **Uunartoq.** Der genaue Ursprung der Quellen, die eine angenehme Badetemperatur von 37 °C haben, ist nicht geklärt, auf jeden Fall kann es kein vulkanischer sein, wie auf der Diskoinsel an der Westküste. Schon die Normannen schätzten die Quellen, denen sie sogar eine heilende Wirkung nachsagten. Auch wenn die heilende Kraft nicht mehr

Ein ungewöhnlicher Badeplatz sind die Quellen von Uunartoq

Umgebung von Nanortalik

verbrieft ist, so hat ein Bad in dieser Umgebung mit Blick auf die Eisberge im Fjord sicher eine positive Wirkung auf die Seele. Nur 400 m entfernt hat man eine große Inuit-Siedlung mit 26 Gebäuden gefunden. 15 Häuser sind wohl im 15. Jh. errichtet wurden, die übrigen stammen aus dem 17. und 18. Jh. Bei Ausgrabungen fand man auch Knochen von Rentieren und Eisbären.

ℹ️ Nanortalik Touristenbüro. Mitten in der Stadt in der Nähe der Schule. Tel. + Fax 61 36 33, Mobil 49 02 98; www.nanortalik.gl, Mai–Sept., genaue Uhrzeiten hängen aus.

🛏️ Hotel Kap Farvel (Preisklasse 2), Nanortalik, Isua B-304, Tel. 61 32 94, Fax 61 31 31: schöne Lage mit angenehm hell eingerichteten Zimmern und Fjordblick. **Hotel Tupilak** (Preisklasse 2), Lundip Avquta B-497, Tel. + Fax (s. o.): gehört zum Hotel Kap Farvel, liegt näher am Passagierhafen und im Zentrum, ist kleiner und einfacher ausgestattet. **NTS** (Preisklasse 2), Tel. 61 33 86, 57 33 86, Fax 61 32 69: Nico Hansen bietet Privatzimmer und Apartments an, die funktional ausgestattet sind, kein Frühstück. **Sea Side Whale Hotel** (Preisklasse 1–2), Alluitsup Paa, Tel. 61 92 09, Fax 61 90 90: modernes Haus mit hellen Zimmern mit Blick aufs Meer. Unter derselben Telefonnummer kann man auch Zimmer in dem älteren **Hotel Qaannivik** reservieren, das mehr im Zentrum liegt und den Ortspub beherbergt. Auch Schlafsackunterkünfte, Zelten in der Nähe des Hotels erlaubt.

🏠 Jugendherberge (Preisklasse 1) in der Nähe des Freilichtmuseums von Nanortalik. Einfache Ausstattung in altem Haus, manche finden es gemüt-

lich. Reservierung und Buchung über das Touristenbüro. Zelten neben der Jugendherberge. Waschgelegenheiten können mit benutzt werden. Kostenfreies Zelten außerhalb der Orte Nanortalik und Aluitsup Paa.

✕🍴 In den Restaurants der erwähnten Hotels kann man sehr akzeptabel essen. In Nanortalik gibt es in der **Sporthalle** eine Cafeteria mit einfachen Schnellgerichten (Öffnungszeiten: Mai–Juli 16–20 Uhr, August–April 16–22 Uhr). Ansonsten: **Nan Grill,** Illivileq B-1344, tägl. 10–21 Uhr, mit dem üblichen Grillangebot. Für **Selbstversorger** gibt es Geschäfte – Brugsen hat auch am Wochenende geöffnet – und den Nan Kiosk, tägl. 12–22 Uhr. Auch in den anderen Orten gibt es Geschäfte, aber in den kleinen Siedlungen ist das Angebot beschränkt, deshalb besser vorher Lebensmittel einkaufen.

👥 Die erwähnten **Ausflüge** kann man über die Touristeninformation buchen, in Alluitsup Paa wendet man sich an die Hotelleitung. **Wanderungen** und individuelle **Bergtouren** kann man vor Ort organisieren, entsprechende Ausrüstungen sollte man natürlich mitbringen. In der Touristeninformation erhält man Unterstützung bei der Planung der Bergtouren. Beliebt sind auch **Kajaktouren,** für die man sein Equipment mitbringen muss. **Angelscheine** in der Touristeninformation erhältlich.

✈️🚢 Nanortalik und Alluitsup Paa werden regelmäßig angeflogen und per Boot angefahren. Die kleinen Siedlungen können mit dem Regionalboot erreicht werden, doch muss man das entsprechend vorher vereinbaren. Tickets und Informationen dazu erhält man im Arctic Umiaq Line Büro in Nanortalik. Tel. 61 35 44, 57 32 44.

Westgrön-
land

Kangerlussuaq

Sisimiut

Maniitsoq

Die Knochen vor der Berthel-Kirche in Sisimiut stammen von einem Grönlandwal

Westgrönland

Im größten eisfreien Gebiet der Westküste leben Rentiere, Moschusochsen und Polarfüchse. Hier befinden sich die größten Städte des Landes, und der Arctic Circle Trail zwischen Kangerlussuaq und Sisimiut genießt bei Wanderern und Skiläufern schon legendären Ruf.

Zu West- bzw. Mittelgrönland zählt das Gebiet zwischen Nuuk und Sisimiut. Die landschaftlich abwechslungsreiche Region, die größer ist als Großbritannien, umfasst die größten eisfreien Gegenden der Westküste, entsprechend artenreich sind Flora und Fauna. Hier trifft man Moschusochsen und Rentiere auf den Wanderungen, sieht Schneehasen und nördlich des Polarkreises auch Schlittenhunde. In Mittelgrönland leben die meisten Grönländer, rund 30 000, doch wenn man wandert, ist man alleine in dieser Natur, in der die Farben Granitgrau und Grün vorherrschen.

Auch historisch ist Mittelgrönland höchst interessant, denn hier siedelten in der so genannten Westsiedlung nicht nur die Normannen, sondern von hier aus begann auch die dänische Kolonisierung des Landes im 18. Jh. Noch heute konzentriert sich in dieser Region die politische und wirtschaftliche Macht. Die wichtigsten Fischfabriken sind an der Küste angesiedelt, und der zentrale Flughafen des Landes liegt hier.

Nirgendwo sonst in Grönland sieht man dieses unmittelbare Nebeneinander von traditioneller Lebensweise und Hightech. Im Winter kann man mit dem Hundeschlitten zum Skilift fahren. Im Sommer macht man Jeepausflüge zum Inlandeis oder eine Motorbootfahrt durch die endlos langen und verzweigten Fjordsysteme.

Kangerlussuaq

Kangerlussuaq, das übersetzt ›der lange Fjord‹ bedeutet, ist kein Ort, sondern der Flughafen des Landes schlechthin. Rund 90% aller Reisenden von und nach Grönland kommen hier an und steigen meistens nur um, um in die Küstenstädte zu fliegen. Doch seit die Amerikaner am 30. September 1992 die ehemalige Basis aufgegeben haben, ist Kangerlussuaq mehr als nur ein Transitflughafen.

Gegründet wurde der **Flughafen** als Air Base Bluie West 8 am 7. Oktober 1941 unter der Führung von

Kangerlussuaq

Oberst B. Balchen. Schon bald war Bluie West 8 einer der wichtigsten Zwischenlandungsorte für Luftaktionen der USA und der Alliierten in Europa, u. a. weil hier relativ stabiles Flugwetter herrscht. Der Flughafen liegt geschützt in einem weiten Tal mit einem gemäßigten Klima am Ende des 170 km langen Fjordes. Die Temperaturen liegen bei durchschnittlich 10 °C im Sommer und −20 °C im Winter, und aufgrund seiner Lage rund 60 km nördlich des Polarkreises scheint von April bis August die Sonne mehr als 200 Stunden im Monat. Außerdem gibt es nur sehr mäßigen Wind. Nach dem Zweiten Weltkrieg behielten die Amerikaner die Basis – abgesehen von einem kurzen dänischen Zwischenspiel – als wichtigen Stützpunkt in der Zeit des Kalten Krieges. Seit Ende der 1960er Jahre hat sich Kangerlussuaq, das damals noch Søndre Strømfjord hieß, auch zum zentralen zivilen Flughafen entwickelt. Nach Abschluss der Abrüstungsverhandlungen zwischen den USA und der UdSSR 1989 wurde die Basis aufgegeben.

Kangerlussuaq hat heute 420 Einwohner und gehört zu keiner Kommune. Die Bevölkerung arbeitet vor allem im Flughafenbetrieb. Entsprechende Einrichtungen wie Schule, Kindergarten und Geschäft sind vorhanden, und seit dem Abzug der Amerikaner stehen eine Vielzahl von Freizeiteinrichtungen zur Verfügung, die natürlich auch die Reisenden nutzen können. Kangerlussuaq ist schon lange ein beliebter Aus-

Am Lake Ferguson

Kangerlussuaq

gangspunkt für wissenschaftliche Expeditionen und Standort mehrerer wissenschaftlicher Einrichtungen.

Das Forschungszentrum **Sondrestrom Incoherent Scatter Radar** liegt in der Nähe des Hafens in der Siedlung ›KellyVille‹. Es wird von der amerikanischen National Science Foundation finanziert und von der amerikanischen Firma SRI International in Zusammenarbeit mit dem Dänischen Meteorologischen Institut betrieben. Hauptaufgaben sind die Grundlagenforschung über die Ionosphäre, z. B. auch das Nordlicht, und die äußere Atmosphäre, u. a. um die Dichte der Ozonschicht zu kontrollieren. Außerdem hat die grönländische Selbstverwaltung eine Einrichtung geschaffen, die internationalen Wissenschaftlern und Studenten bei ihren Feldforschungen über die Arktis Unterkunft und Basisausrüstung zur Verfügung stellen. Diese Einrichtung nennt sich Kangerlussuaq International Science Support (KISS) und arbeitet mit dem Dänischen Polarcenter zusammen.

Auch wenn Kangerlussuaq kein richtiger Ort ist, lohnt sich doch ein Gang durch die zivile Siedlung und das ehemalige Militärcamp. Der zivile Teil umfasst die Gegend um den Flughafen mit dem Transithotel, wo neben dem Geschäft, dem Club und der Schule auch der Campingplatz liegt. Direkt gegenüber vom Zeltplatz zeigt eine Felsmalerei von Alibak Johansen sehr schön die Region mit ihrer Flora und Fauna.

Der militärische Ortsteil liegt südlich der Rollbahn und ist sowohl zu Fuß als auch mit dem Bus gut zu erreichen. Einige ehemalige Unterkünfte stellen heute für Touristen eine gute Alternative zum Hotel dar. Hier findet man auch typisch amerikanische Freizeiteinrichtungen. Nebenbei, die Gebäude sind Importe aus den Staaten, so auch das ehe-

malige Hauptquartier, in dem heute ein **Museum** untergebracht ist. Schwerpunkt der Ausstellung ist die Geschichte Kangerlussuaqs als ziviler und militärischer Flughafen (Öffnungszeiten: tägl. 13–17 Uhr).

Von dort gibt es einige schöne, einfach zu gehende Touren, die streckenweise sogar erkennbaren Spuren folgen und z. B. in jeweils etwa ein bis zwei Stunden zu einem Flugzeugwrack am Lille Saltsø oder zum Ruderclub am Tasersuatsiaq (Lake Ferguson) führen. Einen guten Überblick über Kangerlussuaq, den Fjord und einen Blick auf das Inlandeis hat man vom **Ravneklippen** (Black Ridge) aus, wo ein Radarhaus steht.

Ausflüge und Wanderungen

Die Gegend um Kangerlussuaq bietet eine Vielzahl an Wanderstrecken, die wohl bekannteste Tour, der **Arctic Circle Trail,** führt in 10–14 Tagen nach Sisimiut (s. S. 116ff.). Die Route beginnt in Hafennähe und führt durch ein landschaftlich sehr reizvolles Gebiet, in dem man häufig Rentiere trifft. Die Grönländer fürchten, dass die Touristen die Tiere zu sehr erschrecken, und sind über den Wandertourismus nicht so glücklich, nicht nur deshalb gebietet sich immer ein verantwortungsvoller Umgang mit der Natur. Voraussetzung für die Wanderung ist eine gute Kondition, da Lebensmittel für die gesamte Zeit mitgenommen werden müssen und das Gelände sehr anspruchsvoll ist: Man wandert entlang riesiger Seen, Berge müssen erklommen werden, weite Täler durchquert und hin und wieder gilt es, einen Fluss zu durchwa-

Kangerlussuaq und Umgebung

Grönland –
ein Schutzschild gegen das Böse

US-amerikanische Militäreinrichtungen und -pläne

Die Geschichte der amerikanischen Militärstützpunkte und Radarstationen begann als Verteidigungsmaßnahme gegenüber Deutschland während des Zweiten Weltkrieges. Insgesamt 17 militärische Einrichtungen waren über das Land verteilt, die meisten wurden relativ bald nach dem Krieg wieder geräumt, was in der Regel hieß, dass die Mannschaft das Land verließ und der Müll wie in Ikateq (s. S. 199f.) zurückblieb.

Nachdem die USA die strategisch günstige Lage Grönlands schätzen gelernt hatten, wurde am 27.4.1951 ein NATO-Vertrag zwischen den USA und Dänemark geschlossen. Als Luftstützpunkte blieben Bluie West 8 (das heutige Kangerlussuaq), das 1953 den offiziellen Namen Sondrestrom Air Base erhielt, Thule Air Base sowie fünf über Mittelgrönland verteilte Radarstationen. Grönland wurde damit in das Raketenabwehrsystem der USA (BMEWS) eingebunden.

Vor allem Thule erhielt darin eine exponierte Funktion und wurde sukzessive erweitert. Auch nachdem nicht zuletzt aufgrund der veränderten politischen Großfronten die militärischen Einrichtungen in Grönland aufgegeben wurden und Sondrestrom Air Base zum aus-

ten. Es gibt auch einige Hütten mit jeweils sechs Schlafplätzen, die äußerst spartanisch ausgestattet sind. Ein Zelt sollte man unbedingt mitnehmen. Im Kanucenter am See Amitsorsuaq kann man eine kleine Ruhepause einlegen und mit Kanus den See erkunden. Informationen über die Strecke sowie eine genaue Wegbeschreibung erhält man in den Touristenbüros in Kangerlussuaq und Sisimiut.

Zahlreiche Routen unterschiedlicher Schwierigkeitsgrade und Längen erschließen das Gebiet südöst-

lich des **Lake Ferguson.** Doch auch für den weniger ambitionierten Wanderer ist Kangerlussuaq ideal. Die klimatisch geschützte Lage hat eine enorme Pflanzenvielfalt hervorgebracht, über 200 Arten, von denen sicher das arktische Weidenröschen entlang der Landebahn oder der Flussläufe mit seinen leuchtend pink-violetten Blüten die auffallendste Blume ist. Ebenso reich ist auch die Fauna. Außer den rund 3000 Rentieren treiben sich hier Moschusochsen herum. Aus den ehemals 27 einjährigen Kälbern, die

Kangerlussuaq

schließlich zivilen, internationalen Flughafen Kangerlussuaq wurde, blieb Thule unangetastet. Besonders in den letzten Jahren mehrten sich die negativen Schlagzeilen über die Air Base im Norden, vor deren Küste eine Wasserstoffbombe im Meer liegt. Diese resultiert von dem Absturz eines B-52-Bombers am 21. Januar 1968, der insgesamt vier Bomben an Bord hatte. Erst Jahre später zeigten die gehäuft auftretenden Krebserkrankungen der Männer, die bei den Aufräumarbeiten geholfen hatten, dass, trotz der ständig geäußerten gegenteiligen Behauptung der USA und der dänischen Regierung, atomare Bomben in dem Flugzeug waren. Bis heute haben die USA die letzte Bombe nicht gehoben, und nachweislich ist die Radioaktivität vor der Küste Nordgrönlands sehr hoch, obwohl Washington nach den Aufräumarbeiten 1968 stets erklärt hatte, man habe das Unglücksgebiet »vollständig« gereinigt.

Die Entdeckung der letzten Bombe im Jahr 2000 geschah zeitgleich mit den Diskussionen der amerikanischen Regierung um einen Ausbau des neuen Schutzschildes NMD, der nach den Erklärungen des jetzigen Präsidenten Bush definitiv kommen wird und in dessen Ausbau Thule eine wichtige Funktion einnimmt. Die grönländische Regierung fordert – unterstützt von der ICC – sowohl von der dänischen als auch von der amerikanischen Regierung, über die Ausbau- und Aufrüstungspläne der Air Base umfassend informiert und in die Gespräche darüber einbezogen zu werden. Der ICC Vizepräsident und Jäger aus Qaanaaq, Uusaqqak Qujaukitsoq, sagt zu Recht: »Im Falle eines Konfliktes wären wir sicher eines der ersten Ziele«.

man zwischen 1962 und 1965 hier ausgesetzt hat, sind heute rund 3500 Tiere geworden. Die an sich scheuen Tiere können sehr angriffslustig werden, wenn sie sich provoziert fühlen, daher ist ein respektvoller Abstand immer angeraten. Auch wenn die Tiere etwas behäbig wirken, sie sind es mitnichten. Weniger angriffslustig, aber um so neugieriger sind Füchse.

Ein Spaziergang in die letzte Eiszeit vor rund 12 000 Jahren führt über die Ebene (auf der Wanderkarte als Fossilsletten bezeichnet), die sich unmittelbar westlich des Rollfeldes erstreckt. Hier wäscht der Regen regelmäßig Fossilien aus dem Boden: kleine Fische, Pflanzen oder Muscheln. Am Rand der Ebene muss man auf Treibsandstellen achten. Der Weg dorthin führt an den Öltanks vorbei.

Besonders lohnend ist der Weg durch landschaftlich sehr unterschiedliche Formationen zur 25 km entfernten Inlandeiskante, dem **Russells-Gletscher**. Der Weg führt entlang der Jeeppiste zunächst zum rund 2 km entfernten Golfplatz, dem

Kangerlussuaq

Mountainbiking bei Kangerlussuaq

nördlichsten der Welt mit einem 18-Loch-Parcours auf Sand. Auf den 353 m hohen **Sugar Loaf,** benannt nach seiner Form, die ihn im Winter mit der weißen Schneedecke wie ein süßes, dänisches Kuchenstück aussehen lässt, führt ein gut erkennbarer Pfad. Vom Gipfel hat man einen herrlichen Rundumblick. Die Hütte und die Radioantenne stammen noch aus den ersten Jahrzehnten der amerikanischen Präsenz.

Die Piste verläuft weiter nördlich des Berges. Für einen weiteren lohnenden Abstecher zum Wasserfall geht man östlich des Berges zum Schmelzwasserabfluss des Gletschers. Enorme Wassermassen stürzen hier rund 10 m tief durch eine enge Schlucht, ein faszinierender Anblick.

Wer nicht mit dem Jeep zur Abbruchkante fahren will, kann entweder durch das **Sandflugtdalen** (Akuliarusiaarsuup Kuuq) wandern oder weiter nördlich entlang dem See **Aajuitsup Tasia.** In der weiten ausgeschwemmten Ebene gelangt man zu einem weiteren Flugzeugwrack, das im Verlauf der Jahrzehnte von Souvenirsammlern ziemlich ausgebeutet worden ist. Insgesamt drei Flugzeuge vom Typ T-33a stürzten am 8. Dezember 1968 beim Anflug auf Kangerlussuaq aufgrund der schlechten Wetterbedingungen ab. Die Piloten konnten sich mit ihren Schleudersitzen retten. Das dritte Flugzeug liegt an einem kleinen See nordöstlich von Køkkenfjeldet (auf der Wanderkarte in der Nähe der Erhebung 557 markiert).

Schier überwältigt steht man endlich vor der Abbruchkante, einer bis zu 75 m hoch aufragenden Eiswand, von der ständig Eis abbricht, weshalb hier Vorsicht geboten ist. An mehreren Stellen fließt das Schmelzwasser ab – eine sehr eigene blauweiße Eislandschaft von einer bizarren und kalten Schönheit.

Die **Touristeninformation** im Flughafengebäude hat in der Regel Mo–Fr 9–17, Sa 10–14 Uhr geöffnet. Die genauen Zeiten sind immer an der Tür angeschlagen. Hier kann man Touren buchen und – fast – alles leihen, was man zum ›wild-life‹ braucht. Tel. 84 10 98, Fax 84 14 98. www.greenland-guide/info/kangerlussuaq.gl

Das Transit- und Konferenz-Hotel **Kangerlussuaq** (Preisklasse 1–3), Tel. 841180, Fax 841284, bietet Unterkünfte für jeden Geldbeutel. Von der Suite über modern eingerichtete Doppel- und Einzelzimmer mit Bad bis zum preiswerten Schlafsaal reicht das Angebot. Zum Hotel gehören auch **Ummimmak Inn** und **Tuttu Inn** im ehemaligen amerikanischen Camp.

Eine **Jugendherberge** (Preisklasse 1) wird von Arctic Adventure betrieben, ca. 20 Min. zu Fuß von Flughafen entfernt, im so genannten alten Camp (Gammel lejr). Der **Zeltplatz** liegt direkt an der Rollbahn. Für 40 DKK hat man auch die Möglichkeit, sanitäre Einrichtungen im Hotel, Korridor C, zu benutzen. Anmeldung in der Touristeninformation. Am Lake Ferguson kann man **Sommerhäuser** mit Platz für sechs Personen mieten. Preise: pro Tag 600 DKK, eine Woche 3500 DKK. Weitere Informationen in der Touristeninformation.

Von November/Dezember bis Mitte April gibt es die Übernachtungsmöglichkeit schlechthin: sechs **Iglus** mit jeweils zwei Betten. Bei –40 °C draußen sind es drinnen wohlige –10 °C. Man schläft in Arktis erprobten Schlafsäcken und Moschusfellen, trinkt aus Eisbechern an der Eisbar bei Kerzenlicht. Reservierung und Buchung über Hotel Kangerlussuaq und die Touristeninformation (s. o.).

Im **Hotel** gibt es eine Cafeteria, in der neben Frühstück und den Hauptmahlzeiten auch Sandwiches, Kuchen etc. angeboten werden, und ein Restaurant mit entsprechenden Preisen. Im **Ruderclub** am Lake Ferguson findet sich ein weiteres Restaurant, Reservierungen: Tel. 84 13 31. Für **Selbstversorger** können sich im Laden gegenüber dem Flughafengebäude mit Lebensmitteln eindecken.

Außer auf **Wanderungen** kann man sich mit dem **Mountainbike** oder auf dem Rücken eines **Islandpferdes** die Umgebung erkunden. Für **Angler** bieten die zahlreichen Seen und Flüsse ideale Möglichkeiten, Angelscheine erhält man sowohl in der Touristeninformation als auch bei der Polizei. Equipment kann in der Touristeninformation ausgeliehen werden. Auf Lake Ferguson kann gerudert werden. Die Bowlingbahn, Sporthalle mit Fitness-Studio und Schwimmbad, sowie der Tennisplatz stehen auch Touristen zur Verfügung. Informationen über Öffnungszeiten und Modalitäten in der Touristeninformation. Der passionierte **Golfer** sollte sich die nördlichste Anlage der Welt nicht entgehen lassen. Im Winter reicht das Angebot vom **Skilaufen**, über **Skidoo-Touren** bis zu **Hundeschlittenfahrten,** es besteht sogar die Möglichkeit, sich selber als Schlittenführer zu erproben. Wer es nicht so sportlich liebt, kann sich mit dem Jeep oder dem Hubschrauber zur Eiskante transportieren lassen. Alle Informationen und Buchungen sind über die Touristeninformation erhältlich. Arctic Adventure bietet außerdem noch andere organisierte Touren an. www.arctic-adventure.dk

Mehrmals wöchentlich gehen **Flüge** von und nach Kopenhagen sowie nach Iqaluit und Nunavut (Kanada). Tägliche Flugverbindungen bestehen zwischen Kangerlussuaq und Nuuk, Maniitsoq, Sisimiut, Aasiaat, Ilulissat, Pituffik und Kulusuk. Der **Hafen** von Kangerlussuaq wird auf der Route zwischen Nuuk und Uummannaq angelaufen.

Der **Bus** fährt täglich von 5 bis 24 Uhr zwischen Flughafen und dem ehemaligen Camp. Ein- und Ausstieg an den jeweiligen Haltestellen. Tel. 84 13 00. Für 900 DKK pro Tag kann man sich über die Touristeninformation ein **Auto** leihen, um selber die Umgebung zu erkunden. Kreditkarte oder ein Deposit von 3000 DKK als Sicherheit müssen hinterlegt werden. Auch wenn es sich um Geländewagen handelt, stehen doch nur die offiziellen Straßen und Wege zum Fahren zur Verfügung!

Sisimiut

Sisimiut ist seit 1997 Skilangläufern ein Begriff. Jährlich starten hier TeilnehmerInnen aus rund 20 Ländern, Profis und Amateure, jung und alt, zu dem Skilanglaufrennen **Arctic Circle Race,** einem Großevent. Sisimiut, was soviel wie ›die Siedlung an den Fuchslöchern‹ bedeutet, ist mit seinen rund 5200 Einwohnern die zweitgrößte Stadt Grönlands und aufgrund der florierenden Krabbenfischerei sicher eine der reichsten des Landes. Die Fläche der Kommune, zu der noch die Orte Itilleq (42 km südlich) und Sarfannguaq (35 km westlich) gehören, hat die Ausmaße von Belgien. In der lebendigen Stadt liegen die jungen Bewohner modisch voll im Trend. Überraschend sind die vielen Radfahrer, denn Sisimiut ist wie Rom auf sieben Hügeln erbaut.

Die ältesten Spuren von Bewohnern sind rund 4500 Jahre alt und datieren aus der Zeit der Saqqaq-Kultur. Auch die Siedler aus späteren Kulturen wussten diesen Ort zu schätzen, da die Voraussetzungen für die Jagd hervorragend waren. Moschusochsen, Rentiere, Robben, Walrosse und Wale kamen in großen Populationen vor. Dieser Tierreichtum sowie die Tatsache, dass Sisimiut trotz seiner nördlichen Lage – immerhin 100 km nördlich des Polarkreises – ganzjährig eisfrei ist, waren ideale Bedingungen für die Walfänger, die hier seit dem 15. Jh. mit ihren Schiffen einfielen. Zwischen den Europäern – hauptsächlich Holländern, Schotten, Spaniern und Deutschen – und den Inuit entwickelte sich ein reger Tauschhandel. Die Inuit gaben vor allem Felle und Speck und erhielten Glasperlen, Messer und Nähnadeln. Die Glasperlen schmücken seitdem die Nationaltracht der Frauen. Und noch etwas hat sich aus dieser Zeit gehalten – die Polka, Grönlands ›Nationaltanz‹.

Sisimiut

Die Gründung der Kolonie erfolgte 1724 durch Hans Egede, der 16 km südlich von Sisimiut in Nipisat eine Handelsstation einrichtete. Doch scheiterten die ersten Versuche aufgrund der Dominanz der holländischen Walfänger, die hier ihre Station hatten, und es kam zu harten Kämpfen zwischen Holländern und Dänen. Zweimal brannten holländische Walfänger die dänische Mission nieder. Nach weiteren vergeblichen Versuchen, eine dänische Handelsstation zu etablieren, konnte erst 1764 die Kolonie Holsteinsborg, so der dänische Name, am heutigen Standort begründet werden. Benannt wurde sie nach dem Leiter des Missionskollegiums, Johan Ludvig Holstein zu Ledreborg. Die Missionsstation lag in Asumiut, und das Gebäude wurde 1767 hierher versetzt. Heute ist die Touristeninformation darin untergebracht.

1801 wütete eine von den Europäern eingeschleppte Pockenepedemie, rund 400 Einwohner starben. Doch aufgrund der guten Lage des Ortes für Wal- und Robbenfang wuchs die Bevölkerungszahl innerhalb kurzer Zeit wieder an. Um 1900 begann der Fischfang zu florieren, eine Konservenfabrik und eine Schiffswerft wurden gebaut. Im Zuge der Konzentrationspolitik der Dänen siedelten sich hier in den 1960er Jahren immer mehr Menschen an. Zeugnisse aus der Zeit

Sisimiut und Umgebung

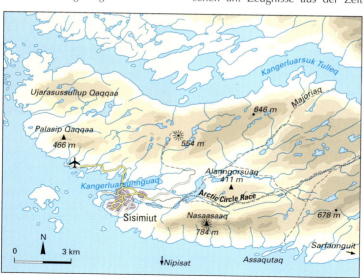

Sisimiut

Blick auf Sisimiut

sind u. a. die hässlichen Wohnblöcke, die an der Aqqusinersuaq in Richtung Helikopterplatz stehen. Die positiven Einrichtungen aus den Jahren sind das Krankenhaus mit jetzt 30 Betten und fünf Ärzten und die Knud Rasmussen-Volkshochschule, deren thematischer Schwerpunkt auf der Geschichte und Kultur Grönlands liegt. 1967 wurde die Hochschule um eine Frauenschule erweitert, in der traditionelle Handwerke wie Verarbeitung von Fellen und Stickereien unterrichtet werden, um diese Fertigkeiten an die modernen grönländischen Frauen weiterzugeben.

In den 1970er und 1980er Jahren setzte der Krabbenboom ein, heute liegt der Produktionsschwerpunkt der großen Fischfabrik Royal Greenland auf der Verarbeitung der Schalentiere. Rund 300 Leute arbeiten hier. 1994 gründete man in Sisimiut die erste regionale Tourismusgesellschaft, um die Aktivitäten in der Umgebung zu koordinieren und effektiver zu gestalten.

Wer sich Sisimiut zu Fuß oder per Schiff nähert, wird je nach Tageszeit von dem Geheul der Schlittenhunde empfangen, denn Sisimiut ist die südlichste Kommune des Landes, in der Schlittenhunde gehalten werden dürfen (s. S. 20f.). Das sichtbare Wahrzeichen der Stadt ist Nasaasaaq, auf Deutsch die ›Frauenkapuze‹. Der 784 m hohe Berg trägt seinen Namen aufgrund der Form, die der Kapuze des Frauenanoraks gleicht.

Stadtrundgang

Vom Kai gelangt man linker Hand zum Jachthafen und rechts über die Hauptstraße Aqqusinersuaq – übersetzt die große Straße – in die Stadt. Von ihr zweigt ein Weg auf die Tele-

Sisimiut

insel ab, die früher auch Zimmermannsinsel genannt wurde. Hier passiert man einige Relikte aus der Zeit des Walfangs wie die Böttcherei, das alte Speckhaus sowie die erste, 1931 erbaute Werft Grönlands. An der kleinen Bucht, dem früheren Naturhafen des Ortes, hat heute der Kajakverein seine Werkstatt. Gegründet in den 1980er Jahren, ist es sein Anliegen, die Kunst des Kajakbaus an der Westküste zu erhalten. Von dem kleinen Hügel auf der Insel hat man einen schönen Blick auf die Bucht und die Stadt.

Folgt man der Hauptstraße, gelangt man nach wenigen hundert Metern zum alten **Kolonialzentrum.** Hier fällt als erstes die Berthel-Kirche mit dem Bogen aus Walkiefern auf. Die Knochen stammen von einem Grönlandwal, der 1901/02 tot im Fjord südlich der Stadt angetrieben wurde. Die blaue Kirche ist die älteste Holzkirche Grönlands, sie wurde am 6. Januar 1775 geweiht und von der Bevölkerung selbst bezahlt. Die Wetterfahne zeigt das Jahr 1773 an, das Erbauungsjahr der Kirche. Auf der Fahrt nach Grönland musste das Schiff mit dem Bausatz einen Winter in Norwegen verbringen, deshalb der verzögerte Aufbau in Sisimiut. Bis 1926 blieb sie die wichtige Kirche des Ortes, dann wurde sie von der roten, über dem Kolonialplatz gelegenen Kirche abgelöst. Die neue Kirche erbaute der Architekt Helge Bojsen-Møller. 1985 wurde sie im Mittelteil erweitert, so dass sie jetzt eine Länge von 6 m hat.

In der Mitte des Platz stellt eine **Büste** Jørgen C. F. Olsen (1916–1985) dar, einen angesehenen und erfolgreichen Politiker, der nach dem afrikanischen Freiheitskämpfer den Beinamen Lumumba erhielt. Er war der erste, der die Unabhängigkeit von Dänemark und die Selbstverwaltung forderte, und zwar 20 Jahre bevor sie tatsächlich realisiert wurde. Das so genannte alte Haus direkt hinter der Kirche ist heute das Hauptgebäude der **Museumsanlage**, die in den Kolonialhäusern untergebracht ist. Das alte Haus wurde erstmals 1755 errichtet, damals in der Nähe von Bergen. Dort baute man es sorgfältig ab, nummerierte jedes einzelne Teil, einige Nummern sind noch an Balken zu erkennen, und baute es in Ukiivik wieder auf, wo die dänische Kolonie damals ihren

Platz hatte. 1764 kam das Haus endgültig auf seinen jetzigen Platz. Es hatte in seiner wechselvollen Geschichte mehrere Funktionen inne. Zunächst Wohnhaus von Hans Egedes Sohn Niels, war es in späteren Jahren Bäckerei, Post, Polizeistation und zuletzt Museum. In den 1980er Jahren wurde es restauriert, und heute kann man sich hier Funde aus der Zeit der Saqqaq-Kultur ansehen, die bei Sisimiut ausgegraben wurden. Daneben steht ein altes Sodenhaus vom Beginn des 20. Jh., ausgestattet mit Kleidung, Werkzeug, Einrichtungsgegenständen aus der Zeit. Der 1852 gebaute alte Laden versorgte über 100 Jahre die Kolonie mit allem Notwendigen, jetzt werden hier regelmäßig Sonderausstellungen gezeigt. Das ehemalige Haus des Kolonieverwalters stammt aus dem Jahr 1846. Es wurde im Verlauf der Zeit sehr verändert und ist nun Sitz der Museumsverwaltung, Bücherei und des Fotoarchivs (Öffnungszeiten: 1.6.–31.8. Di–So 14–17 Uhr, 1.9.–31.5. Mi, Do, So 14–17 Uhr; Tel. 86 50 87).

Der weitere Gang durch Sisimiut führt in den südlichen Teil entlang der Straßen Glahnip und Nikkorsuit. Die bunten Häuser gleichen in ihrer Form Legobausteinen, was dem Stadtviertel auch den Namen Legoland einbrachte. Die Häuser an Qiviarfik und Tattoteqarfik wurden in den 1960er Jahren erbaut, als die Bewohner aus den Dörfern hier angesiedelt wurden.

Beim Spaziergang durch die Stadt findet man vor allem entlang der

Hauptstraße zahlreiche Geschäfte, Restaurants und Imbisse. Sisimiut hat als einzige Stadt in Grönland ein temperiertes **Freibad** (Öffnungszeiten: im Sommer tägl. 12–19 Uhr), das bei der Jugend einen regen Zuspruch findet. Es liegt in der Nähe der neuen Schule und dem See mit der Fontäne. Weiter stadtauswärts kommt man zur Knud Rasmussen-Volkshochschule, wo ein Sodenhaus und Ruinen wieder aufgebaut wurden.

Ausflüge und Wanderungen

Sisimiut bietet allein aufgrund seiner Lage gute Möglichkeiten für Unternehmungen, die auch mit ortskundiger Führung angeboten werden. Für den Bergwanderer ist eine Tour auf den **Nasaasaaq** fast schon ein Muss. Voraussetzungen sind gutes Wetter und ein wolkenfreier Gipfel, doch mit Wetterumschwüngen muss man immer rechnen. Der Weg beginnt hinter dem Helikopterplatz, führt vorbei an einem kleinen See, durch eine Schlucht auf ein Plateau und in östlicher Richtung auf ein weiteres Plateau. Die letzten Meter sind sehr steil, doch helfen Seile bei der Bewältigung dieser Hürde. Der Blick über die Stadt, das Hinterland, die Fjorde und das offene Meer in Richtung Kanada ist atemberaubend. Vor allem die Sonnenauf- und -untergänge sind hier ein besonderes Schauspiel (hin und zurück ca. 5–6 Std.).

Östlich von Nasaasaaq liegt das verlassene Dorf **Assaqutaq.** Zunächst kann man sich am Flusslauf orientieren, vorbei an Pumpstation und Skilift, dann folgt ein Aufstieg auf ein Plateau, über das man auf die Küste zu wandert. Der Ort selber liegt auf einer Insel und ist nur mit dem Boot zu erreichen. Die Bewohner wurden während des G-60-Programms nach Sisimiut umgesiedelt. Heute sind Orte wie Assaqutaq beliebte Wochenendziele, und man hat einige Häuser wieder renoviert. Zurück kann man auch entlang der Fjordküste wandern (Dauer ca. 8–9 Stunden).

Beliebt ist auch der Gang um die Bucht **Kangerluarsunnguaq** zum **Palasip Qaqqaa,** dem Pfarrerberg, an dessen Fuß die ehemalige Handelsstation Asummiut gelegen hat. Dort kann man Ruinen aus dieser Zeit sowie Reste von Inuit-Häusern aus dem 17. Jh. finden. Auf der Wanderung belohnt der Blick von der Hochebene über den Fjord und die Stadt für die Mühen. Vor allem Botaniker kommen auf der Tour auf ihre Kosten, fast alles, was in Mittelgrönland blüht und wächst, kann man hier antreffen. Auf dem Rückweg entlang der Bucht kann man am Ankerhaus Rast machen, dem einzigen Sommerhaus in Sisimiut (Dauer ca. 6–7 Stunden).

Der Klassiker Kangerlussuaq – Sisimiut ist natürlich auch in anderer Richtung zu wandern, auch wenn der erste Teil bis Sisimiut aufgrund des Anstiegs anstrengender ist. Es besteht aber auch die Möglichkeit, erst mit dem Boot nach Sarfannguaq zu fahren und die eigentliche Wanderung erst dort zu beginnen. Für

Sisimiut

In Sisimiut

die verbleibende Strecke muss man ca. 8 Tage rechnen.

Organisierte Bootstouren führen zu den verlassenen Siedlungen, z. B. zur alten Walfängerstation **Nipisat** oder nach **Sarfannguaq** und **Itilleq.** Die jeweils gut 100 Einwohner in den malerisch gelegenen Dörfern leben von der Jagd und dem Fischfang. Wenn man Glück hat, sieht man auf den Fahrten auch Wale.

Touristeninformation, Jukkorsuup Aqq. 65, Tel. 86 48 48, Fax 86 56 22: Hier erhält man die ersten Informationen über die Stadt und die Umgebung. Außerdem wird man an die entsprechenden Outfitter und Veranstalter der Touren verwiesen (s. Aktivitäten). Eine weitere gute Anlaufstelle für Tourenbuchungen, Unterkünfte und allgemeine Informationen ist **Arctic Circle Tours,** Aqqusinersuaq 54, Tel. 86 66 52, Fax 86 66 53. Die beschriebenen Wanderungen und Ausflüge können dort gebucht werden, individuelle Touren mit eigenem Wanderführer sind auch möglich.

Hotel Sisimiut (Preisklasse 3), Tel. 86 48 40, Fax 86 56 15: gehört zu den wenigen Vier-Sterne-Hotels in Grönland, Ausstattung und Standard der Zimmer sind entsprechend gehoben, außerdem haben sie einen schönen Blick auf die Stadt und das Hinterland. Aufgrund des guten Tourenangebots ist Sisimiut auch ein idealer Standort für Konferenzen oder Incentives; das Hotel bietet entsprechende Arrangements an. **Seemannsheim** (Preisklasse 2), Tel. 86 41 50, Fax 86 57 91: zentral gelegen, direkt gegenüber der Kolonialhäuser. Die Ausstattung ist gut und hat Hotelstandard. **Knud Rasmussen Hochschule** (Preisklasse 1), Tel. 86 40 32, Fax 86 49 07: In den Sommermonaten werden die Räume der Stu-

Sisimiut

denten vermietet. Man hat große und angenehme Zimmer, Küchenbenutzung und Aufenthaltsräume. Im Haus ist eine Cafeteria. **Bed & Breakfast** (Preisklasse 1) können arrangiert werden. Es sind meistens Einzelzimmer, die vermietet werden. Vermittlung über Arctic Circle Tours (s. o.). Auch **Jugendherbergsbetten** (Preisklasse 1) kann man über Arctic Circle Tours buchen. Küche, Aufenthaltsraum und Waschmaschine können benutzt werden. Schöne Lage auf der Teleinsel. Einen **Zeltplatz** gibt es etwas weiter außerhalb am Fluss. Sanitäre Einrichtungen sind vorhanden.

Die erste Adresse am Ort ist das **Restaurant Nasaasaaq,** Tel. 86 47 00, im Hotel Sisimiut. Hier kann man in angenehmer Atmosphäre mit Blick auf den Berg gut zubereitete Mahlzeiten genießen. Etwas teurer und etwas vornehmer. **Restaurant Tugto,** Tel. 86 48 89, wirbt damit, dass hier auch Pizza auf der Karte steht, doch die Produkte des Landes sind sicher interessanter. Die Cafeteria im **Seemannsheim** bietet eine breite Palette an Gerichten zu akzeptablen Preisen, tägl. 7–22 Uhr. **Tiggaliorfik,** Qaassuup Aqq. 2, ist eine Bäckerei mit Café, man kann sogar draußen sitzen, Mo–Sa 7–17 Uhr. Außerdem **Grillund Imbissstuben** im Ort. Zudem kann man auf Kioske und Lebensmittelgeschäfte ausweichen.

Die Geschäfte bieten ein reichhaltiges Angebot an **Kunsthandwerk** aus Speckstein, Knochen und Perlen, außerdem werde auch schöne Fellprodukte offeriert. Arctic Circle Tours bietet Besuche bei Künstlern und Handwerken im Ort an. Interessant ist die Buchhandlung, die ein großes Sortiment dänischer, grönländischer und auch englischer Bücher hat. In Sisimiut wird das einzige grönländische **Musiklabel,** ›ULO‹, produ-

ziert. Über 150 Titel sind im Programm, die einen guten Querschnitt durch die grönländische Musik geben. Der Mitbegründer und Produzent Karsten Sommer lebt in Sisimiut und hat dort ein Studio. Nach Absprache kann man direkt dort CDs kaufen, das Angebot ist auch im Internet: www.ulomusic.dk. Tel. 86 58 11.

Angler finden hier beste Möglichkeiten, denn die zahlreichen Flüsse und Seen sind sehr fischreich. Equipment kann man ausleihen, Angelscheine vor Ort kaufen. Informationen in der Touristeninformation. Außer den erwähnten **Wanderungen** und **Bootsfahrten,** die alle über Arctic Circle Tours und bei den ortsansässigen Outfittern zu buchen sind – Informationen zu den Outfittern sind in der Touristeninformation erhältlich – gibt es ein breites Winterangebot. Ganz oben stehen natürlich **Hundeschlittenfahrten** von wenigen Stunden bis zu mehreren Tagen, als Beifahrer oder sogar als eigener Lenker des Gespanns. Zum **Skilaufen** – alpin und Langlauf – sind hier ideale Bedingungen mit eigenem Lift, deshalb ist Sisimiut auch der Austragungsort des **Arctic Circle Race:** Drei Tage im März geht es über 160 km bei Wind und Wetter durch die verschneite Landschaft über Seen und Hügel, übernachtet wird in Zelten, und ohne Überlebensausrüstung geht keiner an den Start. Mitmachen kann jeder, der über eine entsprechende Kondition verfügt, mindestens 18 Jahre alt ist und vor allem Skilauferfahrungen besitzt. Gut ist, wenn man schon mal im Winter gezeltet hat. Weitere Informationen: Greenland Tourism, Kopenhagen, Tel. +45-33 13 69 75, Fax +45-33 93 38 83; Arctic Circle Race, Fax 86 68 51, www.acr.gl. Wer lieber motorisiert durch den Schnee saust, kann das auf **Schneemobilen** tun. Touren bietet Kentec Snow Life von Januar bis April an, Tel. 52 71 29, Fax 86 63 20.

123

Mehrmals täglich **Flüge** nach Kangerlussuaq, Ilulissat, Maniitsoq und Nuuk. Die **Küstenschiffe** sowohl aus dem Süden als auch aus dem Norden (Upernavik) laufen zweimal in der Woche Sisimiut an. Die Haltestellen der **Buslinie** werden alle 20 Min. angefahren, am Wochenende jede halbe Stunde. Die Busse zum Flughafen fahren so, dass man eine Stunde vor Abflug dort ist. Tel. 52 71 73, 52 73 90. Außerdem fahren zahlreiche **Taxen** durch die Stadt.

Maniitsoq

Der Name bedeutet ›der unebene Ort‹, und das beschreibt die Insel, auf der die Stadt liegt, und die alpine Landschaft des Hinterlands genau. Eine hügelige Halbinsel grenzt an die andere, und deshalb versuchte man auch an einigen Stellen mehr in die Höhe als in die Breite zu bauen, um so die mühsam gesprengten ebenen Flächen zu nutzen. Rund 3000 Einwohner zählt Maniitsoq, zur Kommune gehören noch die Orte Atammik, Napassoq und Kangaamiut, das mit seinen rund 500 Einwohner fast eine kleine Stadt ist. Schier atemberaubend ist die Gebirgslandschaft, vor der die Insel liegt und wie eine Tatze aus der Eiskappe herausragt. Sie reicht von dem Fjord Søndre Isortoq im Süden bis zum Fjord Kangerlussuaq im Norden. Steil ragen die Berge bis zu 2000 m auf und geben diesem Gebiet sein besonderes Gepräge. Das gesamte Areal der Kommune ist doppelt so groß wie die Schweiz, doch nur 17 000 km^2 sind eisfrei. Kennzeichnend für dieses arktische Hochland sind die extremen Temperaturunterschiede von bis zu 20 °C im Sommer bis −40 °C im Winter. Geologisch zählt das Gestein von Maniitsoq zu den ältesten der Erde, rund 3,5 Mrd. Jahre ist es alt, außerdem gibt es Edelsteinvorkommen: Diamanten, Rubine oder einen Lazurit, der Maniitsoq-Stein genannt wird.

Der norwegische Kaufmann Anders Olsen gründete 1755 die Kolonie Gammel Sukkertoppen in nördlich gelegenen Kangaamiut. Der Name geht zurück auf die holländischen Walfänger, für die die vergletscherten Berggipfel wie Zuckerhüte aussahen. Innerhalb von 25 Jahren wuchs die Bevölkerung in der neuen Kolonie so stark, dass man sich nach einem neuen Siedlungsplatz umsah und 1782 in das jetzige Maniitsoq umzog, das bis 1980 Sukkertoppen hieß.

Maniitsoqs Siedlungsgeschichte reicht zurück bis in die Saqqaq-Kultur, wie Funde aus dem Gebiet zeigen, die man im Ortsmuseum sehen kann. In früheren Zeiten sicherte nicht nur die Jagd auf Wale und Robben den Lebensunterhalt, sondern auch auf die Rentiere, die in großen Herden im Hinterland leben und das Stadtwappen zieren. Mitte der 1960er Jahre siedelte man hier 27 Moschusochsenkälber an, die sich zu einer Population von rund 3000 Tieren vermehrt haben. Heute ist der wichtigste Erwerbszweig die Fischerei. Es begann in den 1930ern

Maniitsoq

Einen solchen Markt gibt es in jedem Ort

zunächst mit dem Dorschfang, der noch mit kleinen Booten praktiziert wurde, Hauptabsatzmarkt waren damals die Länder Südeuropas. Nach dem Zweiten Weltkrieg baute man eine Fischfabrik, um weiterverarbeitete Produkte anbieten zu können. Seitdem wurde die Fabrik vergrößert und ist seit den 1980ern auf die Krabbenverarbeitung speziali-

siert, demnächst will man auch Krebse verarbeiten. Weitere industrielle Einrichtungen sind die Werft sowie eine auf Regen- und Arbeitskleidung für Seeleute spezialisierte Bekleidungsfirma. Hoffnung für die Zukunft setzt man auch auf die Öl- und Gasfunde in der Davis-Straße, zu denen Maniitsoq geografisch günstig liegt.

Trotz manchen wirtschaftlichen Einbruchs gehört Maniitsoq zu den wohlhabenden Städten des Landes. Außer den regulären Schulen gibt es

Maniitsoq

Maniitsoq

eine Fachschule für Fischereiwirtschaft, in der Techniker für Lebensmittelherstellung ausgebildet werden. Seit 2000 hat Maniitsoq einen Flughafen, was die direkten Verbindungen zu Nuuk und Kangerlussuaq deutlich verbessert und die zeitweise Isolation des Ortes wieder aufgehoben hat.

Schon wenn man in der Stadt ankommt, begeistern nicht nur die landschaftliche Lage, sondern auch die zahlreichen Brücken und die Architektur. In die kleinen Täler und an die Felsenhänge schmiegen sich die bunten Häuser, die manchmal nur über eine der zahllosen Treppen zu erreichen sind. Die Stadt erstreckt sich über mehrere Inseln und Halbinseln, und die Brücke, die den Atlantikkai im Hafen mit dem Zentrum verbindet, ist die längste Grönlands. Man nennt Maniitsoq auch das ›Venedig Grönlands‹.

Stadtrundgang

Wenn man durch den Ort spaziert, fallen einige neuere, recht üppig dimensionierte Gebäude auf. Der Bau des in den 1980ern während des Krabbenbooms geplanten **Rathau-**

ses, das größer ist als das in Nuuk, wuchs der Kommune finanziell etwas über den Kopf. In der Nähe liegen das Seemannsheim und die Sporthalle, beide sind beliebt wegen ihrer Cafeterien. Das Zentrum mit den wichtigsten Versorgungs- und Verwaltungsgebäuden befindet sich an der **alten Kirche,** die im Gegensatz zu anderen Kolonialbauten an ihrem ursprünglichen Platz steht. Sie wurde 1864 gebaut und war damals Grönlands größtes Steingebäude. Das Dach ist mit Naturschiefer gedeckt. Einige alte Einrichtungsstücke befinden sich jetzt im **Museum,** denn die alte Kirche wird seit Fertigstellung der neuen Kirche 1981 als Versammlungs- und Ausstellungsraum genutzt.

Die neue **Elisa-Kirche** entwarf der Architekt Holger Mørch Sørensen. Die Altartafeln aus Treibholz und das Kreuz gestaltete die Künstlerin Aka Høegh. Martha Biilman fertigte das Altartuch und die Kniestützen. Sie lebt in Maniitsoq und hat eine besondere Technik und Kunstfertigkeit in der Bearbeitung von Fellen und Leder entwickelt. Ihre Werkstatt ist in ganz Grönland bekannt.

Neben der Kirche liegt das Hotel, das auch während des Krabbenbooms gebaut wurde und über einen entsprechend hohen Standard verfügt. Auf der anderen Seite der Kirche kommt man am **Brædtet** vorbei, wo fangfrische Fische sowie Robbenfleisch und Engelwurz verkauft werden. Gegenüber liegt das **Versammlungshaus,** Treffpunkt für Kulturveranstaltungen und alla-

bendliches Bingo-Mekka. Chöre spielen traditionell eine große Rolle in der Kommune Maniitsoq, die allein drei aufzuweisen hat. Grönlands ältester wurde hier 1918 gegründet.

Um einen Eindruck von der Weitläufigkeit der Stadt zu bekommen, lohnt sich eine Fahrt mit dem Stadtbus. Ein Tunnel verbindet den älteren Teil mit dem neuen Stadtteil **Ivigssut.** Die dreigeschossigen Wohnblöcke aus den 1970er Jahren stehen in Ringform etwas oberhalb von Maniitsoq und sind im Gegensatz zu den Blöcken aus den 1950er und 60ern Jahren ansprechender, denn man hat auch einige Plätze angelegt. Für den **Flughafen,** der außerhalb der Stadt in westlicher Richtung liegt, mussten massive Sprengungen und Aufschüttungen vorgenommen werden. Es lohnt sich, dorthin zu gehen, um eine Vorstellung von den Problemen in Grönland beim Straßen- und Flughafenbau zu bekommen.

Interessant ist ein Besuch des **Museums** neben dem alten Friedhof und der Bücherei. Ursprünglich stand das Kolonialhaus aus dem Jahre 1847 am Hafen, dort musste es aber dem Bau der Fischfabrik weichen. In der ehemaligen Schmiede und der Bäckerei sind heute Exponate aus der Saqqaq-Zeit zu sehen, die in Maniitsoq gefunden wurden. Außerdem erhält man einen Eindruck vom Leben der Menschen im 19. und zu Beginn des 20. Jh. anhand von Ausstellungsstücken, die aus zahlreichen privaten Schenkun-

Maniitsoq

gen stammen. Im zweiten Gebäude aus dem Jahr 1844 sind Einrichtungsgegenstände und Kunstwerke des Lokalkünstlers Jens Kreutzmann (1828–1899) aus Kangaamiut zu sehen. Im Museumskomplex ist auch die Touristeninformation untergebracht (Öffnungszeiten: Mo–Fr, So 8–16 Uhr).

Ausflüge

Da Maniitsoq auf einer Insel liegt, sind die Wandermöglichkeiten sehr begrenzt, dennoch lohnen sich die kurzen Gänge auf den namenlosen, 193 m hohen **Hausberg** oder zu dem höchsten Berg **Iviangiusat** (Pattefjeld, 563 m), der immerhin 8 km entfernt ist. Der Blick über die Insel, die Fjorde mit der Gebirgslandschaft und auf die Stadt entschädigt für die Anstrengung. Bergtouren im Hinterland sind durchaus möglich, doch sie setzen nicht nur eine genaue Logistik voraus, sondern vor allem alpines Können und Gletschererfahrung.

Lohnend sind die Bootsfahrten durch die Fjorde mit den steilen Gebirgswänden, an denen z. T. Tausende von Seevögeln nisten, überwiegend Dreizehenmöwen, Tordalke, Papageitaucher und Gryllteisten, und den Fjord mit ihrem Gekreische erfüllen. Vor allem der Fjord **Sermilinnguaq** ist ein fantastischer Platz für Vogelbeobachtungen, und es ist schon ein beeindruckendes Erlebnis, wenn man dann am Ende des Fjords vor den gigantischen Eiswänden steht. Die Vegetation in den Fjorden überrascht an manchen Stellen mit ihren üppigen Erlen- und Weidenbüschen, ansonsten trifft man überwiegend Kriechgewächse wie Kräuter und Beeren an sowie den Engelwurz.

Auch Besuche der beiden kleinen Siedlungen **Atammik** (230 Einwohner) und **Napassoq** (120 Einwohner), die südlich von Maniitsoq liegen, lassen sich arrangieren. Nicht selten bietet sich dabei die Gelegenheit, Wale und Robben zu beobachten. In Napassoq gründete 1965 der dänische Fischimporteur Frede Sørensen eine private Fischfabrik, die sich aufgrund der ertragreichen Fischbänke lohnte. Erst in den 1980er Jahren wurde sie von der grönländischen Selbstverwaltung übernommen.

Kangaamiut, mit rund 480 Einwohner eine der größten Siedlungen Grönlands, wird regelmäßig von den regulären Küstenschiffen angelaufen. Das alte, rund 500 km nördlich gelegene Sukkertoppen ist ein idealer Ausgangsort für Ausflüge in den **Kangerlussuatsiaq** – auf Dänisch heißt er Ewigkeitsfjord – in den zahlreiche Gletscherzungen fast bis ans Wasser reichen. Die Fahrt zwischen den steil aufragenden fast 2000 m hohen Bergen durch den relativ schmalen Fjord zählt zu den besonderen Erlebnissen einer Grönlandreise. Kangaamiut ist bekannt für seine Bildhauer, die die Tradition der Steinarbeiten wieder belebt haben.

Für Skiläufer und Kajakfahrer bieten Maniitsoq und seine Umgebung ein reiches Betätigungsfeld. 30 km

Maniitsoq

von Maniitsoq in nordöstlicher Richtung entfernt liegt das Sommerskigebiet **Apussuit**. Über 200 km² Schneefläche auf rund 1000 m Höhe laden zu Langlauf, Alpin, Snowboard oder Monoski ein. Tourenvorschläge sind auf den Karten eingezeichnet. Auch für Kajakfahrer gibt es zahlreiche schöne Routen mit interessanten Haltepunkten, entsprechendes Kartenmaterial liegt vor.

Touren und Unternehmungen in und um Maniitsoq können in der **Touristeninformation** arrangiert werden, außerdem kann man dort auch Kajaks und entsprechendes Equipment ausleihen. Tel. 81 38 99, 81 31 00, Fax 81 21 46. www.visitgreenland.com/maniitsoq-tourist

Hotel Maniitsoq (Preisklasse 3), Ajoqinnguup Aqq. B-1150, Tel. 81 30 35, Fax 81 33 77, www.hotelmaniitsoq.gl: das ›erste Haus am Platze‹. Sehr gut ausgestattet und geführt. Von einigen Zimmern des Vier-Sterne-Hauses hat man einen fantastischen Blick auf den Jachthafen und aufs Meer. **Hotel Maniitsoq Annex** (Preisklasse 2), Ortooqqap Aqq. 1, Tel. + Fax s.o.: die preiswertere Variante, nicht so schön gelegen, nicht so komfortabel ausgestattet wie das Hotel, aber ideal für Selbstversorger. **Seemannsheim** (Preisklasse 2), Ivissuit, Tel. 81 35 35, Fax 81 35 53: zentrale Lage, gute Ausstattung, kurz: angenehmes Wohnen. Transfer zum Hafen und zum Flughafen möglich. **Kangaamiut Gästehaus** (Preisklasse 2), Tel. 81 94 22, Fax 81 94 82: fünf Zimmer mit einfacher, aber funktionaler Ausstattung. **Apussuit Skizentrum:** Drei Hütten mit insgesamt 30 Plätzen und sehr einfacher Ausstattung stehen zur Verfügung. Preise, Transport und Arrangements: Touristeninformation (s.o.). Weitere Unterkünfte wie **Jugend-**herbergszimmer in der Schule oder **Hütten** und **Sommerhäuser** in der Umgebung bei der Touristeninformation (s.o.) erfragen. **Zeltplatzmöglichkeit** am Museum mit Zugang zu Toiletten, Küche und Aufenthaltsraum.

Hotel Maniitsoq (Tel. s.o.) bietet sicher das gehobenste Ambiente und den schönsten Blick beim Dinner, hat aber auch die höchsten Preise. In der Cafeteria im **Seemannsheim** (Tel. s.o.) gibt es gute Küche zu akzeptablen Preisen, entsprechend beliebt ist es auch bei der Bevölkerung. Preiswerte Alternativen sind die Cafeteria in der **Sporthalle** und das **Café Puisi,** Jenseralaap 15, Tel. 81 22 28: einfach ausgestattet, dennoch gutes Essen, u. a. Chinesisch. Die Sporthalle liegt direkt daneben. Einen **Imbiss** mit Kiosk gibt es im Pissifik.

Die Kommune Maniitsoq bietet ideale und anspruchsvolle Möglichkeiten für **Berg-** und **Gletschertouren, Wintersport, Hochsee-** und **Sportangeln** und **Kajaktouren.** Wer noch nie mit dem Kajak gefahren ist, kann es sogar vor Ort lernen. Außerdem bietet die Touristeninformation **Stadtrundgänge** und **Bootsfahrten** in den Fjorden an. Der Outfitter Adam Lyberth, Tel. 81 22 45, Fax 81 21 46, ist *die* Adresse, um Touren jeder Art in der Umgebung zu organisieren und durchzuführen. Er spricht Englisch, versteht auch Deutsch und kennt die Region wie kein Zweiter.

Wöchentliche **Schiffsverbindungen** bis in den Süden nach Qaqortoq und bis nach Upernavik im Norden. Weitere Schiffe nach Nuuk und Uummannaq. Mehrmals wöchentlich direkte **Flüge** nach Nuuk, Kangerlussuaq und Sisimiut. **Stadtbus** fährt jede halbe Stunde, Informationen in der Touristeninformation (s. o.).

129

Die Disko-
bucht

Kangaatsiaq

Aasiaat

Qasigiannguit

Ilulissat

Kangia – der Ilulissat Eisfjord

Die Diskoinsel – Qeqertarsuaq

In der Diskobucht

Die Diskobucht

Im Reich der Eisberge treiben die Giganten zu Hunderten vorbei an den malerischen Orten aus der dänischen Kolonialzeit. Bei Ausflügen zum Rand des Inlandeises, am Kangia oder nach Eqi kann man die Geburt der Riesen unmittelbar erleben.

Stetig fährt das Küstenschiff von Sisimiut vorbei an den Schären nach Norden. Aus den Orten hört man ab und zu das Heulen der Hunde. Doch plötzlich verändert sich etwas, die ersten Eisberge tauchen auf. Ab Qasigiannguit werden es immer mehr. Bizarre, riesige Gebilde, groß wie Mehrfamilienhäuser mit Türmen wie Kathedralen, ein faszinierender Anblick. Sie kommen aus dem Ilulissat Eisfjord Kangia und bewegen sich entlang der Davis-Straße gen Süden. Hier sieht man das Grönland, das einem von zahlreichen Bildern so vertraut scheint.

Die Diskobucht ist das Hauptreiseziel in Grönland. Angeregt durch Peter Høegs Roman ›Fräulein Smillas Gespür für Schnee‹ kamen viele hierhin, um auf den Spuren der unerschrockenen Smilla in Grönland zu wandeln. Ging man doch davon aus, dass der zweite Teil des Romans in der Diskobucht spielt. Zwischen Mitte Mai und Mitte Juli scheint hier die Sonne 24 Stunden und taucht in der Nacht die Landschaft in einen goldenen Schimmer. Nächtliche Bootsfahrten vorbei an den eisigen Giganten sind nicht nur dann einmalige Erlebnisse.

Von Kangaatsiaq bis in den Norden nach Qaanaaq erstrecken sich 1200 km unberührte Natur, ein Paradies für jeden Wanderer und Kajakfahrer. In den Wintermonaten, wenn die Küste zugefroren und die hügelige Landschaft tief verschneit ist, geht es über Hunderte von Kilometern mit den Hundeschlitten hinaus in die weiße Weite.

Kangaatsiaq

Kangaatsiaq, die kleinste und jüngste Stadt Grönlands, erhielt erst 1986 den Stadtstatus und liegt zwischen Aasiaat und Sisimiut, ca. 200 km nördlich des Polarkreises und 80 km südlich der Diskobucht. Zur Kommune gehören außerdem die Siedlungen Attu, Iginniarfik, Ikerasaarsuk und Niaqornaarsuk. Auf einer Fläche von 43 500 km^2 leben nur 1500 Menschen, davon 660 in der Stadt.

Bis 1840 war der Ort ein Winterplatz, erst ab 1846 wurde er

Kangaatsiaq

ganzjährig besiedelt. Das erste Haus mit einem Laden enstand 1851, 1870 kam eine kleine Kapelle dazu. Die heutige Kirche wurde 1921 errichtet. Kangaatsiaq gehörte bis 1950 zu Aasiaat und hatte den Status eines Handelsplatzes, erst danach wurde der Ort selbstständig. 1987 erhielt die Stadt ihr eigenes Kraftwerk, und seitdem hat sich der Lebensstandard – nach europäischem Maßstab – deutlich verbessert. Die neuen Häuser erhielten alle Wasseranschluss und Elektrizität. Ein Jahr später wurde die Fischfabrik in Betrieb genommen, die auch Wal- und Rentierfleisch verarbeitet. Aber auch die traditionellen Trockengestelle sieht man noch im Ort, und der getrocknete Kabeljau wird auf dem heimischen Markt verkauft.

Kangaatsiaq wirkt wie eine kleine Siedlung mit den bunten, über den Hang verstreuten Einfamilienhäusern. Trotz der Fabrik leben die Einwohner immer noch traditionell von der Jagd und dem Fischfang, entsprechend sieht man Kajaks, Hundeschlitten, Spannrahmen und anderes Equipment neben den Häusern gestapelt.

Die Möglichkeiten für Individualreisende, die unberührte Natur und Einsamkeit suchen, sind groß, vorausgesetzt man erwartet keinen Komfort. Einen Ausflug Richtung Osten – als mehrtägige Wanderung oder mit dem Boot – lohnt der **Nordenskjöld-Gletscher** (Akuliaruseersuup Sermersua). Er verdankt seinen Namen dem schwedischen Polarforscher Adolf Erik Nordenskjöld (1832–1901), der

1883 von hier aus zur Erforschung des Inlandeises startete.

Kajaktouren und Bootsfahrten zu verlassenen Siedlungen lassen sich organisieren. Die kleineren Orte werden von einem Linienboot angefahren. Im Winter sind die Transporte mit den Hundeschlitten noch einfacher. Das am südlichsten gelegene **Attu** hat eine sehenswerte Kirche, deren Innenausstattung eine gelungene Symbiose aus Moderne und Tradition darstellt.

Touristeninformation in der Kommuneverwaltung. Tel. 871077, Fax 871030.

Gästehaus (Preisklasse 2), Kontakt: Otto Jeremiassen, Tel. 871261, Fax 871110 oder über die Kommuneverwaltung (s. o.): einfache Pension mit Platz für sechs Personen. Badezimmer und Toilette sind vorhanden.

Diskothek Nukariit, Grillbar, Tel. 871252. **Schnellimbiss Kangaatsiaq Grillbar,** Tel 871752. Außerdem gibt es eine **Fabrikkantine,** zu der die Bewohner des Ortes und auch Touristen Zutritt haben. Ansonsten nur **Selbstversorgung** aus dem Laden.

Man kann nicht von einem Ort zum anderen wandern, ansonsten gibt es außer den eigenen Grenzen keine Einschränkungen. **Kajakfahrer** finden zwischen den zahlreichen kleinen Inseln ein gutes Gebiet. Eine 4–5tägige organsierte Tour wird von der Stadt angeboten, Kajak, Zelt und Schlafsack sind zu leihen. Von Februar bis April werden **Hundeschlittenfahrten** nach Kangerlussuaq oder von dort nach Kangaatsiaq angeboten, Dauer 4–5 Tage, Übernachtung im

133

Zelt. Außerdem besteht im Winter die Möglichkeit, die Jäger auf der **Robbenjagd** zu begleiten. Arrangements und Informationen über die Touristeninformation (s. o.).

Regelmäßige **Bootsverbindungen** zwischen Kangaatsiaq und Nuuk sowie den größeren Städten in der Diskobucht. Außerdem Bootsverbindungen zu den kleinen Siedlungen.

Aasiaat

Aasiaat ist mit seinen rund 3200 Einwohnern die fünftgrößte Stadt des Landes. Zur Kommune gehören die beiden kleinen Siedlungen Akunnaaq und Kitsissuarsuit, in denen jeweils ca. 120 Menschen leben. Der Name Aasiaat bedeutet die ›Spinnenstelle‹, und entsprechend zeigt das Wappen auch ein Spinnennetz auf blau-weißem Untergrund. Der obere weiße Teil symbolisiert das eisige Wasser der Baffin-Bucht, und der blaue Teil steht für das Wasser der Davis-Straße, denn Aasiaat liegt ziemlich genau auf der Grenze zwischen diesen beiden Gewässern.

Archäologische Ausgrabungen zu Beginn der 1990er Jahre belegen erste Siedlungen in der Zeit um 2500 v. Chr. Die heutige Bevölkerung hat ihre Wurzeln allerdings in der Thule-Kultur um 1000. Die Menschen folgten den Tieren je nach Jahreszeit. Im Frühling zogen sie in die Sydostbugten, um die Lodde zu fangen und Robben zu jagen. Im Sommer fischten sie Heilbutt an der Mündung des Nordre Strømfjord und jagten Rentiere. Der Herbst war die Jagdzeit für die kleinen Robben und hin und wieder Narwale in der Diskobucht.

Zur Zeit der europäischen Walfänger betrieben die Inuit einen regen Tauschhandel, dem die dänischen Kolonialherren einen Riegel vorschieben wollten. 1759 gründete der Kaufmann Niels Egede, ein Sohn Hans Egedes, die Handelskolonie Egedesminde – der dänische Name von Aasiaat –, zunächst auf der rund 100 km südlich gelegenen Halbinsel Eqalussuit, 1763 zog man zu dem jetzigen Standort. Der Walfang war weiterhin der wichtigste Erwerb, stand jedoch nun unter der Regie der dänischen Kolonialherren, die ihre Rechte zur Not auch mit Gewalt verteidigten, wie die Kanonen am Hafen bezeugen. Das Walfett wurde nach Europa exportiert, u. a. um damit Laternen zu beleuchten. In den Jahren 1776, 1800, 1825 und 1852 wurden die Inuit von Epidemien heimgesucht, die die Europäer eingeschleppt hatten. 1915 hatte Aasiaat nur noch 186 Einwohner. Die Situation verbesserte sich, nachdem 1916 ein Krankenhaus gebaut wurde.

Mit der Eröffnung einer Lehranstalt für Katecheten begann sich Aasiaat langsam zu einer Schulstadt zu entwickeln. 1928 kam die Berufsschule von Nordgrönland dazu, und heute gibt es mehrere weiterführende Schulen, u. a. seit 1986 eines der drei Gymnasien Grönlands, sowie eine Schule für geistig Behin-

Aasiaat

Aasiaat

derte. Die Schüler kommen aus dem Einzugsgebiet von Sisimiut bis Qaanaaq und aus Ittoqqortoormiit in Ostgrönland.

Seit dem Zweiten Weltkrieges ist Aasiaat *der* Transit- und Umschlaghafen für Nordgrönland. Die Ladung der großen Schiffe wird hier gelöscht und weiterverteilt, deshalb dominieren die Container im Hafen den ersten Eindruck von der Stadt. Früher wurden die Waren auf der Insel Qeqertannguaq gelagert und auf kleinere Boote umgeladen. Später wurde dort eine Salzerei für Kabeljau gebaut, der vor allem in den Mittelmeerländern reißenden Absatz fand. Heute ist die 1987 errichtete fisch- und krabbenverarbeitende Fabrik der Hauptarbeitgeber der Kommune. Außerdem ist hier die größte Werft der Diskobucht angesiedelt. Die traditionellen Erwerbstätigkeiten wie die Jagd und der Fischfang spielen keine Rolle mehr. Mit der Eröffnung des Flughafens 1998 hat Aasiaat seinen Status als Transitknotenpunkt für den Norden verstärkt.

Trotz der gesellschaftlichen und wirtschaftlichen Veränderungen wird in Aasiaat auch die Tradition gepflegt. Die Nationalbekleidung aus Robbenfell wird hier ebenso gefertigt wie Tupilaks aus Rentierhorn und Walknochen. In einer jüngst gegründeten Werkstatt können die Bewohner die Schnitzfertigkeit erlernen. Reisende haben jederzeit die

Möglichkeit, Werkstätten zu besuchen und entsprechende Produkte zu erwerben (Informationen in der Touristeninformation).

Unmittelbar am Hafen stehen die alten **Kolonialhäuser,** im ehemaligen Haus des Handelsverwalters ist die Touristeninformation untergebracht. Der 1963 von der dänischen Bildhauerin Gerda Thune Andersen geschaffene **Gedenkstein** erinnert an den Gründer der Handelskolonie, Niels Egede (1710–1782). Das älteste Haus stammt aus dem Jahr 1778 und war das Wohnhaus des Kommandanten der Walstation von der Kronprinzen-Insel. Als die Station 1826 aufgegeben wurde, brachte man das Gebäude nach Aasiaat.

Die moderne **Kirche,** die 1964 eingeweiht wurde, entwarf der dänische Architekt Ole Nielsen. Die Altartafeln aus Keramik schuf der bekannte grönländische Künstler Jens Rosing. Der vor der Kirche liegende Anker soll an die Opfer des Meeres erinnern. Im **Museum** neben der Kirche sind interessante Ausstellungsstücke zu sehen, z. B. Waffen und Werkzeuge der europäischen Walfänger und aus der Zeit der frühen Inuit-Kulturen, außerdem Einrichtungsgegenstände aus den 1930er Jahren. Das ausgestellte Umiaq, das Frauenboot, wird immer noch regelmäßig am Nationalfeiertag, dem 21. Juni, benutzt. Zum Museum gehört auch ein traditionelles grönländisches Sodenhaus (Öffnungszeiten: Mo–Fr 13–16, So 11–15 Uhr).

Ebenso lohnend ist ein Besuch im **Versammlungshaus,** um die Wandmalereien des dänischen Malers Per Kirkeby zu besichtigen. Der ausgebildete Geologe nahm in den frühen 60er Jahren an Grönland-Expeditionen teil und wurde 1969, damals noch als relativ unbekannter Maler, mit der Ausschmückung des Gebäudes beauftragt. Heute besitzt die Stadt mit 24 Gemälden die weltweit größte Sammlung seiner Werke.

Da Aasiaat auf einer Insel liegt, bieten sich kaum Möglichkeiten für längere Wanderungen, aber für Kajakfahrer ist das Schärengebiet ideal. Je nach Jahreszeit hat man Gelegenheit, Wale, Robben und vor allem zahlreiche Seevögel zu beobachten. Wem diese Perspektive zu ungewohnt ist, der kann auch mit dem Boot auf Walbeobachtung fahren oder hinaus zu den kleineren Siedlungen sowie zu ehemaligen Wohnplätzen, die im Zuge der Zentralisierungsprogrammes in den 1960er Jahren verlassen wurden. Im Winter ist das nur leicht hügelige Gelände ein gutes Terrain für Langlaufski-Touren. In der Stadt ist auch Grönlands erfolgreichster Cross Country Skiclub (ASP) beheimatet.

Im Winter sind Hundeschlittenfahrten zur Nachbarinsel **Saqqarliup Nunaa** möglich. Besonders beliebt ist ein Ausflug zu der Frischwasserquelle **Uunartukasik,** die während des ganzen Jahres eine konstante Temperatur von 4 °C behält.

ⓘ Aasiaat tourist Service, Niels Egedesvej 6. Tel. 89 25 40, Fax 89 25 45, Mobil 57 03 40, 56 56 40, www.greenland-guide.dk/aasiaat-tourist/

Aasiaat

Equipment wie Kajaks und Zubehör sowie Zelte können hier ausgeliehen werden. Stadtpläne und Umgebungskarten sind erhältlich.

Seemannsheim, (Preisklasse 2), Sammiarneq 9, Tel. 89 27 11, Fax 89 29 10: liegt direkt am Hafen und hat eine gute Ausstattung und Versorgung. **Hotel Nanoq** (Preisklasse 2), Sannerut 7–9, Tel. 89 21 21, 57 00 09, Fax 89 25 06: ein relativ neues Haus mit sieben sehr großen und sehr gut ausgestatteten Räumen. **Aasiaat Hotel Apartments** (Preisklasse 2–3), Tel. 89 21 95, Fax 89 29 87: sowohl Hotelzimmer mit entsprechend guter Ausstattung als auch eine großzügige Dreizimmerwohnung und Hotelapartments mit guter Ausstattung und eigenem Küchenbereich. Klein und preiswert ist das **Gästehaus** (Preisklasse 1–2), Frederik Lyngesvej 16, Tel. 89 22 33, Fax 89 22 32: Bad und Toilette auf dem Flur, Waschmaschinenbenutzung, die Einzelzimmer sind einfach ausgestattet, aber mit TV und Telefon.

Jugendherberge (Preisklasse 1), Tel. 87 10 35, 89 21 95, Fax 89 29 87: einfache Zweibettzimmer. Küchen- und Waschmaschinenbenutzung möglich. Außerdem kann man sein Gepäck hier aufbewahren lassen, es werden gefriergetrocknete Lebensmittel angeboten. Ganzjährig geöffnet. **Zeltmöglichkeiten** außerhalb des Ortes, wo das felsige Gelände es zulässt.

Hotel Nanoq (Tel. s.o.), hat ein gutes Restaurant mit einem reichen Angebot an grönländischen Spezialitäten. In der Cafeteria des **Seemannsheimes** (Tel. s. o.), bekommt man mittags und abends gute, einfache Gerichte und kleine Speisen, alles zu akzeptablen Preisen. Weitere Verpflegungsmöglichkeiten in der Cafeteria der **Sporthalle,** Frederik

Lyngesvej 36, Tel. 89 24 14; im **Café Puisi,** Pottersvej 12, Tel. 89 11 12 (asiatische Küche), **Café Siuteroq,** Tel. 89 21 21 und Grillbar **Autzens,** Sissakkooriaq 22, Tel. 89 21 90.

Kunsthandwerk und Fellwaren aus Aasiaat kann man in der Touristeninformation, im Museum, im KNI-Laden, im Seemannsheim oder direkt in den Werkstätten kaufen.

Im Sommer kann man alles machen, was mit **Wassersport** zu tun hat, Kajakfahren, Bootsausflüge mit Walbeobachtung oder auch Tiefseeangeln, Tauchen – auch Surfer haben sich schon in der Hafenbucht versucht. Organisierte und geführte, mehrtägige Kajaktouren werden vom Touristenzentrum angeboten. Ebenso Ausflüge zu Wasser. Besondere Wünsche oder Ziele können vereinbart werden. Mehrtägige organisierte Touren führen durch die gesamte Diskobucht und bieten alles von der **Moschusochsen-Safari** bis zur **Hundeschlittenfahrt** auf der Diskoinsel. Im Winter kann man alles unternehmen, was mit einem ›Gespür für Schnee‹ zu tun hat: **Skilaufen** – alpin und cross country –, **Hundeschlitten-** und **Schneemobilfahrten, Jagdausflüge** (Robben oder Haifisch) mit dem Hundeschlitten. Information und Buchung über die Touristeninformation s. o.

Tägliche **Flüge** von und nach Kangerlussuaq in Verbindung mit dem Flug von Kopenhagen. Weitere Verbindungen nach Ilulissat und Sisimiut. Mehrmals wöchentlich Fahrten mit dem **Küstenschiff** in den Süden und Norden, zusätzliche Verbindungen zu den anderen Orten in der Diskobucht. Regionalboote fahren auch zu den beiden Siedlungen der Aasiaat Kommune. **Taxen:** Aasiaat Taxa, Tel. 89 27 00; Kam Taxi, Tel. 57 00 81.

137

Qasigiannguit

Qasigiannguit trägt den werbewirksamen Namen ›Perle der Diskobucht‹, was hinsichtlich der Lage, der Umgebung und des sehr stabilen, sonnigen Wetters auch berechtigt ist. Der grönländische Name bedeutet ›die kleinen gefleckten Robben‹, die vor 250 Jahren überall in der Gegend zu finden waren. 1734 gründete der dänische Großkaufmann Jacob Severin auf der Südostseite der Bucht Ikeraannguaq eine Handelskolonie – die zweitälteste Grönlands nach Nuuk – und gab ihr zu Ehren des dänischen Königs Christian VI. den Namen Christianshåb. Immerhin hatte Christian VI. dem Privatmann das Monopol über den Grönlandhandel eingeräumt, das Severin bis 1749 innehatte. 1734 hielt hier Hans Egedes Sohn Poul, der von 1736 bis 1740 in Qasigiannguit als Missionar tätig war, seinen ersten Gottesdienst ab. Der ursprüngliche Siedlungsplatz erwies sich aufgrund der starken Föhnwinde als ungünstig, und so siedelte man 1763 an den jetzigen Platz über. Die Häuser waren durch die Stürme zerstört, dass man neue bauen musste. Ein Haus aus dem Jahr 1734 blieb erhalten – man sagt, es sei das älteste Kolonialhaus Grönlands – und beherbergt heute das Museum.

Der Aufschwung des modernen Qasigiannguit begann erst mit dem Bau der Krabbenfabrik 1959, schnell stieg die Zahl der Einwohner von rund 300 auf 1400 an. Kein Wunder, dass zwei Garnelen das Stadtwappen zieren. Eine Besichtigung der Fabrik lässt sich über die Touristeninformation arrangieren. Heute leben ca. 1500 Menschen in der Stadt, zur Kommune gehört noch die Siedlung Ikamiut (100 Einwohner) an der Sydostbugten. Neben einer Berufs- und einer Volkshochschule gibt es in der Stadt auch eine Abteilung der Sozialpädagogischen Schule, die dem Grönlandischen Seminar in Nuuk untersteht.

Qasigiannguit wirkt sehr friedlich und anheimelnd mit seinen zumeist kleinen, bunten Häusern, die sich entlang der Bucht verteilen. Wenn man mit dem Boot ankommt, sieht man nur einen kleinen Teil des Ortes, das Zentrum mit den alten Kolonialhäusern liegt im Inneren der Bucht. In unmittelbarer Nachbarschaft zur Krabbenfabrik befinden sich die beiden **Museumsgebäude.** In dem roten, dem ehemaligen Sitz des Kolonieverwalters ist eine Sammlung mit Zeugnissen der alten Jäger- und Fängerkultur wie Kleidung, Kajaks und Jagdausrüstung untergebracht. Interessant ist das Holzrelief über dem Eingang, das einen dänischen Soldaten darstellt. Über dieses Bildnis wird viel spekuliert, die einen sehen es als Darstellung von Niels Egede, der hier in der Nachfolge seines Bruders von 1740 bis 1743 als Missionar tätig war, andere sehen es als Hinweis auf die einzige Seeschlacht in der Diskobucht. 1735 wollten die Dänen den Tauschhandel zwischen den holländischen Walfängern und den Inuit

Qasigiannguit

Mit dem Hubschrauber zum Inlandeis

unterbinden, doch die Holländer ignorierten das Verbot. Der damalige Kolonieverwalter, dem zu diesem Zeitpunkt die gesamte Region unterstand, versuchte es daraufhin mit Gewalt und schickte 1739 drei bewaffnete Schiffe gegen die Holländer. Nach wenigen Tagen hatten sich vier holländische Schiffe – mit nur einer Kanone – ergeben. Doch die Holländer schworen Rache und drohten, Qasigiannguit zu zerstören. Zum Schutz stellte man daraufhin die vier Kanonen auf, die heute noch oberhalb des Museums zu sehen sind.

Das Museum von Qasigiannguit verfügt mit Exponaten aus der Zeit der Saqqaq-Kultur vor über 4000 Jahren über die bemerkenswerteste frühgeschichtliche Sammlung der Inuit-Kultur. Dänische und grönländische Archäologen fanden bei Ausgrabungen auf der Insel Qeqertasussuk in der Sydostbugten in den Jahren 1984 bis 1987 die bisher ältesten Menschenknochen und Bekleidungsstücke der Arktis. Die Küchenabfälle ließen Rückschlüsse auf die Jagdgewohnheiten zu, vermutlich gingen die Menschen schon damals mit dem Kajak auf die Jagd, denn auch Überreste von Kajaks wurden gefunden. Nach diesen Entdeckungen musste die grönländische Frühgeschichte neu geschrie-

In der Tiefe des Eises

Die Eisschilde der Antarktis und der Arktis faszinieren nicht nur wegen ihrer Ausdehnung, sondern auch wegen ihrer enormen Dicke, die in Grönland bis zu 3600 m erreicht. Mit jeder Schneeschicht, die sich auf der Eiskappe ablagert, werden Luftblasen eingeschlossen, deren Inhalt chemisch analysiert werden kann. So lassen sich Gifte wie DDT, Radionuklide von Atomwaffentests und Schwermetalle feststellen und auch Erkenntnisse über Klimaveränderungen gewinnen.

Anfang der 1990er Jahre gelangen einem europäischen und einem amerikanischen Forscherteam zwei Eisbohrungen bis in über 3000 m Tiefe. 1999 begann man erneut mit Bohrungen auf der Höhe des 75. Breitengrades. An diesem Projekt – genannt (NGRIP – North Greenland Icecore Project) sind Deutschland, Japan, Schweden, die Schweiz, Frankreich, Belgien, Island und die USA beteiligt, Hauptsponsor ist der dänische Forschungsrat. Bis zum Sommer 2000 wurde ein 3080 m langer Eiskern herausgebohrt, dessen Schichten über rund 300 000 Jahre Klimageschichte Auskunft geben. Eines der interessantesten Ergebnisse dieser Eisprojekte ist die Erkenntnis, dass ein globaler Temperaturanstieg immer mit einem Anstieg des Kohlendioxids (CO_2) in der Luft einhergeht.

Doch nicht nur die Bohrungen vermitteln spannende Erkenntnis über das Eis, sondern auch die Erforschung von Eishöhlen und Eistoren. Im

ben werden, denn vollendet gearbeitete Haushaltsgegenstände und Waffen zeigen, dass die Menschen der Saqqaq-Kultur über sehr großes handwerkliches Können verfügten und mitnichten wesentlich primitiver gelebt hatten als die späteren Kulturen (Öffnungszeiten: Mo–Fr, So 13–16 Uhr).

Die moderne **Kirche** baute der Architekt Ole Nielsen im Jahre 1969. Die Glasmosaike der Altartafeln schuf Sven Havsteen Mikkelsen, das in einer grönländischen Kirche obligatorische Schiff ist hier ein Frauenboot.

Ausflüge und Wanderungen

Aufgrund der geografischen Gegebenheiten und ihrer fantastischen Lage direkt am Eisfjord eignet sich die Kommune Qasigiannguit ideal als Wandergebiet. Die Berge sind nicht höher als 400–500 m und bestehen überwiegend aus Gneis und Granit, die immerhin 1,5 Mio. Jahre alt sind. Die Gegend ist relativ fruchtbar, und deshalb trifft man auf eine reiche Flora, vor allem die zahlreichen Beerensträucher erfreuen im Spätsommer jeden Wanderer. Das Wetter ist hier – laut Statistik –

Inneren der Gletscher befindet sich eine eigene fantastische Welt, die an das Märchen von der Schneekönigin erinnert. Einen besondern Reiz machen die unterschiedlichen Blautöne aus. Die z. T. sehr intensive blaue Farbe ist ein Zeichen dafür, dass nur wenig Luft in den gefrorenen Wassermassen enthalten ist, hier können die Lichtstrahlen weit eindringen. Je mehr Sauerstoff, desto weißer erscheint das Eis.

Ein im wahrsten Sinne belebendes Erlebnis ist das Kalben eines Gletschers, wenn sich Millionen von Sauerstoffbläschen öffnen und den Sauerstoff freisetzen. Im Kleinen erhält man einen Eindruck davon, wenn dieses reine Eis als Eiswürfel im Glas schmilzt. Die Inuit sagen dann: »Das Eis singt.« Dieses Sizzling, so der Fachausdruck der Glaziologen für das Platzen der Luftblasen, läßt sich unter Wasser von speziellen Aufzeichnungsgeräten noch in 150 km Entfernung wahrnehmen. So kann die Schifffahrt treibende Eisberge orten.

Immer wieder werden Überlegungen angestellt, Eisberge zur Bewässerung von Trockengebieten zu verwenden, jedoch konnte das Transportproblem bisher nicht zufriedenstellend gelöst werden. Da bietet es sich schon eher an, das Eis als Würfel zu exportieren. Ein durchaus lukratives Geschäft, denn nicht nur Snobs lieben es, ihren Whisky mit diesem »2000 bis 60 000 Jahre alten« Eis zu verfeinern, auch Brauereien wissen das saubere und weiche Wasser durchaus zu schätzen. In Narsaq befindet sich eine Fabrik, die sich auf die Herstellung der Eiswürfel spezialisiert hat.

im Vergleich zu Südgrönland und auch Dänemark stabil. In den Sommermonaten begünstigen relativ geringe Niederschlagsmengen und Temperaturen bis zu 20 °C Outdoor-Aktivitäten. Außerdem scheint vom 22. Mai bis zum 23. Juli ununterbrochen die Sonne, ob man sie auch immer sieht, sei dahin gestellt.

Als Tagestour bietet sich eine Wanderung auf den Berg **Qaqqarsuaq** (456 m) an, der 2 km südöstlich der Stadt liegt. Man kann ihn von der Nordwestseite besteigen, doch die ist relativ steil. Leichter geht es von der Südostseite, dann

kann man den Gang zudem mit einem Besuch der Bings-Höhle verbinden. Beide Wege bieten wunderbare Ausblicke auf die Stadt, die Diskobucht mit den zahlreichen Eisbergen und sogar bis zum Eisfjord.

Die Bings-Höhle, grönländisch **Putorsuaq,** liegt am Fuße des südlichen Ausläufers vom Qaqqarsuaq und führt in den Berg hinein. Durch einen herabgestürzten Felsen ist sie fast verschlossen. Ihren Namen erhielt sie nach Andreas Bing, dem ersten Missionar in Qasigiannguit, der 1734/35 hier arbeitete. Vor allem in Zeiten tiefer Depression suchte er hier Zuflucht. Doch die Höhle war vorher schon den Inuit bekannt, die Angakok, die Schamanen, erteilten hier ihren Schülern Unterricht. Außerdem soll es eine Verbindung zu einer zweiten Höhle direkt unter dem Gipfel des Qaqqarsuaq geben. Beide Wege führen an dem ersten Siedlungsplatz von 1734 vorbei, wo noch die Fundamente zu erkennen sind.

11 km südlich von Qasigiannguit liegt die **Granatbucht,** wo man granathaltigen Glimmerschiefer findet, der aber nicht als Schmuckstein geeignet ist.

Ansonsten gibt es zahlreiche Wanderrouten ins Hinterland, die bis an das Inlandeis führen. Beliebt ist die Strecke zwischen Qasigiannguit und **Ilimanaq,** wobei Ilimanaq als Ausgangspunkt idealer erscheint. So hat man am Ende der viertägigen Wanderung – je nach Abstecher – wieder die Möglichkeit, in Qasigiannguit eine bequeme Unterkunft aufzusuchen. In Ilimanaq gibt es nur einen Laden. Heute leben lediglich 80 Menschen in der Siedlung, die zur Kommune Ilulissat gehört; doch das war nicht immer so. Der grönländische Name bedeutet ›Ort der Erwartungen‹, vielleicht die Erwartung eines guten Fangs? Ruinen und zahlreiche Gräber nördlich des Ortes belegen, dass hier immer Siedlungsplätze waren, was auf ertragreiche Jagdgründe hindeutet. 1741 wurde der Ort dänische Handelsmission und erhielt den Namen Claushavn, der vermutlich auf den holländischen Seefahrer Klaes

(Klaus) Pietersz zurückgeht, der in den Jahren 1719 bis 1732 in der Diskobucht aktiv war. Die Erfolgsaussichten für Walfänger waren so gut, dass zwischen 1780 und 1826 hier immer ein Schiff zum sofortigen Einsatz bereit lag. 1852 erhielt Ilimanaq einen eigenen Pfarrer und ein Missionshaus aus Holz. Während dieser Zeit gab es sogar Überlegungen, die Kolonie Christianshåb nach Claushavn umzusiedeln. Die Blütezeit der Station dauerte bis 1880, dann ging die Zahl der Einwohner drastisch zurück. Am Hafen stehen noch die alten Kolonialhäuser. Die kleine Kirche stammt aus dem Jahr 1908.

Von Ilimanaq aus lassen sich schöne Touren unternehmen, besonders lohnend ist der Weg zum 7 km entfernten **Eisfjord.** Man kann diese Wanderung auch in die Route nach Qasigiannguit einfügen, dann muss man entsprechend einen oder zwei Tage mehr einkalkulieren. Der direkte Weg dauert vier Tage.

Bootsausflüge führen zur Siedlung **Ikamiut,** deren Bewohner ausschließlich von der Jagd und dem Fischfang leben. Reizvoll ist auch ein Besuch der verlassenen Siedlung **Akulliit,** wo man sich auch für einige Tage hinbringen lassen kann. Der verlassene Ort liegt auf der gleichnamigen Insel südlich von Qasigiannguit. Die alten Häuser werden heute als Sommerhäuser genutzt, denn der idyllische Ort ist ein ausgezeichnetes Jagdgebiet. Im Winter kann man diese Touren mit Hundeschlitten machen.

Qasigiannguit

Schlittenhunde sind keine Haushunde

DiskoBay Touristeninformation im Hotel DiskoBay, Margrethevej 34, Tel. 91 10 81, Fax 91 14 24.

DiskoBay Hotel (Preisklasse 3), Tel. 91 10 81, Fax 91 15 24, ist das einzige Hotel im Ort. Wunderbare Lage mit herrlichem Blick über die Diskobucht, von der Terrasse aus kann man manchmal sogar Wale beobachten. Gemütliche, gut ausgestattete Zimmer. Preiswerter sind die Unterkünfte in der **STI-Schule** (Preisklasse 1), einer Art Jugendherberge. Einzelzimmer, die aber von zwei Personen bewohnt werden können. Buchung über DiskoBay Hotel, s. o. (ohne Frühstück, mit eigenem Schlafsack), Preisklasse 2 mit Frühstück und Bettzeug.

Jugendherberge Akulliit: Die alte Kapelle der Schule ist renoviert worden und wird jetzt als Jugendherberge genutzt. Einfache Ausstattung, 12 Betten, Toilette und Waschgelegenheit sowie Küche sind vorhanden. Buchung über DiskoBay Hotel, s.o. **Zeltplätze** entweder außerhalb in Richtung Heliport und Fußballplatz oder am See Tasersuaq.

Restaurant und Cafeteria im **DiskoBay Hotel** – mit dem erwähnten Ausblick, s. o. Team **Mikisoq**, Snackbar, Qaarsorosaat B-660, Tel. 91 15 11.

Wandern, Kajak- und **Kanutouren, Angeln** in Flüssen, Seen und an der Küste, Eisangeln im Winter und **Hundeschlittenfahrten.** Informationen und Buchung der Touren in der Touristeninformation s.o.

Wöchentliche **Schiffsverbindungen** bis nach Nuuk im Süden und Upernavik im Norden. Außerdem mehrmals wöchentliche Bootsverbindungen zu den Orten der Diskobucht sowie von und nach Ilimanaq und Ikamiut. Taxi, Tel. 57 46 44.

Ilulissat

Wenn es einen Ort in Grönland gibt, denn man als ›Touristen-Hochburg‹ bezeichnen könnte, dann Ilulissat. Der attraktiven Lage unmittelbar am Eisfjord Kangia (s. S. 149ff.) verdankt die Stadt ihren Namen ›Eisberge‹ und ein traditionell starkes Touristenaufkommen, das in den 1990er Jahren durch den ›Smilla-Effekt‹ noch wuchs.

Sermermiut direkt am Eisfjord war bereits seit 1400 v. Chr. ein beliebter Siedlungsplatz. Ausgrabungen zeigten, dass sich hier noch im Jahre 1737 die mit rund 250 Menschen größte Inuit-Siedlung Grönlands befand. Der dänische Großkaufmann Jacob Severin, der 1734 die Handelskolonie Qasigiannguit gegründet hatte, sah hier einen vielversprechenden Standort und gründete 1741 einen Handelsstützpunkt etwas nördlich des Eisfjords, den er nach sich selbst Jakabshavn nannte, der dänische Name für Ilulissat. Dem Walfang, der zunehmend in dänische Hand geriet, verdankte die Siedlung ihr stetiges Wachstum, 1750 war sie mit 600 Einwohnern die größte Grönlands. 1782 wurde der Ort selbstständige Kolonie. Daneben gab es eine Missionsstation, dort, wo heute die Zionskirche steht.

Nicht nur der von den Dänen importierte Branntwein verursachte gravierende soziale Probleme: Auch der Kaffeekonsum war derartig hoch, dass viele Inuit nicht mehr auf die Jagd gehen konnten. Insgesamt wurde mehr Kaffee nach Grönland gebracht, als in Dänemark konsumiert wurde. Mit Rückgang des Walfangs stagnierte die Handelskolonie, erst 1890 erfuhr sie wieder einen Aufschwung, als die Königlich Grönländische Handelsgesellschaft mit dem Heilbuttfang begann.

Als Missionsstation war Ilulissat recht erfolgreich. In den Jahren 1845 bis 1875 und 1901 bis 1907 gab es hier sogar ein Seminar.

Stolz ist man in Ilulissat auf seine drei berühmten Söhne: Knud Rasmussen (1879–1933) wurde hier als Sohn eines Pastors geboren. Der Autor und Pfarrer Mathias Storch (1883–1957) war der erste Grönländer, der 1953 zum Bischof ernannt wurde. Storch schrieb u. a. zwei Romane, in denen er sich schon 1914 und 1931 kritisch gegenüber der dänischen Vorherrschaft äußerte. 1921 wurde er Mitglied der Grönlandkommission und war vier Jahre Mitglied des Landesrats von Nordgrönland. Auch der Grönlandforscher Jørgen Brønlund, ein Begleiter der ›Literarischen Grönlandexpedition‹ von Knud Rasmussen im Jahre 1903, wurde hier geboren. Er wohnte längere Zeit in dem weißen Haus neben der Kirche. Auf der Danmark-Expedition 1906/07 starb er zusammen mit zwei weiteren Teilnehmern.

Wenn man heute nach Ilulissat kommt, fällt das unmittelbare Nebeneinander von Moderne und Tradition auf. Einerseits zwei Fischfabriken, ein großer Hafen, seit 1984 ein Flughafen sowie Hotels, Restaurants und große Geschäfte und andererseits rund 6000 – mehrmals täglich – heulende Schlittenhunde und Gerätschaften für die Jagd neben den kleinen Häusern und auf den Balkons der Wohnblöcke. Rund 4200 Menschen leben in Grönlands drittgrößter Stadt, deren wichtigstes wirtschaftliches Standbein die Fisch- und Krabbenverarbeitung ist, doch zunehmend gewinnt der Tourismus wirtschaftliche Bedeutung.

An Sommerabenden rasen meist männliche Grönländer mit ihren Autos die Straße zum rund 5 km entfernten Flughafen entlang – das gesamte Straßennetz hat ca. 20 km –

Ilulissat und Umgebung

und im Winter geht es mit dem Hundeschlitten hinaus aufs Eis zur Jagd und zum Fischfang. Auf der einen Seite sieht man die hübschen, bunten Einfamilienhäuser, und auf der anderen Seite stehen die massiven Wohnblöcke aus den 1960ern und 1970ern Jahren. Als 1972 die Bergwerkstadt Qullissat auf der Diskoinsel stillgelegt wurde, zog ein großer Teil der Bevölkerung nach Ilulissat, denn hier gab es in der Fischfabrik ausreichend Arbeit. Damals baute man die Siedlung entlang des Mathias Storchsvej für die früheren Minenarbeiter. Die ehemals aluminiumgrauen Klötze sind heute immerhin bunt und sehen etwas freundlicher aus. Die Kirche, **Naalakatta Illua,** wurde 1952 von dem Architekten Niels Hegelund gebaut und stand bis 1977 in Qullissat.

An das ehemalige Handelszentrum erinnern die drei **Holzgebäude** direkt am Hafen. Das ›schwarze Lagerhaus‹, Ilulissats ältestes Haus aus dem Jahre 1741, beherbergt heute eine Teilsammlung des Museums mit altem Werkzeug und Maschinen aus der Kolonialzeit. In einem weiteren alten Haus ist das Museum für Jagd und Fischfang untergebracht. Hier werden sowohl traditionelle als auch moderne Werkzeuge und Hilfsmittel der Inuit gezeigt. Die drei Kanonen neben dem alten Laden werden noch heute genutzt, um die Ankunft des ersten Versorgungsschiffes Mitte April anzukündigen.

In einem weiteren Kolonialhaus befindet sich das **Kunstmuseum.** Hier sind die meisten Arbeiten des dänischen Künstlers Emanuel A. Petersen (1894–1948) zu sehen, der während seiner Grönland-Aufenthalte immer wieder die faszinierende Landschaft und das besondere Licht malte.

Als die Bevölkerung in Sisimiut für den Bau einer eigenen Kirche sammelte, begann man auch in Ilulissat damit. Die Initiative ging aus von dem Pastor Jørgen Sverdrup, der 1764 in die Stadt kam und 25 Jahre blieb. Bei seiner Ankunft musste er mit Befremden feststellen, dass das Christentum keinen guten Stand bei den Inuit hatte, sondern diese wieder verstärkt dem Schamanismus anhingen. Sverdrup gelang es, erfolgreich dagegen zu wirken. 1782 wurde die **Zionskirche** fertig gestellt. Da die vollständige Finanzierung nur mit Beteiligung der Königlich Grönländischen Handelsgesellschaft gelang, wurde zur Auflage gemacht, die Hälfte der Kirche als Krankenhaus zu nutzen, was auch bis 1904 der Fall war. Ursprünglich stand sie 50 m näher am Meer neben dem alten Ärztehaus, 1929 setzte man sie um, da Eis und Wasser der Kirche immer häufiger bedrohlich nahe kamen. Die am Eingang eingeritzte Jahreszahl 1779 gibt das Jahr der Erbauung vor dem Transport an, doch wie so oft in Grönland dauerte es einige Jahre, bis das Gebäude an Ort und Stelle stand. Der Innenraum ist in den typischen Farben Weiß, Türkis und Gelb gestaltet, die Schnee, Eisberge und die Sonne symbolisieren. Andere Interpretationen besagen die Farben stünden für

Ilulissat

Blick auf Ilulissat

Eis, den Himmel und die Sonne. Die Taufschale stammt aus dem Jahre 1779, die Christusgestalt schuf Bertel Thorvaldsen (1770–1844), sie ist eine Kopie der Figur in der Frauenkirche in Kopenhagen aus den Jahren 1820/21. Im Zuge der Renovierungen 1929/30 erhielt der Innenraum eine Deckenwölbung, und dem Dach wurde ein Turm aufgesetzt. Die Porträts zeigen Hans Egede und Jørgen Sverdrup. Das obligatorische Schiff stammt aus Wismar und war ursprünglich als Geschenk für die Kirche in Qaqortoq gedacht. Doch die hatten schon eines und gaben es weiter nach Ilulissat. Jeden zweiten Sonntag wird von hier der Gottesdienst im Radio übertragen, deshalb stehen manchmal Mikrofone in der Kirche.

Auf dem Weg vom Hafen zur Zionskirche kommt man an einem **Gedenkstein** zu Ehren von Knud Rasmussen vorbei. Die Inschrift auf Grönländisch und Dänisch heißt »Grönlands treuem Sohn«. Von da aus kann man der Straße parallel zum Meer folgen, vorbei an Ilulissats ältestem Hotel, dem Hvide Falk – allein der Blick aus dem Restaurant lohnt schon den Besuch –, weiter in Richtung altes **Krankenhaus,** das 1904 in Betrieb genommen wurde und heute ein Altenpflegeheim ist. Das neue Gebäude stammt aus den 1980er Jahren.

Vom Krankenhaus ist es nicht weit bis zum **Museum.** Das zweigeschossige Haus wurde 1848 gebaut und hatte zwei Wohnungen sowie einen Unterrichtsraum für das Leh-

Ilulissat

Besondere Unterkünfte: Iglus am Hotel Arctic

rerseminar. Hier wurde am 7. Juni 1879 der berühmte Schriftsteller und Polarforscher Knud Rasmussen geboren. Sein Vater Christian war damals der Pastor des Ortes. Das **Museum** widmet sich nicht nur dem Leben Rasmussens, sondern zeigt auch viele Exponate zur Geschichte der Region, etwa die Nationaltrachten der Frauen. Die unterschiedlichen Farben der Blusen zeigen, ob eine Frau ledig, verheiratet oder verwitwet ist. Auch die Geschichte des ehemaligen Minenortes Qullissat auf der Diskoinsel lässt sich hier anhand der Bilder gut studieren. Vor dem Museum stehen der Nachbau eines traditionellen Inuit-Hauses aus Stein und Grassoden sowie ein alter Trankessel aus der Zeit des Walfangs (Öffnungszeiten: tägl. 9–16 Uhr).

Was man bei einem Stadtrundgang nicht versäumen sollte, ist ein Besuch des Lokalmarktes **Brædtet** in der Nähe der Touristeninformation, um ein Stück Mattak (Walhaut) zu probieren. Ein hervorragender Platz, um die Mitternachtssonne zu beobachten, sind die Felsen am Hotel Arctic auf der Landspitze gegenüber dem Stadtzentrum. Von hier aus hat man einen fantastischen Blick über die Diskobucht bis zur Diskoinsel. Auch wenn der Straßenspaziergang als solcher nicht so aufregend ist, lohnt sich der Gang zum Flughafen dennoch für alle, die nicht fliegen. Zum einen kommt man an dem wunderschön zwischen Hotel Arctic und Flughafen gelegenen **Friedhof** vorbei, der mit seinem weißen Tor und den weißen Kreuzen vor den Eisbergen große Ruhe ausstrahlt, und zum anderen kann man den riesigen Schlitten vor dem Terminal bewundern. Doch das wahre touristische Highlight von Ilulissat liegt in entgegengesetzter Richtung – der Eisfjord.

Kangia – der Ilulissat Eisfjord

Der Weg zum Eisfjord führt in südlicher Richtung am alten Helikopterflugplatz vorbei. Welchen der deutlich sichtbaren Pfade man einschlägt, ist egal, denn der weiße Fjord schimmert immer hinter den Granithügeln hervor. Wie eine geschlossene Eisdecke sehen die dicht an dicht liegenden Eisberge und -platten aus. Erst wenn man davor steht, erkennt man die einzelnen Teile, zwischen denen das eisblaue Wasser des Fjords schimmert. Die Luft ist erfüllt vom Sauerstoff, der frei wird, wenn regelmäßig kleine Stücke von den Eisriesen abbrechen. Immer wieder hört man ein Knacken und Krachen, und erst wenn sich die Wasseroberfläche bewegt, erkennt man, wo der Bruch stattfand.

Der Fjord ist 40 km lang und 7 km breit, die auf ihm treibenden Eismassen stammen vom produktivsten Gletscher der nördlichen Hemisphäre, dem Sermeq Kujalleq. Täglich produziert er rund 20 Mio. t Eis. Etwa 600 km von der Abbruchkante entfernt setzt sich das Eis in Bewegung. Dort hat das Inlandeis eine Stärke von 3 km und wird zu den Eisfjorden an den Küsten gepresst. Sermeq Kujalleq wird aus zwei Gletscherströmen gespeist, der nördliche bewegt sich mit einer Geschwindigkeit von 8 m pro Tag und der südliche mit 22 m pro Tag. Die beiden vereinigen sich zu einem gewaltigen Strom, der an der Abbruchkante eine Geschwindigkeit von 22 m pro Tag hat. Rund 12 km von der Kante bis zum Inlandeis sind unterspült. Alle zwei bis vier Wochen kalbt der Gletscher, und die Abbruchkante weicht vorübergehend 3–5 km zurück. Diese riesigen Abbruchstücke von rund 1000 m Dicke können zunächst frei treiben, denn hier hat der Fjord eine Tiefe von 1200 m. Ein Zehntel des Eisberges ragt aus dem Wasser, der mächtige Rest schwimmt unter dem Meeresspiegel. Die ›Fahrt‹ wird begünstigt durch die Temperatur, die am Boden der Berge rund 0 °C beträgt, während der Eisberg ansonsten konstant eine Temperatur von –10 °C hat.

An der Mündung zur Diskobucht hat der Fjord nur eine Tiefe von 200 m, weshalb ein Rückstau der Eisberge in den Fjord entsteht. Nur die kleineren Berge oder abgebrochene Stück der Giganten treiben ins offene Meer. Doch selbst diese Stücke sind noch so groß, dass sie auf ihrer langen Reise – zunächst nördlich in die Baffin-Bucht und anschließend entlang der kanadischen Küste – erst auf der Höhe von New York endgültig schmelzen.

Große Eisberge wiegen über 1 Mio. t, die meisten haben jedoch lediglich ein Gewicht von 200 000 bis

300 000 t. Größe und Instabilität der gefährlichen Riesen brachte schon so manches Boot und manches Schiff zum Sinken. Das wohl ›prominenteste‹ Opfer war die ›Titanic‹ auf ihrer Jungfernfahrt 1912, vermutlich kam der Eisberg von Westgrönland. So hat eine Bootsfahrt in der Nähe der Mündung entlang der Eispaläste und unter den Eistoren hindurch einen besonderen Thrill. Schon die geringste Erschütterung – z. B. Schallwellen eines hohen Tons – kann genügen, um einen durch Wetter und Brandung instabil gewordenen Eisberg zu zerbrechen oder rotieren zu lassen. Die dabei entstehenden Flutwellen der mehr als 50 m hohen Kolosse können Boote zum Kentern bringen. Doch die Grönländer kennen die Zeichen des Eises und beherrschen die Boote, und deshalb ist, nicht nur zur Zeit der Mitternachtssonne, wenn die Berge z. T. in Goldtönen schimmern, eine Schiffstour ein besonderes und gefahrloses Erlebnis.

Noch beeindruckender ist ein Helikopterflug über den Fjord zum Gletscherrand. Die Greenlandair-Piloten zeigen, dass sie Meister ihres Faches sind. Man fliegt auf Höhe der Eisberge, kann ihre Struktur genau betrachten, auf manchen Eisflächen haben sich türkisblaue Seen gebildet. Man sieht die zahlreichen Robben, die sich auf den Eisschollen tummeln. Viele von ihnen sind mit

Im Ilulissat Eisfjord

dem Geräusch des Helikopters wohl schon so vertraut, dass sie nicht ins Wasser flüchten. Vom festen Land erblickt man dann die riesige, zerklüftete Eiswand, die in den betörendsten Blautönen glänzt. Auf dem Rückflug gibt es noch eine kurze Runde über die Stadt.

Wanderungen

Eine Wanderung zum Eisfjord kann man gut mit einem Abstecher zu den Ruinen der alten Siedlung **Sermermiut** verbinden. Der einfache und markierte Weg startet am alten Heliport. Sermermiut liegt in einem breiten Grastal. Zahlreiche kleine Hügel weisen auf die ehemaligen Gebäude hin, an manchen Stellen lassen sich die Grundrisse noch erahnen. Ausgrabungen haben ergeben, dass jede Inuit-Kultur, die in Grönland siedelte, sich auch hier niedergelassen hatte. Direkt am Strand sind noch die freigelegten *Kökkenmöddinger* – die Küchenabfallhaufen – zu erkennen, die für die Archäologen besonders erkenntnisreich waren. Zahlreiche Knochen von Seehunden liegen aus den früheren Jahrhunderten hier herum (keine Souvenirs!). Von hier aus kann man einen Abstecher zur östlich gelegenen Schlucht **Kællingekløften** (Altweiberschlucht) machen. Ein Pfad führt zu dem 35 m tiefen Steilrand, von dem sich in früheren Jahrhunderten vor allem die alten Frauen während der Zeiten des Mangels hinunterstürzten. Der Freitod der Alten gewährleistete, dass Kinder und junge Leute am Le-

Kununguaq, der kleine Knud

Vielerorts stößt man in Grönland auf Knud Rasmussen, den Begründer der Eskimologie, der mit den Ergebnissen seiner sieben Thule-Expeditionen den Beweis erbrachte, dass alle Inuit-Stämme der Arktis verwandt sind. Schon seine Kindheit in Ilulissat, damals Jakobshavn, legte die Basis für seine spätere Forschertätigkeit. Knud Johan Victor Rasmussen, geboren am 7. Juni 1879, war das älteste von drei Kindern. Sein Vater, Christian Rasmussen, war zu der Zeit dänischer Missionar, und sowohl er als auch seine Frau Sophie Louise Fleischer sprachen Kalaallisut, Grönländisch. Knud lernte die Sprache noch bevor er Dänisch sprach, was ihm in seinem späteren Leben in Grönland sehr half. Sein grönländischer Name, Kununguaq, stammte noch aus den Kindertagen. Rasmussen, der Inuit-Vorfahren mütterlicherseits hatte, war immer stolz auf seine grönländische Herkunft. Früh lernte er den Umgang mit Schlittenhunden und die Lebensbedingungen im arktischen Raum kennen. Er beschrieb seine späteren Expeditionen »als eine glückliche Fortsetzung meiner Erlebnisse in der Kindheit und Jugend«, selbst die »anstrengendsten Hundeschlittentouren waren für mich

ben bleiben konnten und die Siedlung nicht ausstarb.

Von der Schlucht aus kann man den Weg auf den Hügel **Seqinniarfik** (Holms Bakke) einschlagen, an dessen östlichem Hang zwei Inuit-Gräber liegen. Jedes Jahr, am 13. Januar um 12.45 Uhr, kommen die Bewohner Ilulissats auf dem Hügel zusammen, um die Sonne zu begrüßen, die sich nach sechswöchiger Abwesenheit kurz am Horizont zeigt. Von Seqinniarfik verläuft ein Weg in nördlicher Richtung zur Stadt. Man kann die Tour noch erweitern, indem man den Markierungen parallel zum Fjord folgt, anschließend in ein Tal einbiegt und durch eine schöne, enge Schlucht am Steinbruch vorbeigeht.

In westlicher Richtung erreicht man von Sermermiut aus entlang der Küste die Kapspitze **Kingittoq,** wo sich ein wunderschöner Blick

Ausflüge von Ilulissat: Kangia

angenehme Routine«. Auch sein Interesse an Inuit-Erzählungen reicht bis in die Kindheit zurück.

Nach Abschluß der Schule in Dänemark begann er zunächst eine Sängerausbildung, die er aber bald mangels Talent aufgab, und 1900/01 arbeitete er als Zeitungskorrespondent in Skandinavien und Island. 1902 kehrte er nach Grönland zurück, um zusammen mit Ludvig Mylius-Erichsen, Harald Moltke und Jørgen Brønlund auf eine ›Literarische Grönlandexpedition‹ zu gehen. Während des Winters 1903/04 lebte er erstmals bei den Polarinuit. Hier fand er offensichtlich seine Heimat. Von hier aus startete er seine Thule-Expeditionen, und 1910 gründete er zusammen mit seinem Freund Peter Freuchen die Thule Handelsstation (s. S. 180ff.). »Kein Jäger hier im Norden, mit dem ich nicht gejagt habe«, schrieb Rasmussen später, »und es gibt hier sicher kein Kind, das nicht meinen Namen kennt.«

Knud Rasmussen war bei seinen Forschungen immer an den Menschen interessiert und nicht an geografischen Entdeckungen. Er lebte mit den Menschen auf seinen Reisen und gewann so ihr Vertrauen; er sprach ihre Sprache, sang ihre Lieder und aß ihre Nahrung. Seine Expeditionen führten ihn nicht nur zu den Inuit im Norden und Osten Grönlands, sondern er wurde vor allem berühmt aufgrund seiner fünften Thule-Expedition, 1921–24, die ihn von Grönland bis Sibirien führte. Während dieser Jahre sammelte er rund 20 000 Artefakte und schrieb über 1000 Seiten über die arktische Geschichte, Folklore, Kultur und Kleidung. Damit legte er den Grundstock für die weitere Forschung, die Eskimologie, und veröffentlichte ein mehrbändiges Kompendium mit Inuit-Erzählungen aus der gesamten Arktis. Rasmussen starb am 21. Dezember 1933 an einer Lebensmittelvergiftung und Lungenentzündung in Dänemark.

auf den Fjord und die Stadt bietet. Zurück führt der Weg vorbei am Kraftwerk.

Ein guter Aussichtsberg auf Fjord und Bucht ist der 358 m hohe **Qaqqarsuatsiaq.** Der Weg dorthin bildet den ersten Abschnitt einer dreitägigen Wanderung rund um Ilulissat. Von hier aus hält man sich südlich, bis man zu einer deutlich erkennbaren Hundeschlittenspur kommt, die in östlicher Richtung zu

einer Hütte führt. Von dort weiter in nördlicher Richtung zum See **Nalluarsuup Tasia.** Von den umgebenden Höhenzügen kann man nicht nur den Eisfjord, sondern auch das Inlandeis sehen. Dem nordöstlichen Abfluss folgt man durch ein Tal und anschließend einer engen Schlucht entlang dem schmalen Flußbett des Uujuup Kuua. Von hier geht es in südlicher Richtung am Flughafen vorbei zurück in die Stadt.

Es gibt vielfältige Möglichkeiten für mehrtägige Wanderungen von Ilulissat aus, immer abhängig von den individuellen Fähigkeiten und der Kondition. Gut eine Woche dauert die Wanderung vom nördlich gelegenen Paakitsoq-Fjord über die Hochebene **Paakitsup Nuuna,** vielleicht verbunden mit einem Abstecher zum Gletscher **Sermeq Avannerleq.** Zum Ausgangspunkt kann man sich mit dem Boot bringen lassen.

Entweder als zweitägige Wanderung oder als kombinierte Bootsfahrt mit Wanderung kann man einen Besuch der kleinen Siedlung **Oqaatsut** gestalten. 40 Einwohner zählt der Ort, in dem vor Jahrtausenden schon die Inuit siedelten und den die Holländer im 17. Jh. als idealen Walfangplatz ansahen. Sie nannten den Ort wegen des Walbluts im Wasser Rodebay, rote Bucht. Noch heute werden an der alten Anlandestelle Wale zerlegt, selbst die Jäger aus Ilulissat bringen ihren Fang hierher. In den letzten Jahren sind in dem Ort unter der Initiative von Greenland Tours Elke Meissner Unterkünfte und ein sehr gemütliches Restaurant geschaffen worden. Das Gästehaus im ehemaligen Laden der Königlich Grönländischen Handelsgesellschaft bietet acht Schlafplätze. Ein schönes Restaurant befindet sich jetzt in dem ehemaligen Lagerhaus. Nach anfänglicher Skepsis hat die Bevölkerung die Einrichtungen angenommen, und der Kontakt zwischen den deutschen Betreibern und den Bewohnern ist sehr gut. Regelmäßig kommen Grönländer im Sommer hierher, um im Restaurant zu essen. Immerhin ist es gelungen, dass die Bewohner sich nicht als ›Ausstellungstücke‹ sehen. Die schöne Lage – in westlicher Richtung die Diskobucht und auf der anderen Seite eine geschützte Bucht mit einigen ›verirrten‹ Eisbergen – hat schon manchen Europäer verlockt, längere Zeit in der friedlichen Umgebung zu wohnen. Im Ort selber gibt es einen Laden, eine Post und eine Schule mit fünf Schülern, die alle zusammen unterrichtet werden. Eine eigene Osmosestation sorgt für frisches Trinkwasser. Die Wanderung von Oqaatsut nach Ilulissat ist sehr schön und einfach zu gehen.

Ausflüge

Das Angebot an organisierten Bootsfahrten im Sommer und Hundeschlittentouren im Frühjahr ist groß und ausgesprochen abwechslungsreich. Informationen und Angebote erhält man beim Tourist Service Ilulissat und den anderen Tourenanbietern (s. S. 157) Deshalb seien nur drei sehr spezielle Ausflüge genannt.

Alle, die nicht erst im Winter eine Hundeschlittenfahrt machen wollen, können von Ilulissat mit dem Helikopter auf den Gletscher **Lyngmarksbræen** auf der Diskoinsel (s. S. 164) fliegen und dort eine einstündige Fahrt mit dem Hundeschlitten unternehmen. Ein komfortabler Ausflug mit fantastischer Sicht auf die umliegenden Berge. So bequem reist man selten.

Ausflüge von Ilulissat

Blick auf Oqaatsut

Die Siedlung **Ataa,** ca. 60 km Luftlinie nördlich von Ilulissat an der Ostseite der Insel Alluttoq, wurde 1946 aufgegeben. 1997 kam der Ort für die Filmarbeiten zu ›Fräulein Smilla‹ zu neuen Ehren. Man errichtete einige Häuser, die jetzt als Feriencenter genutzt werden und wunderschön direkt zwischen Küste und dem großen See Tasersuaq liegen. Außer Wanderungen und Angeln wird eine Vielzahl weiterer Aktivitäten geboten: Kajakfahren, Kanutouren, Windsurfen auf dem See, Bootsausflüge mit Robben- und Walbeobachtung oder Wanderungen zur Eiskante. Natur pur, ruhig und vor allem ideal, wenn man an Flora- und Faunastudien interessiert ist.

Icecamp Eqi liegt an der Festlandsküste direkt am kalbenden Gletscher Eqip Sermia, entlang dessen Rand man bis zum Inlandeis wandern kann. Außer Wanderungen werden auch Bootsfahrten und die Möglichkeit angeboten, sich als Goldschürfer am Fluss Eqip Kuussua zu betätigen. Die Ausrüstung wird zur Verfügung gestellt. Eqi ist ein komfortabler Aufenthaltsort, der die Kombination von Abenteuer und Vollpension bietet. Von hier aus startete der Schweizer Forscher Alfred de Quervain 1912 seine Eisdurchquerung nach Tasiilaq, für die er 41 Tage brauchte. Die Hütte der französischen Forschungsexpedition E.G.I.G. in den 1940er und 1950er Jahren ist in Zusammenarbeit mit der französischen Regierung restauriert worden und wird jetzt als Museum genutzt. Der damalige Expeditionsleiter war Paul Emile Victor. Thema der Ausstellung: Die Geschichte der Polarforschung in Grönland und den Nordregionen. Informationen und Buchungen über Tourist Service.

Saqqaq

Drei weitere Siedlungen gehören noch zur Kommune Ilulissat: Ilimanaq im Süden (s. S. 142), Qeqertaq (120 Einwohner) und Saqqaq (210 Einwohner) rund 80 km weiter nördlich auf der Halbinsel Nuussuaq. **Qeqertaq** liegt auf einer kleinen Insel und ist daher als Ausgangspunkt für größere Touren nicht geeignet. Hin und wieder machen die Eisberge die Zufahrt zur Insel unmöglich.

Geologisch besteht die Halbinsel Nuussuaq aus zwei Teilen: Der östliche Teil von Saqqaq bis zum Inlandeis besteht überwiegend aus Gneis und ist rund 1,5 Mrd. Jahre alt; der westliche Teil ähnelt in der Struktur der Diskoinsel mit den Basaltbergen, die vor rund 60 Mio. Jahren entstanden. **Saqqaq** selber war einer der Siedlungsplätze der nach dem Ort benannten Saqqaq-Kultur. Während der Kolonialzeit wurde hier 1755 die Kolonie Ritenbenk gegründet, die 1781 nach Appat auf der Insel Alluttoq verlegt wurde. Appat war ein blühender Fischereiort, und noch in den 1930er Jahren lebten hier mehr Menschen als in Ilulissat. Während

Saqqaq

Ilulissat

des Zweiten Weltkriegs wurde der Ort für militärische Zwecke genutzt, und die Bewohner mussten ihn verlassen. Heute dienen die ehemaligen Kolonialhäuser als Sommercamps.

Saqqaq, was soviel wie ›Sonnenseite‹ bedeutet, ist ein geradezu ›lauschig‹ gelegener Ort, dessen Bewohner von der Arbeit in der Fisch und Fleisch verarbeitenden Fabrik sowie vom Fischfang leben. Allgemein sind die Wetterverhältnisse hier stabiler als in den südlicheren Küstenorten der Bucht. Saqqaq hat eine hübsche Kirche aus dem Jahr 1908 und gilt als besonderer Tip für Leute, die die Einsamkeit und das friedliche Leben in einer kleinen Siedlung suchen.

In der Neuzeit ist die Siedlung durch die Gewächshäuser und den Garten des ehemaligen Siedlungsverwalters Hannibal Fencker bekannt geworden. Er hat dazu beigetragen, dass aus Saqqaq eine Art Mustersiedlung mit einer intakten Dorfgemeinschaft wurde. Für den allgemeinen Tourismus ist der Ort nur bedingt geeignet, da keine offiziellen Unterkünfte vorhanden sind, wohl aber lässt sich etwas über den Tourist Service Ilulissat organisieren. Wanderer können mehrtägige Touren zu dem großen, zentral auf der Halbinsel gelegenen See Saqqap Tasersua unternehmen, oder man lässt sich von Uummannaq an die Nordseite der Halbinsel nach Kuussuup Nuua bringen und läuft nach Saqqaq. Diese Tour ist nur für erfahrene Wanderer geeignet und dauert 10 bis 14 Tage.

Ilulissat Tourist Service, Kussangajannguaq 11, Tel. 94 43 22, 54 34 94; Fax 94 39 33, www.ist.gl. Öffnungszeiten: 15.6.–14.9. täglich 9–19; 15.9.–14.6. täglich 9–17 Uhr. Touren aller in Ilulissat ansässigen Anbieter können hier gebucht werden, auch Sonderwünsche werden jederzeit erfüllt (eine Frage des Preises). **Greenland Tours Elke Meissner,** Kussangajannguaq 18, Tel. 94 44 11, 57 41 74, Fax 94 45 11. Öffnungszeiten: 1.6.–15.9. täglich 9–21 Uhr. Elke Meissner gründete 1977 das Unternehmen und ist zudem Honorarkonsulin der Bundesrepublik Deutschland. **Tourist Nature,** Kussangajannguaq 5, Tel. 94 44 20, 57 40 03; Fax 94 46 24. Öffnungszeiten: 15.5.–15.9. täglich 8–18 Uhr.

Hotel Arctic (Preisklasse 3), Mittarfimmut Aqq., Tel. 94 41 53, Fax 94 39 24: Liegt zwar etwas außerhalb des Zentrums, aber hier ist totaler Komfort gepaart mit einem fantastischen Blick auf Jachthafen und Bucht. Wer das Besondere liebt, kann sich einen komplett ausgestatteten Iglu mieten. Von einer der Terrassen hat man den besten Blick auf die sinkende Mitternachtssonne vor der Diskoinsel. **Hotel Naleraq** (Preisklasse 2), Kussangajannguaq 23, Tel. 94 40 40, Fax 94 43 60: liegt sehr zentral und hat ein eigenes, gemütliches Restaurant. Die Zimmer sind einfach, aber gut ausgestattet. **Sommer Apartments Ilulissat** (Preisklasse 1), Marralinnguaq 40. Buchung über Greenland Tours Elke Meissner (s. o.): ruhige Lage, aber dennoch zentral. Die Einzelzimmer sind zweckmäßig ausgestattet, jeweils für vier Zimmer steht ein Badezimmer zur Verfügung. Küchenbenutzung und Aufenthaltsraum. Schlafsack erforderlich. Gästezimmer in **Oqaatsut:** Gemütlich ausgestattet, Schlafräume und auch kleinere Zimmer (Preisklasse 1) sind vorhanden. Schlaf-

Ilulissat

sack erforderlich. Buchung über Greenland Tours Elke Meissner. **Ataa** (Preisklasse 1): kleine Doppelzimmer und auch Schlafsackplätze. Vollpension kann vereinbart werden. Buchung über Tourist Nature. **Eiscamp Eqi** (Preisklasse 1), moderne, funktional ausgestattete Hütten mit Schlafplätzen für vier Personen. Schlafsack erforderlich. Vollpension kann vereinbart werden. Buchung über Tourist Service. Weitere Unterkünfte in **Privatzimmern** oder **Ferienhäusern** sowie in den Siedlungen können über den Tourist Service gebucht werden.

Jugendherberge (Preisklasse 1), Marralinnguaq: Zweibettzimmer mit Stockbetten, einfache Ausstattung, Küchenbenutzung und Waschmöglichkeiten vorhanden. Ganzjährig geöffnet. Buchung über Tourist Service.

Zeltplatz am alten Helikopterflugplatz, Wasser und Toiletten vorhanden. Buchung über Tourist Service. Preis: 35 DKK pro Person.

Die Restaurants im **Hotel Arctic** (s. o.) und im **Hotel Hvide Falk**, Edvard Sivertsensvej 18, Tel. 94 33 43, sind nicht nur sehr gut, sondern man hat auch noch einen schönen Blick beim Essen. Es heißt, die Küche im Hvide Falk sei die beste der Stadt. **Restaurant Hong Kong,** Tel. 94 33 38, in der Nähe des Museums, wird von Chinesen geführt. Hat den Charme eines Schnellimbisses mit Tischen, ist aber sehr gut und bei den Ilulissatern sehr beliebt. Café im **Cab Inn Hotel,** Fredericiap Aqq. 5, ein echtes Café, wie man es in einer Großstadt antreffen würde mit leckeren kleinen Gerichten. **Restaurant H8** in Oqaatsut, s. S. 154: gute Küche, z. B. Walgulasch. Ansonsten die Schnellservice-Möglichkeiten, z. B. in der **Sporthalle.** Zahlreiche Lebensmittelgeschäfte mit einer großen Auswahl auch an fertigen Gerichten von Büfetts und gute Bäckereien.

In den Touristeninformationsstellen bekommt man Bücher, Karten und vor allem Kunsthandwerk. Hervorragende Leder- und Fellarbeiten gibt es entweder im Laden im Tourist Service, Arctic Inuit Art, oder man geht zur Schneiderei im Mathias Storchsvej gegenüber der Kirche.

Ilulissat hat ganzjährig ein breites Touristenangebot. Im Sommer **Wandern, Angeln** und vor allem diverse **Bootsfahrten. Kajaktouren** sind außerdem möglich, und wer es nur ausprobieren will, Ausrüstung und Boote können geliehen werden. Für den Radfreund stehen **Fahrräder** zur Verfügung. Im Winter **Hundeschlittentouren** unterschiedlicher Länge, von einigen Stunden bis zu zwei Wochen, manche verbunden mit Eisangeln und Jagd. Besondere Fahrten werden auch bis nach Qaanaaq durchgeführt, sie sind aber nur für sehr konditionsstarke Teilnehmer geeignet. Das gesamte Equipment von der Fellbekleidung bis zum Zelt, Schlafsäcken und Skiern kann ausgeliehen werden. Informationen und Ausleihe: Tourist Service. Kajaks auch bei Greenland Tours und Tourist Nature (s. o.). Außer den Outfittern im Ort (Liste im Tourist Service) gibt es noch Wilhelm Gemander in Saqqaq, der auf Bootstouren und Angeln spezialisiert ist. Tel. 94 80 61, 56 73 00; Fax 94 80 62. Im Winter bietet er Hundeschlittenfahrten von Saqqaq bis nach Uummannaq an. Dieter Zillmann (s. o.) besitzt die Unterkünfte in Oqaatsut (Rodebay) und arbeitet mit Elke Meissner zusammen. Er ist spezialisiert auf Bootstouren und **Schneemobilausflüge.** Kulturelle Angebote wie **Choraufführungen, Kajakvorführungen** oder **Masken-** und **Trommeltänze** werden für Gruppen an-

Ilulissat

geboten. Wann und wo im Tourist Service erfragen.

Ilulissat wird täglich mehrmals von Kangerlussuaq angeflogen, von hier aus sind weitere **Flugverbindungen** in den Norden und auf die Diskoinsel möglich. Shuttle-Busse zum Flughafen fahren von den Hotels für die Gäste oder bei Nachfrage auch von den Touristeninformationen und den Organisatoren aus. Außer mit den **Küstenschiffen** zwischen Nanortalik und Upernavik kann man von hier aus mehrmals in der Woche mit den Regionalschiffen in alle Orte in der Diskobucht fahren. **Taxen** gibt es ausreichend im Ort, Tel. 94 49 44.

Die Diskoinsel – Qeqertarsuaq

Die Diskoinsel – grönländisch Qeqertarsuaq, ›die große Insel‹ – befand sich nicht immer an diesem Platz, so heißt es zumindest in einer Erzählung. Ursprünglich – wann immer das war – lag sie in Südgrönland. Einige Festlandsbewohner fühlten sich durch die Insel gestört, denn sie behinderte den freien Zugang zum Meer. Daraufhin beschlossen zwei alte Männer, Nevingasilernak und Nivfigfarsuk, mit Hilfe von Zauberkräften die Insel woanders hin zu bewegen. Sie befestigten das Haar eines kleinen Kindes an dem Eiland und an ihren Ka-

Die Diskoinsel

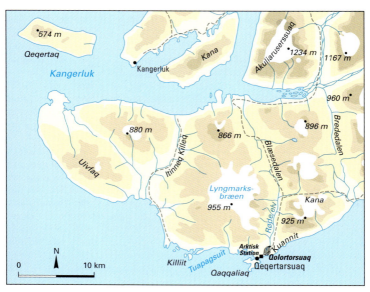

Qeqertarsuaq

jaks. Aber ihr Gegenspieler Kiviaritajak wollte, dass die Insel an ihrem Platz blieb. Deshalb band er an die andere Seite einen Riemen aus Robbenleder, um dagegen zu ziehen. Die beiden Alten setzten sich in ihre Kajaks, sangen die Zauberverse, und der Riemen riss. So zogen sie die Insel in den Norden und platzierten sie vor Ilulissat, wo sie noch heute liegt.

Neben der mythologischen Entstehungsgeschichte gibt es auch eine geologische. Die Diskoinsel ist durch unterseeische Vulkanausbrüche vor 55 bis 65 Mio. Jahren entstanden. Ihre Form – Tafelberge aus Basalt und dazwischen tiefe Täler – erhielt sie während der letzten Eiszeit. Den vulkanischen Ursprung findet man an vielen Stellen, etwa an der Küste bei Kuanneq oder den warmen Quellen in der Umgebung, die mit ihren 7 bis 8 °C Wassertemperatur für eine üppige Vegetation sorgen.

In der Nähe von Qeqertarsuaq hat man zwar Spuren von 4000 Jahre alten Wohnplätzen gefunden, doch die damaligen Inuit haben sich hier wahrscheinlich nur kurz auf ihrer Wanderung aus dem Norden aufgehalten. Die ersten Siedler gehörten zur Dorset-Kultur vor 2000 Jahren, allerdings hinterließen sie nur Waffen und Fanggeräte.

Die Kolonialgeschichte des Ortes beginnt 1773, als der Walfänger Svend Sandgreen hier eine Station gründete. Der günstige Naturhafen und der Walreichtum in der Bucht machten den Platz zu einem attraktiven Anlegeort, der deshalb auch den Namen Godhavn, dänisch ›Guter Hafen‹, erhielt. Im Stadtwappen mit dem Wal wird der Tradition Rechnung getragen.

In der ersten Hälfte des 18. Jh. lebten auf der gesamten Insel rund 200 Menschen, doch die meisten waren Zeltbewohner, also nur vorübergehend hier. Mit dem Auf- und Ausbau der Kolonie verbesserten sich die Handelsbedingungen, und immer mehr Inuit sowie Matrosen und Handwerker siedelten sich hier an. Die alte Walanlandungsstelle liegt an dem Walausguck Qaqqaliaq. Dänemark mit seinem Handelsmonopolanspruch machte daraus die nördlichste Bastion gegen die Walfangaktivitäten der Holländer, Deutschen und Engländer. Die

Qeqertarsuaq

Blick auf Qeqertarsuaq

anderen Orte an der Diskobucht sind aus denselben Gründen entstanden. Qeqertarsuaq wurde 1782 zum Verwaltungszentrum für Nordgrönland. Von hier aus wurden die Waren aus Dänemark im Norden verteilt und die Fänge der Jäger eingesammelt. Die Ausbeute war sehr unterschiedlich, 1801 z. B. war ein sehr ertragreiches Jahr: 247 Fässer Walspeck, 78 Fässer Robbenspeck, 30 Fässer Haileber, 14 000 Barten und zahlreiche Felle. Die Hauptaufgabe der damaligen Inspektors bestand darin, die Bevölkerung vor den Übergriffen der Kaufleute zu beschützen.

1807 brach die Verbindung zwischen Dänemark und Qeqertarsuaq aufgrund der Napoleonischen Kriege ab. Vorübergehend kamen Versorgungsschiffe aus England und Russland. Als 1813 der dänische Staat in einer finanzieller Krise steckte, gab man Godhavn als Handelskolonie auf, und 1849/50 ordnete der damalige Inspektor die Einstellung des Walfangs an.

Die Doppelverwaltung – Qeqertarsuaq im Norden und Nuuk im Süden – blieb dennoch bis 1940 bestehen, 1950 legte der Landvogt von Qeqertarsuaq endgültig sein Amt nieder. Heute leben rund 1000 Menschen in Qeqertarsuaq und noch 70 in der Siedlung Kangerluk. Die wirtschaftliche Basis ist die Fischerei, der Fang wird in der Royal Greenland-Fabrik verarbeitet. Obwohl Qeqertarsuaq von seiner Einwohnerzahl her relativ klein ist, ist es flächenmäßig recht groß, da hier überwiegend Einfamilienhäuser stehen. Diese lockere und bunte Bebauung macht es zu einer recht hübschen Stadt.

Viele Häuser in der Nähe des Hafens stammen noch aus der Kolonialzeit. Das **Museum** ist das ehemalige Haus des Inspektors und wurde 1840 aus pommerschen Planken gebaut. Das Gebäude diente als Wohnung, Verwaltungsgebäude, Handelsdepot und Versammlungslokal, in dem alle repräsentativen Treffen stattfanden. Nachdem das Inspektorat des Landvogts aufgelöst wurde, war hier bis 1980 eine Arztpraxis untergebracht, danach eine Wohnung, und seit 1992 ist es das Museum. Die Sammlungen verteilen sich über zwei Etagen. Es werden Exponate der Fängerkultur gezeigt, einige Funde von archäologischen Ausgrabungen und natürlich Objekte aus der Walfänger- und Kolonialzeit. Mit der Harpune vor dem Museum wurde der Wal getötet, dessen Kieferknochen hier zu sehen sind. Amüsant ist die permanente Ausstellung mit Weihnachtsdekorationen und die Sammlung, die dem Werk Jakob Danielsens gewidmet ist. Dieser wurde 1888 in Kangerluk auf der Diskoinsel geboren und zog mit 18 Jahren nach Qeqertarsuaq. Er war ein großer Fänger, viele seiner Bilder stellen auch dieses Thema dar. Als Danielsen 1938 starb, hinterließ er eine Sammlung von 700 Bildern (Öffnungszeiten: Mo–Fr 11–16 Uhr).

Auffallend ist die achteckige **Kirche**, die 1914 von dem Architekten Helge Bojsen-Møller gebaut wurde. Die spezielle Form hat der Kirche den Spitznamen ›Tintenfass unseres Herrn‹ eingebracht. Die vorherrschenden Farben innen sind Blau, Rot und Gelb. Statt des üblichen Segelschiffes hängt hier ein Umiak. Die Figuren über der Tür stammen von dem Schiff ›Tuberkulose‹ und waren ein Geschenk von Studenten des ersten Bischofs Istar Emundsen.

Qaqqaliaq (dän. *Udkiggen* = Ausguck) ist nicht nur der südlichste Punkt der Stadt – er liegt außerhalb der Bebauung –, sondern auch der Insel, von dem aus nach Walen ›Ausschau‹ gehalten wurde. Noch heute gehen die Jäger im April und Mai hierher, um zu sehen, ob das Eis aufbricht und die Wind- und Wetterbedingungen auf dem Meer zu beobachten. Man hat nicht nur einen schönen Blick auf die Hafeneinfahrt und die Basaltberge, sondern kann auch hervorragend Wale beobachten. In den alten Zeiten standen hier Walkiefer, aber die wurden bei einem Sturm 1965 zerstört, das jetzige Aussichtsmonument ist wesentlich massiver. Auf dem Weg dorthin kommt man an einigen Inuit-Gräbern vorbei. Zur Arktisk Station geht man durch die ganze Stadt, vorbei an der Fabrik, dem Hafen und der Kirche, bis zu einem See. Geradeaus liegt der Heliport, und links führt ein Weg zur Arktisk Station.

Die **Arktisk Station** wurde 1906 als wissenschaftliche Forschungsstation gegründet und gehört seit 1953 zur naturwissenschaftlichen Fakultät der Universität Kopenhagen. Die Gründung erfolgte auf Initiative des Botanikers Morten P. Porsild (1872–1956), der 1898 an einer geologischen Expedition auf die Diskoinsel teilnahm. Porsild war überrascht von der artenreichen und üppigen Natur vor Ort, er baute die Station auf und war bis 1946 ihr erster Leiter. In der Zeit legte er den einzigartigen Grundstock für die Sammlung arktischer Pflanzen. Die Station fungiert sowohl als wissenschaftliches als auch kulturelles Zentrum für Nordwestgrönland und wird heute von einer Kommission unterschiedlicher Wissenschaftler geleitet, die in den Bereichen Bota-

Qeqertarsuaq

Die Kirche von Qeqertarsuaq

nik, Zoologie, Geografie und Geologie ganzjährig forschen und lehren. Auch Gäste aus der ganzen Welt können einige Zeit Feldforschung betreiben. Insgesamt gibt es vier Gebäude, in dem zweigeschossigen Bau aus der Zeit von Porsild sind heute Gästezimmer, Aufenthaltsräume und ein Klassenraum untergebracht. Interessant sind die Bibliothek, die größte naturwissenschaftliche in Grönland, mit einer kleinen Sammlung alter Laborinstrumente und die umfangreiche botanische Sammlung. Einmal in der Woche besteht die Möglichkeit zur Besichtigung. Informationen in der Touristeninformation (s. S. 165) und bei der Arktisk Station, Tel. 921383.

Wanderungen

Die Arktisk Station ist ein guter Ausgangspunkt für weitere Wanderungen. Man folgt der Straße parallel zur Küstenlinie, am Heliport vorbei zum **Røde elv,** dem roten Fluss, der seinen Namen zahlreichen Gletscherabflüssen verdankt, die rötlichen Sand hierher transportieren. Der Weg führt weiter zur Ionosphärenstation, die ein Stück flussaufwärts liegt. Über eine Brücke gelangt man auf das gegenüberliegende Ufer. Ca. 3 km vom Fluss entfernt befindet sich an der Südküste eines der faszinierensten **Basaltfelder** Grönlands. Zu

Qeqertarsuaq

Rosetten, Halbkreisen, Toren und Skulpturen haben sich die sechseckigen Basaltsäulen formiert. Dazu kommt eine üppige Vegetation: Engelwurz, der eine Höhe von 1,5 m erreicht, zahlreiche Moosarten, die teilweise in phosphoreszierendem Grün leuchten, und Zwergpappeln und Weidenbüsche. Dieser fruchtbare Platz heißt **Kuannit:** Platz des Engelwurz. Zurück kann man etwas erhöht über ein Plateau gehen, von dem man einen herrlichen Blick auf das Meer und die Eisberge hat. Am Røde elv ist auf der Höhe von **Qolortorsuaq** ein schöner Wasserfall, der hier über mehrere Stufen in einen Pool stürzt. Zahlreiche Fische sind an diesem beeindruckenden Platz zu beobachten.

Für größere Wandertouren gibt es auf der Diskoinsel mehrere Möglichkeiten, abhängig von der Kondition und dem Zeitaufwand. Beliebt sind Touren durch die Täler Itinneq Killeq im Westen, Blæsedalen direkt bei Qeqertarsuaq und Brededalen im Osten. Verlaufen kann man sich nicht, wenn man sich immer an den Flussläufen orientiert. Wichtig ist nur, genügend Zeit und Verpflegung zu haben, außerdem trägt **Blæsedalen,** ›Windtal‹, seinen Namen nicht umsonst, es kann dort zu heftigen Stürmen kommen. Der Weg nach **Itinneq Killeq** führt entlang der steilen Küste und ist etwas mühsam zu gehen, am besten bewegt man sich weiter oben. Unterwegs passiert man einen schönen Strand an der Mündung des Flusses Tuapagsuit. An der Strecke liegt **Killiit,** auch

Fortune Bay genannt, eine ehemalige holländische Walfangstation. Die Rundwanderung durch die Täler dauert etwa fünf Tage.

Eine besondere Wanderung führt auf den Gletscher **Lyngmarksbræen,** wo die Möglichkeit zur Hundeschlittenfahrt besteht. Man kann die Tour selbst organisieren, muss jedoch vorher bei der Touristeninformation Tickets für die Schlittenfahrt kaufen. Der Weg auf 800 m Höhe ist mäßig anstrengend, für die Mühen entschädigt der wunderbare Blick auf Qeqertarsuaq. Auf dem Gletscher gibt es ein Mittagessen, und wer will, kann dort auch übernachten, aber die Tour lässt sich gut an einem Tag bewältigen. Außer schlittenfahren kann man auch skilaufen, entsprechendes Equipment wird verliehen. Die Schlittentouren kosten je nach Dauer und Verpflegung zwischen 900 und 2000 DKK.

Kangerluk

Die einzige weitere, heute noch bewohnte Siedlung auf der Insel ist das Dorf Kangerluk, rund 35 km Luftlinie nördlich von Qeqertarsuaq. Die 70 Einwohner leben noch sehr traditionell von der Jagd und dem Fischfang. Alle notwendigen Einrichtungen wie Post, Laden, eigenes Elektrizitätswerk und sogar eine Schule sind vorhanden. Dieser Wohnplatz ist seit jeher die isoliertesten Siedlung in Grönland gewesen, und den Bewohnern sagt man nach, sie seien ›grönländischer‹ als alle anderen. Auf den Bil-

Kangerluk

dern des Malers Jakob Danielsen sind Erlebnisse und Lebensgewohnheiten der Menschen aus Kangerluk zu sehen.

Wer sich nicht scheut, zwei Delten zu durchwaten, die von Gletscherabflüssen gespeist werden, der kann die ca. 70 km von Qeqertarsuaq nach Kangerluk auch zu Fuß zurücklegen. Ansonsten ist die Route einfach zu bewältigen, man folgt den im Sommer deutlich sichtbaren Hundeschlittenspuren. Im Winter kann man auch mit dem Schlitten dorthin fahren.

In Kangerluk locken schöne Strandspaziergänge, Schlafsackunterkünfte können über die Touristeninformation organisiert werden.

Disko Pearl Qeqertarsuaq Tourism, Juaannguup aqquserna 5, Tel. 92 16 28, Fax 92 15 34. www.qeqertarsuaq.gl; www.greenland-disko-island.com

Hotel Disko (Preisklasse 2), M. P. Porsildip Aqq. B-13, Tel. + Fax 92 13 10: Das kleine, gemütliche Hotel in einem alten Kolonialhaus bietet Platz für elf Personen in nett eingerichteten Standardzimmern. Frühstück und Abendessen können im Hotel eingenommen werden, wenn man einen Tag vorher bestellt, ansonsten können die Gäste die Küche mitbenutzen. Touristen mit Zelt haben die Möglichkeit, hier für 40 DKK zu duschen. **Fox Hostel** (Preisklasse 1), M. P. Porsildip Aqq. 11, Buchung über die Touristeninformation oder Tel. 92 12 71, Fax 92 15 73: In dem zentral gelegenen Haus herrscht eine behagliche Atmosphäre. Im großen Aufenthaltsraum findet man auch eine interessante Bücherecke. Küchen- und Waschmaschinenbenutzung möglich. Die beiden Häuser können auch

komplett gemietet werden. Unterkunft in Vierbett-, Doppel- und Einzelzimmern.

Jugendherbergen: Siorarsuit (Preisklasse 1, Bezahlung im Voraus), zwischen Zentrum und Heliport gelegen, nahe am Meer. Einfache Zimmer für eine oder zwei Personen, Küche und Telefon vorhanden. Buchung über Touristeninformation (s. o.). **Napasunnguit** (Preisklasse 1, Bezahlung im Voraus), direkt am Røde elv mit fantastischem Blick auf die Bucht. Küche und Telefon vorhanden. Buchung über Touristeninformation (s. o.). **Zeltplatz** direkt neben der Jugendherberge Napasunnguit. Gut ausgestattet mit Sanitäranlagen, Münzdusche und Telefon vorhanden. Kostenfrei.

Restaurant im **Hotel Disko,** entweder auf Vorbestellung für den Abend, ansonsten jeden Mittag (s. o.). **Restaurant Nikiffik,** Ph. Rosandahlip Aqq 9, Tel. 92 14 50, hat nicht nur ein Restaurant, sondern auch eine Bar, am Wochenende sogar mit Livemusik. Direkt daneben gibt es eine **Grillstube,** Tel. 92 10 19. In der **Jugendherberge Siorarsuit** wird täglich ab 18 Uhr ein warmes Essen angeboten. Vorbestellung einen Tag vorher ist notwendig.

Wandern, Angeln, Walbeobachtung, botanische Exkursionen, Bootsfahrten z.B. nach Kangerluk und **Hundeschlittentouren** werden im Sommer angeboten. Außerdem gibt es einen Workshop zum grönländischen **Maskentanz.** Im Winter sind Hundeschlittentouren z.B. nach Kangerluk möglich. Informationen in der Touristeninformation.

Regelmäßig **Hubschrauberflüge** zwischen Ilulissat und Qeqertarsuaq. **Regionalbootverbindungen** in der Diskobucht. In der Stadt **Bus** und **Taxen,** Tel. 92 10 25.

165

Nord-
grönland

Uummannaq

Upernavik

Pituffik (Thule)

Qaanaaq

Nationalpark

Blick auf Uummannaq und den ›Herzberg‹

Nordgrönland

›Ultima Thule‹, das Land aus Eis und Schnee, ist Bilderbuch-Grönland. Auf dem Weg in den äußersten Norden begegnet man fast so vielen Inseln wie Eisbergen und Walen. Die Menschen in dieser schier endlosen Weite leben vor allem von der Jagd auf Robben und Eisbären.

Uummannaq

Der Nordwesten Grönlands umfasst zwei Kommunen, die in den Sommermonaten noch mit dem Küstenschiff angefahren werden: Uummannaq und Upernavik. Die faszinierende Landschaft ist reich an Robben und Walen, und zwischen den zahllosen Inseln und Schären treiben unzählige Eisberge. Hier ist noch vieles in seiner Ursprünglichkeit erhalten, und vielleicht ist es gerade die Mischung aus gelebter Tradition und notwendiger Moderne, die den besonderen Reiz der Kommunen ausmacht.

Die Jäger der Region sind durch die undifferenzierten ausländischen Kampagnen gegen die Robbenjagd sehr gebeutelt worden und mussten, um überleben zu können, auf den Fischfang ausweichen. Dennoch gehört die Jagd auf Robben und Wale hier noch zum täglichen Leben, denn Robben- und Walfleisch sind die wichtigste Nahrung für Mensch und Hund.

Der Name Uummannaq bedeutet der ›Herzförmige‹, eine treffende Beschreibung des markanten, gleichnamigen, 1175 m hohen Berges, der die kleine Insel dominiert. Die Grönländer denken bei der Form allerdings weniger an das menschliche Organ und das, was es für uns symbolisiert, sondern sehen darin ein Robbenherz. Je nach Sonnenstand schimmert der Berg in den betörendsten Rottönen. Uummannaq ist aufgrund seiner Lage, Umgebung und der bunten Bilderbuchhäuser an den Felsenhängen sicher eine der hübschesten Städte Grönlands. Als Tourist hat man jeden Komfort, viele Sehenswürdigkeiten im Ort und eine reizvolle Fjordlandschaft, die vor allem von Kajakern sehr geschätzt wird. Die Stadt liegt 500 km nördlich des Polarkreises; vom 7. November bis zum 4. Februar herrscht die Polarnacht, und vom 16. Mai bis zum 28. Juli scheint die Mitternachtssonne. Uummannaq, das genau in der Mitte Grönlands liegt, ist einer der Orte mit den meisten Sonnenstunden der Insel, und aufgrund des trockenen Klimas gibt es hier kaum Mücken. Für Mitteleuropäer mutet diese Welt, in der für

Uummannaq

die Menschen die Robbenjagd im Zentrum steht, auch wenn der Haupterwerb der Heilbuttfang und seine Weiterverarbeitung in der Fabrik ist, schon sehr fremd an. Arbeitslosigkeit kennt man in Uummannaq nicht. In der Kommune leben rund 2800 Menschen, etwa 1500 in der Stadt, die übrigen verteilen sich auf sieben Siedlungen, von denen Saattut mit 260 Einwohnern die größte ist. In der modernen Fischfabrik wird der gefangene Heilbutt aus Uummannaq, Saattut und Qaarsut filetiert, in den fünf anderen Siedlungen sind eigene kleine Fabriken vorhanden. Die Arbeit dort wird unterbrochen von der Saison der Narwale, die von Oktober bis Februar gejagt werden.

Die Fahrt mit dem Küstenschiff könnte man unter das Motto stellen:

Uummannaq und Umgebung

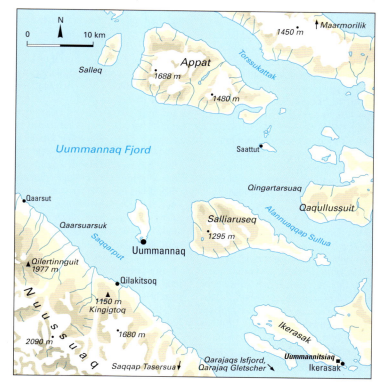

›nordwärts in das Paradies‹. Kein Wunder, dass der Weihnachtsmann seinen Sommersitz hierher verlegt hat. Schon beim Anlegen grüßt Santas rote Mütze herüber vom Hotel, doch nicht er war der Stadtgründer, sondern der Kolonieverwalter J. H. Bruun.

Zunächst lag die Kolonie auf der Nordwestseite der Nuussuaq-Halbinsel, aber die Wetterlage erwies sich dort als äußerst ungünstig. 1763 zog man an den heutigen Standort. 1760 führte Bruun etwas geradezu Revolutionäres ein, den Eisnetzfang der Robben. Zunächst praktizierten nur die Dänen diese Fangmethode, doch die Inuit erkannten, wie effektiv sie war, und schon bald war sie an der ganzen Westküste verbreitet.

Ab 1778 baute man an verschieden Orten auf der Nuussuaq-Halbinsel Kohle ab. Von 1905 bis 1925 gab es eine Kohlemine bei Qaarsuarsuk, deren Fördererergebnis z. B. 1914 immerhin 1700 t betrug. Sie wurde zugunsten der neuen Mine in Qullissat auf der Diskoinsel geschlossen. 1933 begann man, auf der Insel Appat Marmor zu brechen, doch schon bald arbeitete man an der ergiebigeren Stelle Maarmorilik, das daher seinen Namen hat, weiter. 1940 stellte man den Marmorbruch ein, um ihn 1966 noch einmal für fünf Jahre ›wiederzubeleben‹. Ökonomisch war der Blei- und Zinkabbau in den Jahren 1971 bis 1990 für die Kommune ein Gewinn, doch die Verschmutzung des Fjordes bedrohte zunehmend die Existenz der nahe gelegenen Fängersiedlungen.

Stadtspaziergang

Da in Uummannaq fast ausschließlich Einfamilienhäuser gebaut worden sind, ist die Stadt äußerst weitläufig. Das hügelige Terrain erschließen neben den Straßen und Wegen auch die für grönländische Städte typischen zahlreichen Treppen. Das alte Zentrum mit einigen Gebäuden aus der Kolonialzeit konzentriert sich am Hafen. Deutlich zu erkennen ist die so genannte **Festung** mit dem Fahnenmast und den drei Kanonen. Diese kommen zum Einsatz, um das erste Versorgungs- und das erste Passagierschiff im Frühsommer zu begrüßen. Die sind schon lange vorher vom Aussichtspunkt **Nasiffik** im östlichen Stadtteil entdeckt worden, doch bis zur Ankunft im Hafen dauert es meist noch einige Tage, denn das Fahrrinne ist zu dieser Zeit noch voller Eisschollen. Unterhalb der Festung liegt die 1852 gebaute **Schmiede,** die heute vom Museum als Kühllager genutzt wird. Das gelbe Holzhaus wurde 1906 als Dienstwohnung für den Bezirksdirektor der Königlich Grönländischen Handelsgesellschaft gebaut und wird gegenwärtig als Wohnhaus genutzt. In den drei alten Häusern neben dem KNI-Laden sind jetzt Bank, Post und Reisebüro untergebracht, sie stammen aus dem 19. Jh. Gegenüber dem Laden stehen zwei Lagerhäuser von 1853 und 1928. Das gelb getünchte Haus auf der anderen Seite des Ladens entstand 1860. Hier wurde Tran aufbewahrt, nachdem die Transiederei

Uummannaq

Sodenhaus in Uummannaq

wegen des Geruchs aus der Stadt ziehen musste. Die Reste der Siederei sind heute in der Nähe des Helikopterplatzes zu sehen.

Das wohl auffallendste Gebäude der Stadt ist die 1935 von dem Architekten Helge Bojsen-Møller erbaute **Feldsteinkirche.** Das Granitgestein stammt von einer Felswand aus der Umgebung Uummannaqs. Interessant ist, dass die Bauleute aus Bornholm kamen. Über der Tür zeigt der Hauptstein einen Jesuskopf, und auch an dem Granittaufbecken ist eine Jesusdarstellung zu finden. Die Innenausstattung wirkt insgesamt sehr europäisch, da sie nicht in den vertrauten grönländischen Farben gehalten ist. An den Wänden hängen rechts und links Tafeln mit Weihnachtshymnen. Der siebenarmige Leuchter geht auf Niels Frederik Severin zurück, der einen jüdischen Freund hatte.

Die drei traditionellen **Sodenhäuser** in der Nähe der Kirche stehen unter Denkmalschutz. Das Kartoffelhaus direkt an der Straße wurde 1949 gebaut, jetzt gehört es zu einem Möbellager. Das Haus dahinter war bis 1980 noch bewohnt. Es entstand ebenso wie das Zweifamilienhaus daneben 1925.

Lohnend ist ein Besuch im 1988 eröffneten **Museum.** Der nördliche Teil des Gebäudes wurde schon 1880 gebaut und diente zunächst als Wohnung für den Angestellten der Königlich Grönländischen Handelsgesellschaft. Nachdem es 1889 erweitert wurde, nutzte man es bis zur Errichtung des neuen Krankenhauses 1940 als Hospital. Im Museum werden Equipment und Fotos von Alfred Wegeners Inlandeis-Expedition im Jahr 1930 ausgestellt, die er von Maarmorilik aus startete. Im Garten stehen sein alter Propellerschlitten und der Pferdeschlitten. Man hatte die Teile 1984 auf dem Eis entdeckt und 1988 nach Uummannaq gebracht. Außerdem sind Kajaks, ein Umiak und Kopien der Kleidung, die die Mumien von Qilakitsoq trugen, zu sehen. Eine kleine Leseecke bietet aufschlussreiches Zusatzmaterial (Öffnungszeiten: tägl. 9–15 Uhr). Im gelben Holzhaus (1907) mit dem grünen Dach wohnt heute der Bezirksarzt, im gelben Haus gegenüber dem Museum (1894) der Pfarrer.

Auf der nördlichen Seite des Hafenbeckens liegen außer dem Jachthafen das Hotel und das Krankenhaus, das bei seiner Erbauung 1940 mit 10–15 Betten (bei rund 400 Einwohnern) das größte und modernste des Landes war. 1995 wurde es erweitert, heute hat es 25 Betten. Am Weg zum Hotel sind zwei Ankerketten an Festmachtonnen aus dem Jahr 1763 zu sehen.

Nachdem man alle Sehenswürdigkeiten entdeckt hat, lohnt es sich, einfach durch die Stadt zu laufen, die unterschiedlichen Ausblicke zu genießen und sich die z. T. sehr gewagten Gerüstkonstruktionen, auf denen viele Häuser stehen, genauer anzuschauen. Vielleicht führt der Weg auch an der so genannten ›Roten Schule‹ vorbei, die 1921 gebaut wurde und jetzt in den Gesamtschul-

komplex integriert worden ist. Uummannaq hat eine höhere Schule bis zur elften Klasse, die Kinder aus den umliegenden Siedlungen wohnen während des Schuljahrs in dem dazugehörigen Internat. Die Turnhalle ist zugleich auch Versammlungssaal, Kulturhaus und Kino.

Ausflüge

Für größere Wanderungen eignet sich die rund 2 km^2 große Insel nicht, wohl aber gibt es einen gut markierten Weg zum landschaftlich herrlich inmitten von Wiesen und Eisbergen gelegenen **Sommerhaus des Weihnachtsmannes,** von dem es heißt, er sei sehr gastfreundlich. Wer eine Antwort auf die seit der Kindheit brennende Frage haben will, was der Weihnachtsmann im Sommer eigentlich macht, ist hier richtig. Der Weg beginnt hinter der Baugesellschaft ›Inui‹ am Steinbruch und dauert knapp eine Stunde. Das Haus ist im alten Stil aus Grassoden und Steinen gebaut und innen sehr gemütlich ausgestattet, wer will, kann hier nach Anmeldung in der Touristeninformation auch übernachten. Begonnen hat diese Weihnachtsmann-Vermarktung 1989 mit einem Film des dänischen Fernsehens über die Nissen, die kleinen Wichtelhelfer des Weihnachtsmannes, in Grönland. Vorübergehend gab es auch eine Stiftung, die weltweit vor allem Kinder- und Jugendprojekte unterstützen wollte, doch die kontinuierliche Arbeit ließ sich nicht von Grönland aus erbringen.

›Spielplatz der Helden‹

Forscher und Abenteurer auf dem Inlandeis

Spätestens nachdem 1888 der Norweger Fridtjof Nansen zusammen mit fünf weiteren Männern als erster das Inlandeis überquert hatte, setzte ein wahrer *run* von Entdeckern, Forschern und Abenteurern auf die Eiskappe ein, der bis heute anhält. Nansen bewies mit seiner Unternehmung, dass eine geschlossene Eisdecke zwischen Ost- und Westküste liegt. Der Amerikaner Robert Peary zog 1892 im Norden über das Eis und entdeckte im Nordosten das größte zusammenhängende eisfreie Gebiet, das nach ihm Peary-Land genannt wurde. Doch er war vor allem von der Entdeckung des geografischen Nordpols besessen, zu dem er nach eigenen Angaben 1909 vordrang. Knud Rasmussen querte 1912 den Norden Grönlands und stellte dabei fest, dass Pearys Angaben und Kartenskizzen über das Gebiet falsch waren. Sie wurden der Danmarks-Expedition unter der Leitung von Ludvig Mylius-Erichsen 1907 zum Verhängnis. Zusammen mit ihm starben die Expeditionsteilnehmer Peter Høegh-Hagen und Jørgen Brønlund.

Der Schweizer Grönlandforscher und Geophysiker Alfred de Quervain überquerte 1912 in 41 Tagen das Eis zwischen der Diskobucht und Tassilaq. Im selben Jahr starteten der Däne Johann Peter Koch und der deutsche Polarforscher Alfred Wegener eine Expedition von Nordostgrönland nach Upernavik, um das Eis und die Atmosphäre am Eisrand zu untersuchen. Erstmals wurden hier Islandpferde zum Einsatz gebracht. 1930 konnte Wegener seinen Traum von einer deutschen Expedition über das Eis realisieren. Drei Stationen wurden auf der Strecke zwischen Uummannaq und Ittoqqortoormiit errichtet, deren mittlere ›Eismitte‹ hieß. Wieder kamen Pferde zum Einsatz sowie ein Motorschlitten. Doch auf ihrem Rückweg von ›Eismitte‹ starben Wegener und der Grönländer Rasmus Villumsen. 1965 gelang es der Schottin Myrtle Simpson als erster Frau, das Eis zu überqueren. Zusammen mit ihrem Mann nahm sie vor allem medizinische Untersuchungen vor.

Die Lust auf Eis ist ungebrochen, immer wieder gab und gibt es neue ›Rekorde‹: 1983 legten drei Südtiroler 1400 km zu Fuß über das Eis zurück, 1993 gelang eine Nord-Süd-Durchquerung. Alljährlich folgen mehrere Gruppen dem so genannten Nansen-Trail von Tasiilaq nach Kangerlussuaq. Leider überschätzen regelmäßig Teilnehmer ihre Fähigkeiten und kommen um.

Uummannaq

Grab in Qilakitsoq

Für längere Wanderungen muss man sich zur Halbinsel Nuussuaq bringen lassen. Mit dem Kajak oder Kanu kann man zwischen Inseln und Eisbergen hindurch zu den einzelnen Siedlungen fahren oder sich einer der organisierten Touren anschließen. In den Siedlungen kann man das Leben der Fischer und Jäger noch unmittelbar erleben. Wer möchte, kann auch längere Zeit bleiben, Unterkunft und Rücktransport lassen sich über die Touristeninformation organisieren.

Der **Qarajaq-Gletscher,** der am Nordrand der Nuussuaq-Halbinsel in den Uummannaq-Fjord kalbt, ist der schnellste der Welt. Er bewegt sich pro Jahr um 7,5 km.

Der Fund der Mumien in **Qilakitsoq** gegenüber von Uummannaq an der Küste von Nuussuaq war 1972 eine Sensation, doch es dauerte noch fünf Jahre, bis man ihn wirklich als solchen bewertete. Die Brüder Hans und Jokum Grønvold stießen auf zwei Gräber, als sie Schneehühner jagten. Sie machten einige Fotos von ihrem Fund und leiteten die Entdeckung an die Behörden weiter, doch niemand interessierte sich dafür. Als Jens Rosing 1977 die Leitung des Nationalmuseums in Nuuk übernahm, fielen ihm die Fotos in die Hände, und er schickte daraufhin die endlich geborgenen Mumien zu wissenschaftlichen Untersuchungen nach Kopenhagen. Man rekonstruierte die Kleidung, zog Rückschlüsse auf die Ernährung, entdeckte Tattoos und erkannte, dass der Ruß der Seehundtranlampen die gleichen Ablagerungen auf der Lunge verursachte wie unser Großstadtsmog. Die alte Siedlung, in der die Gräber lagen, ist ein vor Wind und Wetter geschützter Platz und trägt den passenden Namen ›der Himmel ist niedrig‹, so die Übersetzung von Qilakitsoq. Sieben Häuser kann man noch erkennen, zwei sind so groß, dass sie Platz für vier Familien boten. Die runden Häuser stammen aus der Zeit vor der Kolonisation und sind typisch für die Thule-Kultur. Außer den Gräbern am Hang, wo die Mumien lagen, fand man zahlreiche andere, in denen noch heute die Gebeine der Verstorbenen ruhen. Die Fahrt nach Qilakitsoq wird auch als ganztägiger Ausflug angeboten. Dazu gehört ein Besuch der ehemaligen Siedlung **Uummannatsiaq** auf der Insel Ikerasak, die heute als Sommerlager für Schüler genutzt wird.

Auf der Insel **Salliaruseq** verweisen ›gestreifte‹ Berge auf interessan-

Uummannaq

te Mineralienvorkommen. Die einzelnen Ablagerungen wie Eisen, Quarz und Silizium mischen sich nicht. Wer Glück hat, findet dort auch schöne Granaten. Der über 700 m hohe Vogelfelsen **Qingartarsuaq** auf der östlichen Nachbarinsel Qaqullussuit hat die Form eines Kathedralenturms. Die Bucht ist erfüllt von dem Gekreische der Möwen, Eissturmvögel und Grillteisten sowie dem Rauschen eines Wasserfalls.

Die Siedlung **Saattut** ist eine lebendige Fänger- und Jägersiedlung, die größte der Kommune, und verfügt über einen großen, modernen Laden und eine hübsche Kirche.

Lohnend ist auch der Besuch von **Qaarsut,** wo sich heute der Flughafen befindet, um dort die Pelz verarbeitende Werkstatt ›Neruinaq‹ zu besichtigen, in der zahlreiche Produkte für Great Greenland hergestellt werden.

Andere Ausflüge wie Walbeobachtungen oder auch Haifischangeln werden vor allem im Sommer angeboten. Im Winter stehen von März bis Mai mehrstündige bis mehrtägige Hundeschlittentouren auf dem Programm (in der Kommune Uummannaq leben rund 5300 Hunde), und es ist ein unvergessliches Erlebnis über die Fjorde zu den einzelnen Siedlungen zu fahren.

ℹ️ **Uummannaq Tourist Service,** Trollep Aqq. B-1342 (im Hotel Uummannaq), Tel. 95 15 18, Fax 95 12 62, www.icecaphotels.gl. Hier werden Touren angeboten, Sonderwünsche erfüllt, z. B. wenn man als Gruppe ein Boot

chartern möchte. Man kann Zelte, Schlafsäcke und vor allem Kleidung für Hundeschlittentouren ausleihen.

🛏️ **Hotel Uummannaq** (Preisklassen 1–3), Tel. s. o.: liegt direkt am Fjord mit einem fantastischen Blick von der Sonnenterrasse – allein deshalb lohnt sich schon der Besuch – und ist sehr gut ausgestattet. Außer Zimmern mit Bad/WC gibt es auch einfachere mit Etagenbädern und Schlafsackräume ohne Frühstück. **Bed & Breakfast** (Preisklasse 1) kann auf Wunsch vom Tourist Service (s. o.) organisiert werden. Einen ausgewiesenen **Zeltplatz** gibt es nicht. Außerhalb der Stadt in Richtung Sommerhaus des Weihnachtsmanns lässt der Untergrund das Zelten zu.

🍴 Das Restaurant im **Hotel Uummannaq** hat nicht nur eine sehr gute Küche – regelmäßig gibt es ein Grönlandbüffet mit den Spezialitäten des Landes – sondern auch einen schönen Ausblick (s. o.). **Grillbaren,** Aqqusinersuaq B-799, Tel. 951106, ist bei den Einheimischen beliebt, man kann sogar sitzen. Die Mahlzeiten sind für Fast Food recht gut. **Uummannaq Sporthalle,** Aqqusinertaaq B-905, Tel. 95 10 80, bietet die obligatorischen Mikrowellengerichte.

🎁 Auf dem **Brædtet** gibt es frischen Fisch, Robbenfleisch und Walhaut. Ansonsten das gewohnte Angebot in den Lebensmittelläden. Wer sich für Weihnachten eindecken möchte, kann das in dem kleinen Laden vor dem Hotel tun.

👥 **Der besondere Tipp:** Außer **Wanderungen** und **Kanutouren** sowie den beschriebenen, meist eintägigen **Bootsfahrten** bietet Uummannaq seit 1998 das ultimative **Golfturnier** an. Jeweils Ende März/Anfang April finden die

Uummannaq

Eisgolf-Weltmeisterschaften statt, an denen jeder mit einem Handicap unter 36 teilnehmen kann. Die 9-Loch-Anlage ändert naturgemäß jedes Jahr Ausehen und Beschaffenheit, abhängig davon, wie die Eisberge in die Eisdecke auf dem Fjord eingefroren sind. Der Wettbewerb geht über drei Tage, und 36 Löcher werden gespielt – natürlich nicht mit weißen Bällen, sondern mit roten. Das Turnier kann als Paket mit Flug, Unterkunft, Verpflegung und Anmeldungsgebühr gebucht werden. Informationen: Greenland Tourism (s. S. 123) und Uummannaq Tourist Service (s. o.), www.greenland-guide.gl/icegolf. Wer ein weniger ambitionierter Spieler ist oder auch einfach nur einmal eine solche Anlage ausprobieren möchte, hat die Möglichkeit außerhalb der Weltmeisterschaften.

Upernavik

✈ 🚢 🚗 Mehrmals wöchentlich **Flüge** von Ilulissat nach Qaarsut mit Anschlussflug per Helikopter nach Uummannaq. Außerdem zweimal wöchentlich **Schiffsfahrten** nach Nuuk und einmal in der Woche nach Upernavik. Einmal wöchentlich verkehrt auch ein Regionalboot zu den Siedlungen. **Taxi:** Tel. 95 10 66; das Hotel hat einen Shuttle zum Heliport.

Der grönländische Name bedeutet ›Frühlingsstelle‹ und bezeichnet wohl einen guten Platz für Jäger. In der Tat war die Jagd bis in die 1980er Jahre auch der Haupterwerb der Menschen in Upernavik, heute ist es vor allem der Fang von Heilbutt, der in der Fischfabrik gleich verarbeitet wird. Dennoch sieht man immer noch viele Jäger mit ihren Kajaks hinaus auf die Jagd fahren. Die Fläche der Kommune ist viermal so groß wie Dänemark, lediglich 2400 Leute leben hier, 1100 in der Stadt Upernavik, die übrigen verteilen sich auf elf Siedlungen, die über eine Entfernung von 450 km entlang der Küste verstreut liegen. Die südlichste Siedlung ist Upernavik Kujalleq auf der Halbinsel Qeqertaq mit 200 Einwohnern, die nördlichste Kullorsuaq mit 360 Einwohnern. Deren Bewohner sind mehr mit den Polarinuit, den Inughuit, der Thule-Region verwandt als mit denen aus Upernavik. In der Nähe von Kullorsuaq errichtete Knud Rasmussen eine Reisehütte, genannt Bärenburg, die heute noch von den Fängern benutzt wird.

Die Kommune erstreckt sich über zwei Klimazonen, die arktische und die hocharktische. Im Fjord Eqalugaarsuit (dän. Laksfjord) trifft man auf eine Vegetation, die man sonst nur im 1500 km entfernten Süden findet. Die Weidenbüsche erreichen hier eine Höhe bis zu 2 m, außerdem zeigen die blühenden Pflanzen eine erstaunliche Farbenpracht. Die

Upernavik

Vegetation im hocharktischen Bereich ist wesentlich karger, hier liegt die Schönheit in den kahlen Felsen aus Granit und vielfarbigem Gneis sowie den Gletschern des Inlandeises, die hier unmittelbar ins Meer münden. Die größten Eisberge der nördlichen Halbkugel stammen aus dem Upernavik-Eisfjord nördlich der Stadt. Die Mitternachtsonne taucht in den drei Sommermonaten alles in ein verzauberndes Licht. Drei Monate im Winter herrscht Polarnacht, Sterne, Mond und Polarlicht geben jedoch genug Helligkeit, damit sich die Jäger auf dem Eis gut orientieren können.

Upernavik hat eine sehr wechselhafte Kolonialgeschichte. Gegründet 1769, bezog der Ort 1772 seinen jetzigen Platz. 1779 errichtete der isländische Missionar Ólafur Gunlaugsson Dahl die erste Mission. 1790 wurde die Kolonie wieder geschlossen, sechs Jahre später als Außenstelle von Qeqertarsuaq erneut geöffnet. Von 1805 bis 1814 war sie wieder selbstständig, und von 1823 bis 1826 gehörte sie wieder zu Qeqertarsuaq. Erst danach wurde der Ort endgültig eigenständig, sowohl als Mission als auch als Kolonie. Diese vielen Wechsel führten u.a. dazu, dass die meisten ›Heiden‹ erst Mitte des 19. Jh. getauft wurden.

Der hübsch gelegene Ort mit seinen bunten Häusern, die verstreut auf dem Granit der kleinen Insel liegen, bietet einige interessante Sehenswürdigkeiten. Die **Kirche** wurde 1926 von dem Architekten Helge Bojsen-Møller gebaut und 1990 erweitert und restauriert. Das Kreuz stammt ebenso aus der alten Kirche wie das Gemälde ›Maria mit dem Christuskind‹, das der grönländische Maler Mathias Fersløv Dalager (1770–1842) malte. Auf dem Friedhof neben der alten Kirche liegt u.a. die erste Ehefrau von Peter Freuchen (s. S. 153) begraben, Navarana, eine Polarinuk. Sie starb 1921 auf dem Weg zur fünften Thule-Expedition. Da Navarana nicht getauft war, gab es einige Widerstände des damaligen Pastors von Upernavik. Sie wurde weder mit Glockengeläut noch Predigt beerdigt und sollte ursprünglich nicht einmal einen Platz auf dem Friedhof bekommen. Man wollte ein Exempel statuieren, um so die allerletzten ›Heiden‹ zur Taufe zu bewegen.

Die **alte Kirche** wurde 1839 gebaut und 1882 um einen Kirchturm erweitert. Nach der Gemeindereform von 1925 tagte der neu gegründete Gemeinderat in der Kirche. 1951 beschloss man, in der Kirche ein Museum zu errichten, und in den 1960er Jahren schickte das Nationalmuseum in Dänemark Forscher, die in der Kommune Material der früheren Kulturen sammeln sollten. Heute hat Upernavik das nördlichste Freilichtmuseum der Welt, zu dem fünf Häuser aus der Kolonialzeit gehören, die Schule von 1911 und ein neues Sodenhaus.

In der Kirche sieht man die Ausstattung aus der Zeit der Ratsversammlungen. Der alte Laden, den man 1997 anlässlich des 225. Jah-

Upernavik

In Upernavik

restages der Ortsgründung restauriert hat, zeigt eine Frauenboot- und Kajakausstellung, im ehemaligen Wohnhaus des Kolonieverwalters sind wechselnde Ausstellungen zu sehen. Das Logo des Museums geht auf eine kleine Holzfigur zurück, die man am Bootsplatz Qataarmiut im Norden des Ortes gefunden hat. Interessant ist auch ein Runenstein aus dem 13. Jh. von der nördlich von Upernavik gelegenen Insel Kingittorsuaq mit einer Inschrift von Bjarne Thordarson und zwei weiteren Männern, die belegt, dass die Nordmänner aus Südgrönland bis in den Norden zur Jagd fuhren. Sehenswert sind auch die Linolschnitte des in Kangersuatsiaq lebenden Künstlers Samuel Knudsen, der sich sehr vielseitig präsentiert. In der alten Böttcherei von 1848 ist eine Künstlerwohnung eingerichtet, die Künstlern von außerhalb die Möglichkeit gibt, in Ruhe inmitten dieser einzigartigen Landschaft und Kultur zu arbeiten (Öffnungszeiten: Di–Fr, So 13–15 Uhr).

Ausflüge

Der Tourismus in Upernavik ist im Aufbau, und von dem im August 2000 eröffneten neuen Flughafen verspricht man sich eine bessere Anbindung an die südlichen Orte. Organisierte Touren werden bisher nicht angeboten, aber im Tourist Service wird man jede notwendige Unterstützung erhalten.

Die kleine Insel kann man in sechs Stunden umwandern. Der

Upernavik

ehemals höchste Punkt ist leider dem Flughafen geopfert worden, doch lohnend ist der Weg in den äußersten Norden nach **Naajarsuit,** vorbei an dem Bootsplatz **Qataarmiut.** Hier findet man interessante Gesteine, die sehr mineralhaltig sind, und Granaten.

Die reiche Vogelwelt beglückt jeden Ornithologen. Der größte Vogelfelsen der Welt – so die Grönländer – ist **Apparsuit** auf der südöstlich gelegenen Insel Qaarsorsuaq. Dort brüten Tausende von Lummen, Eistauchern, Kormoranen und auch Papageitauchern. Von dem Berg **Qaarsorsuaq** (1042 m), dem höchsten Punkt im Südteil der Kommune, hat man einen fantastischen Blick über die Insel- und Fjordlandschaft mit den zahllosen Eisbergen. Ein beliebtes Ausflugsziel für Angler ist der Fluss **Eqaluit,** nordöstlich von Upernavik Kujalleq, das wiederum südlich von Upernavik liegt.

ℹ **Upernavik Tourist Service,** im Museum, Tel. 961700, Fax 962096, www.upernavik.gl. Für Anfragen zum Museum und der Künstlerwohnung, Tel. 961085, Fax 961112. http://iserit.greenet.gl/inussuk

🛏 Unterkünfte organisiert der Tourist Service, er berät auch bei der Wahl des geeigneten Zeltplatzes. **Restaurant Upernavik** (Preisklasse 2), Kontakt Kristian Kristiansen, Tel. 961595, Fax 961597: Insgesamt stehen 20 Einzelzimmer mit Frühstück zur Verfügung, Küche und Bad für alle. Außerdem zehn Einzelzimmer ohne Frühstück, aber mit Küchenbenutzung und Aufenthaltsraum (Preisklasse 1). **Vocational School/STI**

(Preisklasse 2), Kontakt über Knud Petersen, Tel. 961458, 961099; Fax 961478: sechs Einzelzimmer mit gemeinsamen Bad, Küche und Aufenthaltsraum. **Nellie's** (Preisklasse 2), Kontakt Ane & Michael Ditlev, Tel. + Fax 961180: vier Einzelzimmer mit gemeinsamer Benutzung von Bad, Küche und Aufenthaltsraum.

🍴 Werktags kann man in der Kantine der Kommuneverwaltung essen, ansonsten gibt es einen Grill oder die Selbstversorgung.

🎐 Die Fellwerkstatt **Ammerivik** in der Nähe des Hafens kann besichtigt werden und gibt einen guten Eindruck von der regionalen Arbeit (Tel. 961070).

✈ 🚢 **Flugverbindungen** mehrmals wöchentlich nach Ilulissat und von dort weiter nach Nuuk oder Kangerlussuaq sowie einmal in der Woche nach Uummannaq. Einmal in der Woche mit dem **Küstenschiff** in den Süden. Regionalbootverbindungen erfragen bei Arctic Umiaq Line, Tel. 961044.

Pituffik (Thule)

Thule ist ein Sehnsuchtsland, ein Mythos, der seit der Entdeckung jener geheimnisvollen Insel im Norden durch den griechischen Seefahrer Pytheas ca. 330 v. Chr. in den Köpfen der Menschen existiert. Für die einen sind es die Shetland-Inseln, die anderen glauben, es sei Island, aber ganz ›hoch im Norden‹ in der Kommune Avanersuaq, gibt es einen Ort mit diesem Namen: Thule, eine der größten amerikanischen

Gipfel der Seele, Adern des Herzens

(Knud Rasmussens Land heute)
Wie eine Statue schaut Knud Rasmussen
über die Eisverdrehungen hinaus
Keine Schlitten, nicht ein Jagdtier zu sehen

Draußen am Horizont naht ein Schiff
ein Flugzeug stößt durch die Wolken herab
Ein großer Lärm und Thule ist neuartig
mit weißen und schwarzen Amerikanern

Das stolze Volk der Inughuit
fährt auf Schlitten heran zum Fuße des Eises
mit freundlichem Lächeln und Willkommen
»Gäste, wie lange bleibt Ihr hier?«

Die Zeit vergeht, die Alten sterben
Die Menschen weggejagt in ferne Gegenden
Von Moriusaq schaut Miteq / hinaus zum Berg Thule
Berg des Herzens, von wo alle Fahrten begannen
Zum Gipfel der Seele / zu den Adern des Herzens

Hier liegen Menschen begraben
und Kreuze stecken in demselben Boden
den Soldaten mit Füßen treten
dieser verlorene Boden

Arnarlunnguaq da reiste in ihrer Jugend
im ganzen Inuit-Land umher
Von ihrem Grab aus erahnt man das Radar
das sieht das ganze / Inuit-Land, die halbe Welt

In Qaanaaq heulen die Hunde
irgendetwas ist in Gange
Glaubst Du daß die Dunkelheit dabei ist
sich über unser Land zu senken?

Aqqaluk Lynge, 1987 (ISUMA SYNSPUNKT, Forlaget Atuaghat, 1997)

Nanoq – der Eisbär

Für die Inuit sind Eisbären Meerestiere, schließlich leben sie hauptsächlich von Robben und sind selten weit entfernt von der Küste anzutreffen. Auch der wissenschaftliche Name *ursus maritimus* deutet auf das Lebenselement hin, als exzellente Schwimmer können sie Strecken von bis zu 100 km im Wasser zurücklegen. Die Inuit verehren den Eisbären seit jeher und glaubten z. B., dass die Seele eines verstorbenen Jägers in einem Bären weiterlebt. In zahlreichen Geschichten erweist sich der Bär auch als freundlich den Menschen gegenüber, doch das gilt nur für die Geschichten.

Im arktischen Raum gibt es insgesamt rund 40 000 Eisbären, die aber nicht ortsgebunden sind. So hat man schon Tiere aus Spitzbergen 3000 km entfernt in Nanortalik gefunden. In Grönland leben die Tiere vor allem im Norden bis auf Höhe von Upernavik und entlang der gesamten Ostküste. Eisbären sind imposante Erscheinungen, die so gar nichts mit niedlichen Bilderbuchtieren gemeinsam haben. Die größten Fleischfresser unter den Säugetieren können aufgerichtet eine Größe bis zu 3,30 m erreichen. Ihr durchschnittliches Gewicht liegt bei 450 kg, doch ausgewachsene männliche Tiere können auch 700 kg wiegen. Sie fressen pro Jahr 50 bis 100 Robben, bevorzugt Ringelrobben. Auch andere Lebewesen verschmäht Nanoq, so der Inuit-Name, nicht. Vor allem in den Frühsommermonaten, wenn das Eis seine Tragfähigkeit verliert und die Robbenjagd schwieriger wird, reißt er alles, was aus Fleisch ist. Dann kann es passieren, dass ein Tier auf einer Scholle von der Ostküste bis nach Südgrönland getrieben wird und eine Gefahr für Mensch und Schaf darstellt.

Eisbären paaren sich zwischen April und Mai. Im November gräbt die trächtige Bärin in Küstennähe eine Höhle in den Schnee und bringt dort um Neujahr in der Regel zwei Junge zur Welt, die gerade mal so groß

Militärbasen außerhalb der USA. Die Menschen, die hier bis 1953 lebten, wurden vertrieben – oder wie es in der Sprache der Politiker heißt – umgesiedelt in den neuen, knapp 150 km entfernten Ort Qaanaaq. Eis und einige karge Gebirge prägen die Landschaft, nur kurze Zeit im Sommer kann das Meer mit Booten befahren werden.

Pituffik ist der grönländische Name des Militärstützpunktes Thule. Nachdem 1941 der dänische Botschafter Henrik Kaufmann den Vertrag mit den USA über die Verteidigung Grönlands im Zweiten Weltkrieg unterschrieben hatte, wurde 1943 zunächst eine metereologische Station eingerichtet. 1946 kam ein Rollfeld von 1,5 km Länge dazu.

Pituffik

sind wie Meerschweinchen und knapp ein Kilo auf die Waage bringen. Innerhalb von drei bis vier Monaten haben sie dank der extrem fetthaltigen Milch ihr Gewicht verzehnfacht. Während der sechs Monate in der Höhle hat die Bärin selbst gefastet, entsprechend gierig stürzt sie sich im Frühjahr in die Robbenjagd. Die Jungen bleiben noch zweieinhalb Jahre bei der Mutter, ehe sie entwöhnt werden.

Die besten Jagdbedingungen haben Bären im Frühsommer, wenn das Eis aufbricht und die Robben auf den Eisschollen sonnenbaden. Aber Eisbären sind auch geduldig, und zur Not können sie stundenlang vor dem Atemloch einer Robbe warten. Die Inuit sagen, dass sie sich viele Jagdlisten der Eisbären abgeschaut hätten, so auch das langsame Anpirschen an eine Robbe. Die Bären sind vor allem am Robbenspeck, dem Blubber, interessiert, so dass für die sie häufig begleitenden Polarfüchse immer üppige Reste übrig bleiben.

Heute dürfen jährlich 25 bis 30 der mächtigen Bären ausschließlich von Inuit-Jägern aus Qaanaaq und Ittoqqortoormiit gejagt werden. Im Angriffsfall oder wenn Tiere abgetrieben sind, dürfen im übrigen Land auch professionelle Jäger die weißen Riesen erlegen. Traditionell werden die Bären mit dem Hundeschlitten gejagt, der Einsatz von Schneemobilen ist verboten und verpönt. Die Jäger des Nordens verarbeiten das Fell zu den für die Region typischen Hosen, *nanut* genannt, die extrem warm, strapazierfähig und dauerhaft sind, und wahrscheinlich auch die teuersten Hosen. Die hüfthohen Frauen-Kamiks werden lediglich am Rand mit Bärenfell verbrämt. Die Haare des Fells sind sehr ölig und zur besseren Isolation hohl. Unterstützend bei der Wärmespeicherung dient neben der dicken Fettschicht auch die dunkle Haut, die wie ein Kollektor Sonnenlicht in Wärme umwandelt.

Übrigens, Eisbären schlagen immer mit der linken Pranke zu, deswegen hebt das Wappentier Grönlands auch die linke.

Die damalige Bevölkerung lebte unweit davon entfernt in Uummannaq – nicht zu verwechseln mit der wesentlich weiter südlich gelegenen gleichnamigen Stadt. Die Siedlung, in deren Nähe 1910 Knud Rasmussen zusammen mit Peter Freuchen die Handelsstation Thule am Kap York gegründet hatte, lag inmitten eines reichen, 8000 km² großen Jagdgebietes mit Fjorden, Küste und Land, in dem Füchse, Walrosse, Eisbären, Robben und Vögel lebten. Die Bewohner lebten vor allem von der Fuchsjagd und verkauften die Felle über die Thule-Handelsstation, die zu diesem Zeitpunkt selbstständig war und nicht wie die übrigen Siedlungen zu Dänemark gehörte. Rasmussen gründete zusammen mit

Pituffik

den Jägern einen Fängerrat, dem 12 Einheimische angehörten, und der u. a. schon damals Fangquoten festsetzte. Der Rat bestand bis 1963, als Qaanaaq offiziell zur 17. Kommune Grönlands wurde. Mit den Gewinnen der Station konnte Rasmussen seine Expeditionen, die er von hier aus startete, finanzieren.

Mit dem Bau des Flughafens verschlechterten sich die Jagdbedingungen dramatisch, als Kompensation erhielt der Fängerrat damals 200 DKK pro Jahr von den dänischen Behörden. 1951 wurde zwischen Dänemark und den USA ein neues Verteidigungsabkommen unterzeichnet, doch schon vor dem endgültigen Vertragsabschluss begannen die USA den Ausbau der Thule Air Base. Tausende amerikanischer Soldaten fielen mit ihren Flugzeugen wie ein Heuschreckenschwarm ein, für die rund 100 Menschen, die damals hier lebten, ein Kulturschock.

Im Mai 1953 wurden die Inughuit ohne vorherige Anhörung nach Qaanaaq umgesiedelt. Da die meisten Gebäude noch nicht fertig waren, mussten die Menschen in Zelten kampieren. Seit den 1980er Jahren kämpfen die Bewohner durch alle Instanzen gegen den Staat Dänemark um eine Wiedergutmachung, denn sie verloren nicht nur ertragreiche Jagdgründe, sondern wurden auch schlicht ihres Bodens enteignet.

Für den Reisenden ist Pituffik nur eine Transitstation auf dem Weg nach Qaanaaq, für deren Besuch man eine Genehmigung des dänischen Außenministeriums braucht.

Mit dem Hundeschlitten übers Eis

Er hat keine Gelegenheit, die Schönheit dieser Landschaft näher kennen zu lernen. Das Militärgebiet ist riesig, zumal es sich nicht nur über der Erde erstreckt, sondern auch ein verzweigtes, unterirdisches Tunnelsystem umfasst. Unmittelbar an der Küste steht ein markanter Tafelberg mit einem flachen Basaltgipfel, der Dundas oder Thule-Berg.

Von hier aus startete nicht nur Knud Rasmussen seine Thule-Expeditionen in den Jahren 1916 bis 1933, sondern auch Robert Peary seine bis heute umstrittene Nordpolentdeckung. Peary, der ohne die Hilfe der Inughuit keiner seiner Expeditionen hätte machen können, brachte 1897 gleich mehrere ›Mitbringsel‹ aus Grönland in die USA: Meteoriten und sechs Inughuit. Peary betrachtete die Menschen Nordgrönlands als ›seine Eskimos‹, die er entsprechend unnachgiebig und selbstherrlich behandelte.

Qaanaaq

Die Kommune Qaanaaq ist flächenmäßig mit 245 000 km^2 die größte des Landes: das entspricht etwa der Fläche der ehemaligen BRD. Insgesamt leben hier rund 900 Menschen, davon 650 in dem Ort Qaanaaq, der Rest in den Dörfern Qeqertat, Qeqertarsuaq, Moriusaq und Savissivik, alle südlich von Pituffik. Die nördlichste Siedlung ist Siorapaluk, die Berühmtheit erlangte durch Peter Høegs Roman ›Fräulein Smillas Gespür für Schnee‹, denn die Mutter der Heldin stammt aus dem Ort.

Die Inughuit haben eine eigene Sprache, die mehr mit der kanadischen Inuit-Sprache verwandt ist als mit der westgrönländischen. Seit rund 130 Jahren fand hier keine Zuwanderung mehr statt, und seitdem interessieren sich die Forscher für diesen noch sehr ursprünglich lebenden Volksstamm. Selbst heute ernähren sich die Menschen hier noch ausschließlich von der Jagd, in erster Linie auf Robben, weniger auf Narwal, Beluga, Walross und Eisbären. Die Männer tragen Anoraks aus Karibou- oder Robbenfell und die Eisbärfellhosen, denn es gibt

Qaanaaq

nichts Wärmenderes und Strapazierfähigeres als diese traditionelle Fellkleidung.

Die Lebensbedingungen im Norden sind hart, und viele junge Leute, die für eine qualifizierte Ausbildung in den Süden ziehen, kommen nicht zurück. Zwar gibt es reiche Heilbuttbestände vor der Küste, aber der Transport zu den Märkten in Südgrönland ist problematisch, es fehlt eine Fisch verarbeitende Fabrik im Ort, die neben der Jagd weitere Arbeitsmöglichkeiten brächte. Der Alkoholkonsum ist hier deutlich höher als im übrigen Land, deshalb ist es auch für Touristen verboten, welchen mitzubringen. Auch die Selbstmordrate liegt über dem Landesdurchschnitt. Alles keine Anzeichen für Zufriedenheit oder aktuelle Perspektiven. 2001 soll der Flughafen fertig werden und den Anschluss an das übrige Land erleichtern. Bisher muss man über Pituffik fliegen und dann weiter mit dem Hubschrauber, in Zukunft hofft man, von Qaanaaq direkt nach Upernavik oder Uummannaq fliegen zu können.

Die Häuser im Ort wirken noch sehr frisch und farbig, fließendes Wasser gibt es das ganze Jahr. In der Kirche aus dem Jahr 1954 hängt ein Altarbild aus der alten Kirchen in Thule, das der Däne Ernst Hansen 1930 gemalt hat. Bemerkenswert ist, dass Christus mit den Inughuit-Kindern auf dem Berg Thule sitzt und Socken in seinen Sandalen trägt. Ein barfüßiger Jesus war für die Menschen in dieser klimatisch so unwirtlichen Region völlig unvorstellbar.

Das Lokalmuseum ist im **Knud Rasmussen-Haus** untergebracht, das man in den 1980er Jahren von Thule hierher gebracht hat. Zu sehen sind Exponate aus der Zeit der Inuit-Kulturen und aus der Handelsstation in Thule. In der Kommune Qaanaaq hat man viele Spuren der früheren Kulturen gefunden, da die aus dem heutigen Kanada kommenden Einwanderer hier ›Zwischenstation‹ gemacht hatten, bevor sie in den Süden und Osten weiterzogen (Öffnungszeiten: So 13–16 Uhr, Tel. 97 11 26).

Interessant ist auch ein Besuch des **Kunsthandwerkszentrums,** wo man den örtlichen Künstlern bei der Arbeit zuschauen kann. Das nordgrönländische Kunsthandwerk, z. B. aus Walrosszahn gefertigte, außerordentlich detailreiche Figuren und Schmuck, ist im ganzen Land sehr angesehen und hat einen besonderen künstlerischen Ausdruck (Öffnungszeiten: Mo–Fr 10–14 Uhr).

Im Sommer sind gute Wandermöglichkeiten bis hin zum Inlandeis gegeben. Außerdem lassen sich mit den Bewohnern Bootsfahrten zu den anderen Orten organisieren. Hauptsaison ist im Frühjahr, wenn man Hundeschlittenfahrten mit den Jägern unternehmen kann.

Kommuneverwaltung, Öffnungszeiten: Mo–Fr 9–15 Uhr, außer Mi, Tel. 97 10 77, Fax 97 10 73.

Hotel Qaanaaq (Preisklasse 3 inkl. Vollverpflegung, sonst Preisklasse 2), Tel. 97 12 34, Fax 97 10 64: fünf Doppelzimmer, einfach ausgestattet mit einem Etagenbad. Über die Kommune, Ansprechpartner ist Torben Diklev, kann man in der **Telegrafenstation** und in der **Ionosphärenstation** Zimmer mieten. Tel. 971055, 971077; Fax 971027, 971073 (aktuelle Preise erfragen).

 Im **Hotel Qaanaaq** gibt es ein Restaurant, Tel. s. o., ansonsten bleibt nur die Selbstversorgung.

 Schmuck und Figuren aus Narwalzahn sind besonders zu empfehlen und im Kunsthandwerkszentrum zu erwerben.

 Einmal wöchentlich **Flug** von und nach Kangerlussuaq über Pituffik.

Der Nationalpark

Der größte Nationalpark der Welt wurde am 22. Mai 1974 in Nordostgrönland gegründet, umfasst eine Fläche von 972 000 km², mehr als ein Drittel des gesamten Landes und untersteht heute dem UNESCO-Programm ›Mensch und Biosphäre‹. Der Park wurde nicht nur eingerichtet, um die einzigartige Natur zu erhalten – hier leben alle acht Landsäuger Grönlands und 40% der gesamten Moschusochsenpopulation der Welt –, sondern auch zu Forschungszwecken. Hier fand man die ältesten Spuren der Besiedlung und vor allem Fossile, die belegen, dass Peary-Land, der nordöstlichste Teil Grönlands, vor ein bis zwei Millionen Jahren eine waldreiche Landschaft war. Der Besuch des Nationalparks ist streng reglementiert und setzt eine Genehmigung des Dänischen Polarzentrums voraus. Die einzigen, die uneingeschränkten Zutritt haben, sind die Jäger aus Qaanaaq und Ittoqqortoormiit.

1950 setzten die Dänen die Sirius Schlitten-Patrouille ein, um – während des Sommers mit Boot und Flugzeug, im Winter mit Hundeschlitten – 160 000 km² Küste zu kontrollieren und vor unliebsamen Besuchern zu schützen. Die Männer der Sirius-Patrouille unterstehen Dänemark, seit Gründung des Nationalparks sind sie auch Parkwächter. Ihr Hauptstützpunkt ist das 1944 als Wetterstation eingerichtete Daneborg. Weitere bemannte Stützpunkte im Nationalpark sind Danmarkshavn, seit 1948 Wetterstation und eine von weltweit 200 zur ICAO (International Civil Aviation Organization) gehörenden Stationen, die zweimal täglich automatisch meteorologische Daten weitergeben. Diese liefern dem Luft- und Schiffsverkehr die notwendigen Informationen für Wettervorhersagen. Die dritte und nördlichste Station ist Station Nord, die 1952 als Annex der Thule Air Base geschaffen wurde. 1972 wurde sie geschlossen, 1975 von den Dänen als Wetterstation wieder geöffnet. Sirius und wissenschaftliche Expeditionen benutzen sie und die dazugehörige Landebahn.

Der Nationalpark ist aufgrund seiner Landschaft, seiner Flora und Fauna ein Eldorado für Forscher, für Touristen wird er weiterhin ein Sehnsuchtsland bleiben – und das ist auch gut so.

Ostgrönland

Kulusuk

Tasiilaq

Ittoqqortoormiit

›Eisumschlungen‹ sind die Küsten Ostgrönlands

Ostgrönland

Der eisumschlungene Osten ist mit den steilen Bergen, den zerklüfteten Küsten und der überwältigend schönen Gletscherwelt ein ideales Ziel für Wanderer und Alpinisten. Die herbe Schönheit und ein Lebensrhythmus, der sich allein nach Wetter und Eis richtet, hat schon manchen Reisenden so fasziniert, dass er immer wiederkommt.

Ein dichter, selbst in den Sommermonaten nur schwer passierbarer Packeisgürtel liegt vor der Ostküste. Meist reichen die Gletscher vom Inlandeis bis zum Meer, nur zwei Regionen sind gletscherfrei. Dort liegen die ›Nachbarorte‹ Ammassalik und Ittoqqortoormiit rund 800 km von einander entfernt, die direkte Flugverbindung zwischen ihnen führt über Kangerlussuaq an der Westküste.

Tunu, so die Bezeichnung für Ostgrönland, bedeutet soviel wie die ›Rückseite‹, und die rund 3500 Menschen sehen sich vom Westen oft als Grönländer ›zweiter Klasse‹ behandelt: diejenigen, die den Anschluss noch nicht so richtig geschafft haben. Dabei wurden hier lediglich Traditionen länger bewahrt.

Kulusuk

»Ich war auch schon in Grönland, und da ist alles so fruchtbar primitiv und schmutzig.« So klangen in früheren Jahren die anmaßend vernichtenden Urteile über ein Land, in dem sich die Reisenden gerade vier Stunden aufgehalten und lediglich die Siedlung Kulusuk auf der gleichnamigen Insel kennen gelernt hatten. Und in der Tat hatte der Ort mit gravierenden Problemen zu kämpfen. Seit den 1950ern gibt es einen Flughafen, dessen Rollbahnlänge für Militärflugzeuge ausreicht. Von 1959 bis 1991 befand sich hier eine amerikanische Radarstation. Deren Mitarbeiter und auch hier tätige Dänen haben die Frauen von Kulusuk als Prostituierte missbraucht. Man erwartete lange Zeit nichts Positives von den Fremden, abgesehen davon, dass sie Geld brachten, doch in Wahrheit führte ihr menschenverachtendes Verhalten zu vermehrten Alkoholproblemen, in deren Folge es nicht selten zu Gewalttätigkeiten kam. Seit den 1960er Jahren gibt es während der Sommermonate Tagestouren vom nur 700 km entfernten Reykjavík (Island) aus. Dieser Tagestourismus ist insofern problema-

Kulusuk

tisch, als viele Reisende eher die ›Exoten‹ bestaunen und sich nicht mit dem Land und seinen Menschen auseinander setzten. Störend wurde – und wird – die ›wohlmeinende‹ Haltung des guten Onkels oder der guten Tante aus dem reichen Europa empfunden, die z. B. den ach so niedlichen Kindern unüberlegte Geschenke machen.

In den 1990er Jahren hat sich die Situation auch in sozialer Hinsicht in Kulusuk positiv verändert. Das Dorf wurde erfolgreich aufgeräumt und verschönert und wirkt heute mit seinen bunten Häusern äußerst einladend.

Vom Flughafen führt ein breiter Weg vorbei an dem malerisch gelegenen Friedhof, von dem man einen guten Blick auf Kulusuk hat. Das Warenangebot des Ladens direkt am Ortseingang hat schon manchen überrascht, gehören doch auch Waffen dazu. Aber schließlich leben die Menschen an der Ostküste noch überwiegend von der Jagd auf Eisbären. Im Winter zieht manche Familie für längere Zeit in die Jagdgebiete Hunderte von Kilometern südlich der Ammassalik-Insel und Kulusuk.

Groß ist das Angebot an geschnitzten Figuren, Tupilaks, Fellwaren und anderem Kunsthandwerk. Kulusuk ist vor allem für seine guten Maskenschnitzer bekannt. Das Holz liefert ihnen das Meer und stammt überwiegend aus Sibirien.

Die Kirche von 1924 bietet Platz für 80 Menschen – relativ viel für einen Ort mit 340 Einwohnern – und ist ein Geschenk einer Schiffsmannschaft, die bei Kulusuk havarierte.

Die Wandermöglichkeiten auf der Insel sind zwangsläufig begrenzt. Zum einen gibt es den schon erwähnten Weg vom Flughafen in den Ort, zum anderen die Schotterpiste auf den Berg **Isikaja** (336 m). Hier findet man noch Reste der ehemaligen Radarstation, vor allem aber hat man einen fantastischen Blick über den Ammassalik-Fjord bis nach Tasiilaq. Weitere Ausflüge werden mit dem Boot oder dem Helikopter vom Hotel Kulusuk angeboten. In Absprache mit dem Hotel finden regelmäßig Trommeltanz-Vorführungen statt, aber man kann sich natürlich auch direkt an die Künstlerin Anna Kuitse wenden (Tel. 98 69 50, Fax 98 69 36). Im Winter stehen zahlreiche organisierte Hundeschlittenfahrten auf dem Programm, so z. B. zum Apusiaajik-Gletscher auf der Nachbarinsel.

ℹ Touren und Informationen bieten folgende Stellen und Personen an: **Hotel Kulusuk,** Tel. 98 69 93, Fax 98 69 83. Die Touren werden unter dem Label ›Artic Wonderland Tours‹ angeboten, www.arcticwonder.com. **Kulusuk Tourist Station,** Michael Nielsen, Tel. 98 68 00, Fax 98 69 11, www.kulusukturiststation.gl. **Frede Klime,** Tel. 98 68 01, Fax 98 69 60, bietet Touren an und verleiht Zelte, Kajaks und andere Ausrüstungsgegenstände.

🛏 **Hotel Kulusuk** (Preisklasse 1), Tel. s. o.: liegt schön zwischen Flughafen und Ort und bietet 34 gut ausgestattete Zimmer. **Private Unterkünfte** über Michael Nielsen s. o. **Zeltunterkünfte**

über Frede Klime, ansonsten sucht man sich einen geeigneten Platz.

🏠 **Kulusuk Jugendherberge** (Preisklasse 1), Tel. 98 68 88, 98 68 01: liegt mitten im Ort und bietet Platz für 30 Personen mit Schlafsack. Einfache Ausstattung. Wird geleitet von Johann Brandsson und Frede Klime.

✗ Im **Hotel Kulusuk** gibt es ein Restaurant. Tel. s. o. Im **Café** im Ort kann man auch Souvenirs von einheimischen Künstlern kaufen.

🌴 **Kunsthandwerk** gibt es im Café, im KNI-Laden, im kleinen Laden am Flughafen sowie im Hotel.

👫 Außer **Wanderungen** und **Hundeschlittentouren** bestehen auch Möglichkeiten, mit dem **Mountainbike** zu fahren. Frede Klime verleiht welche, Tel. s. o. Im Winter kann man auch **Skilaufen. Bootsfahrten** nach Tasiilaq, Informationen s. o.

✈ Kulusuk wird von Greeenlandair von Kangerlussuaq und von Íslandflug Mo–Sa von Reykjavík aus angeflogen. Wer keine Arrangements buchen will, sollte sich rechtzeitig um einen **Flug** im Sommer kümmern. Weiterflug nach Tasiilaq mit einem Anschlusshelikopter von Air Alpha, auch diese Flüge rechtzeitig buchen.

Tasiilaq

»Wir haben viele Namen für die Dinge, die wir lieben« besagt ein altes Sprichwort, und Tasiilaq gehört offensichtlich zu diesen Dingen. Die wohl liebevollste Bezeichnung lautet ›Perle Ostgrönlands‹, und wenn man den Ort das erste Mal sieht, umgeben von den Bergen mit den weitläufig hingestreuten Häusern an den Hängen und am Fjord, stimmt man dem sofort zu. Der ostgrönländische Name für die größte Stadt der Kommune Ammassalik, in der immerhin 2900 Menschen leben, rund 1700 in der Stadt, die übrigen in sieben Siedlungen, bedeutet ›See‹ und bezieht sich auf den Kong Oscar-Fjord, der in derTat eher an einen See als an einen Fjord erinnert. Auf Grönländisch trägt der Fjord denselben Namen. Ammassalik bedeutet ›der Platz mit den Lodden‹, eine kleine Lachsfischart, die die Menschen in früheren Zeiten vor allem in den langen Wintermonaten vor dem Verhungern bewahrte, und war somit eine positive Bezeichnung. Dennoch wurde der Name geändert, weil – so erzählt es eine Geschichte – ein alter Mann namens Ammassalik gestorben war und entsprechend der religiösen Vorstellungen der Inuit der Name eines Toten nicht mehr erwähnt werden sollte. Deshalb benannte man die Fische um in *kersakkat,* und der Ort hieß fortan Tasiilaq. Wahrscheinlicher ist aber, dass die Menschen in Ostgrönland diesen Namen als Stück ihrer Identität betrachten, verweist er doch auch darauf, dass hier eine eigene Sprache gesprochen wird, die von den Westgrönländern nur schwerlich verstanden wird.

Die ersten Inuit gelangten zur Zeit der Saqqaq-Kultur vor rund 4500 Jahren in die Region, doch sie starben vermutlich wegen klimatisch

Tasiilaq

schlechter Bedingungen aus. Die nächste Einwanderungswelle kam 600 v. Chr. Ausgrabungen am Sermilik-Fjord belegen, dass dort die Menschen wohl am längsten gesiedelt haben. Die letzten Einwanderungen erfolgten im 14. oder 15. Jh. Anders als die Bewohner der Westküste hatten die Inuit der Ostküste keinen weitreichenden Kontakt zu Europäern. Hans Egede, der davon überzeugt war, dass die Ostsiedlung der Nordmänner auch an der Ostküste liegen müsste, hatte selbst keine Gelegenheit, auf diese Seite Grönlands zu gelangen. Die Packeisverhältnisse ließen eine Schifffahrt nicht zu. Im 18. Jahrhundert gab es entlang der Ostküste Siedlungen, die meist nur aus einem Gebäude bestanden.

Der erste Europäer, der in den Osten kam, war 1752 Peder Olsen Walløe. Er wollte sich die »sonderbaren Wesen« einmal selbst ansehen und reiste zum Lindenow-Fjord. 1829/30 erkundete eine dänische Expedition unter der Leitung von

Tasiilaq und Umgebung

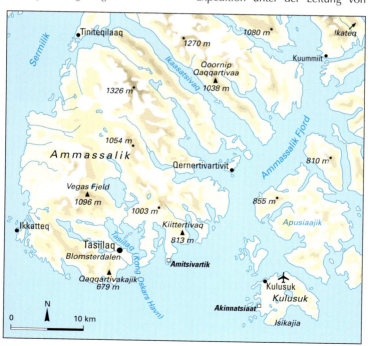

Tupilak

Der böse Geist der alten Zeit

Tupilaks, Monster mit menschlichen Gesichtern und Tierkörpern, so groß wie Bären und so klein wie ein Daumen, wurden ursprünglich gefertigt, um Feinde zu bezwingen, denn sie töten jeden, der sich ihnen nähert. Nur diejenigen, die die Kräfte der Natur beherrschten, die *angagoks*, die Schamanen, konnten einen Tupilak im Verborgenen schaffen.

Die ersten Tupilaks bestanden aus Holz und Fellstücken, einige auch aus Knochen von Toten, etwa Kinderschädeln, die in Fell gepackt und durch entsprechenden Zauber zum Leben erweckt wurden: Der Schamane rieb die

W. A. Graah die Küste von Kap Farvel bis zu einer Insel rund 100 km südlich von Tasiilaq. Obwohl Graah von den ungewöhnlichen Bewohnern berichtete, sollte es noch über 50 Jahre dauern, bis Gustav Holm mit seiner ›Frauenbootexpedition‹ nach Tasiilaq kam, wo er an der Ostseite der Ammassalik-Insel überwinterte. Mit den wendigen Umiaks konnte er sich nahe der Küste zwischen den Eisschollen hindurch bewegen. Er fand heraus, dass 413 Menschen im Distrikt lebten, doch als sich 1892 eine weitere dänische Expedition hierhin aufmachte, waren es nur noch 294 Menschen. Um das Überleben der Bevölkerung zu sichern, gründeten die Dänen im Jahr 1894 die Handels- und Missionsstation Angmagssalik – so die alte Schreibweise von Ammassalik – am heutigen Standort Tasiilaqs. Der Naturhafen und der nahe Lachsfluss beeinflussten die Wahl des Standortes.

Johan Petersen (1867–1960), der als Dolmetscher für Holm während der Expedition gearbeitet hatte, wurde Kolonialverwalter, Pastor Frederik Carl Peter Rüttel (1859–1915) der erste Missionar. Beide haben das

Figur solange, bis er selber vor Erschöpfung kollabierte, erst dann hatte der Tupilak einen Körper und eine Seele und war in der Lage, seine Mission zu erfüllen. Doch leider konnte es passieren, dass das vermeintliche Opfer, viel stärker war als der Tupilak, dann kehrte er zu seinem Erzeuger zurück und tötete diesen. Ihr Einsatz war also ein gefährliches Unterfangen, eine grönländische Version von Russischem Roulette. Manche sollen auch schon aus Angst davor, dass der Tupilak zurückkommen könnte, gestorben sein.

Bildliche Darstellungen von Tupilaks gibt es erst seit Ende des 19. Jh., als die Grönländer sie aus Knochen und Zähnen schnitzten, um den ›dummen‹ Europäern zu zeigen, wie die gefährlichen Geschöpfe aussehen. Heute sind Tupilaks beliebtes Kunsthandwerk, das vor allem in Ostgrönland in großer Vollendung hergestellt wird, da sich hier durch den späten Kontakt mit Europäern die alten Traditionen und der alte Glaube besser bewahren konnten. Die Kleinskulpturen wurden, nicht zuletzt angespornt durch die Dänen immer surrealer, denn je grotesker sie ausfielen, desto begeisterter reagierten diese. Der ostgrönländische Künstler Kârale Andreassen (1890–1934) hat wohl die bizarrsten Tupilaks geschaffen.

Die äußere Form der modernen Tupilaks bewahrt noch immer etwas von der alten Kultur – noch immer bestehen sie aus Teilen von Meeressäugern, Vögeln und Menschen –, jedoch ohne die frühere Gefährlichkeit. – Oder vielleicht doch?

Leben und die Menschen fotografisch dokumentiert. Rüttel blieb bis 1904 im Ort, Petersen bis 1915.

Am 26. August 1894 landete das erste Schiff mit Baumaterial und Handelswaren. Tasiilaq lag rund 8 km von der nächsten Siedlung Amitsivartik entfernt, erst ein Jahr später zogen die ersten Inuit in die neue Kolonie: die Familie des Künstlers Kârale Andreassen, dessen Vater Mitsivarniánga ein *angagok* (Schamane) war und nach seiner Taufe 1901 den Namen Andreas annahm.

Nachdem sich der Gesundheits- und Ernährungszustand der Bewohner verbessert hatte, stieg die Bevölkerungszahl innerhalb kurzer Zeit wieder an, 1914 lebten schon 599 Menschen in dem Distrikt. 1925 waren es sogar zu viele Einwohner für die relativ kleinen Jagdgründe. Der Däne Einar Mikkelsen zog mit rund 70 Inuit 900 km Richtung Norden und gründete eine neue Kolonie, Scoresbysund, das heutige Ittoqqortoormiit.

Die Gemeinde Ammassalik wurde am 1. Januar 1963 gegründet. Ostgrönland mit seiner eigenen Sprache und Kultur nahm genauso wie der Norden eine Außenseiter-

Tasiilaq

position ein. Hin und wieder wurde sogar überlegt, die Menschen Ostgrönlands in den Westen umzusiedeln, da die Versorgung aufgrund der Entfernung und der Eisbedingungen, die eine geregelte Schifffahrt nur in der Zeit von Juli bis Oktober ermöglichen, äußerst schwierig ist. Heute spielen diese Überlegungen keine Rolle mehr.

Einen gewaltigen ökonomischen und sozialen Einschnitt erlebte die Region in den 1980er Jahren, als für Robbenfelle nur noch wenige Kronen gezahlt wurden (s. S. 24f.). Für eine Fängergesellschaft eine Katastrophe! Die soziale Verelendung war enorm, der Alkoholkonsum stieg drastisch an. Die Situation hat sich seitdem verbessert, auch wenn man hier immer noch häufiger Betrunkene sieht als im Westen, vor allem in den kleineren Siedlungen. Besonders die Kinder litten und lei-

Tasiilaq

Blick auf Tasiilaq

den unter den Wochenendexzessen, so wurden sie manchmal einfach auf die Straße gesetzt und sind dort fast erfroren. Seit Anfang der 1990er Jahre gibt es ein Haus, wo die Kinder Zuflucht finden.

Neben dem Fischfang, der überwiegend für den regionalen Markt bestimmt ist, ist die Jagd immer noch der Haupterwerb der Menschen. Andere Arbeitgeber sind die Kommunalverwaltung, eine Nähstube, die Filatelia und ein Bauunternehmer.

Die wenigen alten Häuser aus den ersten Jahren der Handelsstation liegen etwas verstreut. Gegenüber der Filatelia steht das älteste Haus, die 1894 errichtete, so genannte **Zitadelle.** Hier wohnten alle Dänen während des ersten Winters. Etwas westlich davon steht **Skæven,** die örtliche Nähstube und Touristeninformation, wo man sehr schöne Fellwaren und handwerklich hochwertigen Schmuck erhält. Das Haus wurde zwischen 1904 und 1908 erbaut und sollte als Sitz des Kolonieverwalters dienen. Seinen Namen ›Das Schiefe‹ erhielt es, weil sich der Sockel auf einer Seite um 10 cm gesenkt hat. In den 1920er Jahren wurde es vier Meter nach Norden verlegt. Von 1958 bis 1977 war hier das Büro der KGH untergebracht und anschließend die Nähstube. Nicht weit entfernt steht ein weiteres, staatliches rotes Haus, 1928 von dem Architekten Helge Bojsen-Møller entworfen, ehemals Wohnstatt des Inspektors für Ostgrönland. Später wohnte auch Einar Mikkelsen hier. Heute ist es das Haus des Handelschefs. Etwas nordwestlich davon steht das erste, 1895 fertig gestellte **Pfarrhaus.** Es erlebte diverse Ausbauten und Veränderungen und ist seit 1977 das Haus des Kommunaldirektors. Etwas oberhalb des Inspektorenhauses sieht man ein

Tasiilaq

gelbes Haus, ebenfalls 1895 für den Handelsverwalter Johan Petersen erbaut. Im Verlauf der Jahre war es Gäste- und Krankenhaus, hier hatte die erste Krankenschwester Signe Vest ihre Wirkungsstätte, als sie 1931 an die Ostküste kam. 1952 war das Tuberkulosekrankenhaus hier untergebracht, und 1957/58 wohnten darin die Krankenpflegerschüler. Jetzt ist es ein Ärztehaus.

Die **alte Kirche** wurde 1908 nach dem Entwurf des Architekten P. A. Cortsen gebaut. Bemerkenswert ist ihre schöne Lage am Hang über dem Hafen. Zunächst war darin auch die Schule untergebracht. Heute zeigt hier ein sehr sehenswertes Museum Exponate, wie z. B.

Masken, aus Ostgrönland. Außerdem sind Bilder von Kârale Andreassen und Büsten von Eigil Knuth zu sehen (Öffnungszeiten: Mo–Fr 9–12, 13–17, Sa 13–17, So 13–16 Uhr). Im großen **Sodenhaus** direkt neben dem Museum, dem so genannten Kartoffelhaus, werden über den Winter die Kartoffeln für den Ort eingelagert. Es wurde 1993 errichtet und hätte in früheren Zeiten bis zu vier Familien, also 15–25 Personen, Platz bieten müssen.

Um einen Überblick über die Stadt und den Fjord zu erhalten, lohnt sich der Weg auf den **Aussichtspunkt,** wo ein Gedenkstein an die Ankunft der ›Frauenbootexpedition‹ von Gustav Holm am 31. August 1884 erinnert. Eine andere Steinwarte von 1944 gedenkt der Gründung der Kolonie vor 50 Jahren.

Direkt unterhalb liegt die fünfeckige **Kirche,** entworfen von dem Architekten Holger Jensen und 1985 geweiht. Die Deckenmalerei sowie das Taufbecken und das Kreuz aus bemaltem Treibholz mit aufgenagelten Walknochen stammen von Aka Høegh. Das Taufbecken besteht aus einem ausgewaschenen Pinienstumpf, angetrieben in Südgrönland. Die Fellarbeiten an den Kniepolstern der Bänke mit ostgrönländischen Motiven stammen ebenso wie das Umiak von Künstlern der Region.

Nicht nur für Briefmarkensammler lohnt sich ein Besuch in der **Filatelia,** der grönländischen Briefmarkenstelle in einem modernen roten Gebäude im Zentrum. Es sind schon

Taufbecken in der Kirche

kleine Kunstwerke, die viermal im Jahr erscheinen, für Sammler natürlich mit entsprechenden, auf das Motiv abgestimmten Ersttagsstempeln. Zu den jeweiligen Serien gibt es weiterführende Literatur, so dass man auch als Nicht-Sammler ein ausgesprochen typisches grönländisches Souvenir hat. Interessierte Besucher können an Führungen teilnehmen und sich die zahlreichen Jahresmarken, Kontrollstationen und Versandstellen ansehen. Außerdem erfährt man viel über die Herstellung der Briefmarken (Öffnungszeiten: Mo, Mi, Fr 13–14 Uhr).

Wenn man durch die Stadt läuft, erkennt man eine Dreiteilung: der Bereich um den Hafen mit den Kolonialhäusern, südöstlich die kleinen Häuser der Jäger und im Norden das Neubaugebiet mit Reihenhäusern und der Sporthalle. Ein reizvoller Spaziergang in die nähere Umgebung führt vorbei am Friedhof ins so genannte **Blomsterdalen.** Man folgt einfach dem Fluss und gelangt in ein grünes, blühendes Tal an einem kleinen See, in den zwei Wasserfälle stürzen. Hier campen die Einheimischen gern, und in den kleinen Seen entlang dem Weg wird an warmen Sommertagen auch gebadet. Ebenso einfach zu gehen ist der markierte Weg in nördlicher Richtung entlang dem Fjord mit Blick auf die Eisberge und die beeindruckende Bergkulisse von dem Gebirgszug Kiittertivaq.

Für Wanderer und Alpinisten bietet schon die Ammassalik-Insel ausreichende Möglichkeiten je nach Kondition und Fähigkeit. Der Aussichtsberg mit Blick in Richtung Kulusuk und weiter hinaus auf den Packeisgürtel ist der südlich von der Stadt gelegene **Qaqqartivakajik** (679 m), der sich von seiner Nordseite gut besteigen lässt.

Ausflüge in die Siedlungen

In den Siedlungen der Kommune leben die Menschen hauptsächlich von der Jagd, und ein Ausflug mit dem Regionalboot dorthin – vorausgesetzt die Eisbedingungen auf den Fjorden lassen das zu – ist ein Erlebnis. Die größte Siedlung ist das nordöstlich gelegene **Kuummiit** mit 390 Einwohnern. Auf der Fahrt dorthin kommt man an der Insel **Qernertivartivit** vorbei, wo nur noch zwei Menschen wohnen. Manchen Besucher mögen die vielen Robbenfleischteile, die zum Trocknen an den Gestängen hängen, befremden. Oft sieht man auch den Blubber (Robbenspeck) vor den Häusern liegen, an den die anketteten Hunde nur zu gern herankommen würden. Manches wirkt sehr einfach, aber dennoch leben die Menschen hier nicht im 19. Jh. Zahlreiche Satellitenschüsseln sind an den Häusern befestigt, und die Innenausstattung ist nicht weniger modern als in den großen Orten.

Zwischen Kuummiut und Sermiligaaq (200 Einwohner), weiter nordöstlich am gleichnamigen Fjord gelegen, errichteten die Amerikaner während des Zweiten Weltkrieges die Militärbasis Bluie East 2, Ikateq, von manchen auch Old Ikateq genannt. Entlang dem **Ikateq-Fjord** mit seinen Eisbergen zieht sich die 2,5 km lange Landebahn und endet in einem Tal von malerischer Schönheit. Der kleine See darin ist umgeben von steil aufragenden Bergen, deren schroffe Gipfel aus Schneefeldern aufragen. Am Horizont schimmert in metallischem Weiß das Inlandeis. Gefurchte, grau-weiße Gletscherzungen mit blau scheinenden Spalten fließen in den Fjord. Tausende rostig-braune Kerosintonnen säumen die alte Straße neben dem Rollfeld, der Wind entlockt ihnen geheimnisvolle Geräusche. Nebeneinander, übereinander, aufgeschichtet und durcheinander liegen sie dort von arktischen Weiden teilweise überwuchert. Auf der anderen Seite der Straße erstrecken sich Müllhalden mit Glasscherben zerbrochener Coca-Cola-Flaschen und noch erkennbaren Corned-beef-Dosen. Ausgeschlachtete LKWs versinken langsam im Boden. Am Ende der Landebahn steht die Skelett-Ruine eines Hangars, Fundamentreste lassen noch die Umrisse früherer Gebäude erahnen. **Old Ikateq** wurde als Auftankstation genutzt, außerdem pflegte man im Krankenhaus die Schwerstverletzten. Innerhalb weniger Stunden verließen die Amerikaner Anfang der 1950er Jahre die Basis und ließen alles zurück. Die Inuit aus den benachbarten Siedlungen holten sich alles Brauchbare, wie Kerosin, Ersatzteile und ganze Häuser, so stammt der Klubben in Tasiilaq aus Old Ikateq. Welche Spätfolgen der militärische Müll für die Umwelt haben könnte, interessierte die Amerikaner genauso wenig wie die sozialen Auswirkungen der Basen für die Bevölkerung: übermäßiger Alkoholkonsum, Prostitution und Krankheiten.

Von Kuummiut kann man in ca. fünf Tagen nach Old Ikateq wandern. Die einzige Schwierigkeit ist die Überwindung des Gletscherfluss-Deltas, man kann aber auch über den Gletscher gehen. Einfacher

Bei Tasiilaq

Tasiilaq

und bequemer ist die Fahrt mit einem gecharterten Boot.

Eine schöne und längere Wanderung (ca. 7 Tage) kann man vom Qinngertivaq, einem Seitenarm des Ammassalik-Fjords, aus nach **Tiniteqilaaq** am Sermilik-Fjord unternehmen. Besonders reizvoll ist der Weg entlang dem Sermilik-Fjord mit seinen zahllosen Eisbergen. Man läuft in Küstennähe, umgeben von einer grandiosen Bergwelt und muss Zelt und ausreichend Proviant mitnehmen.

Im Winter ist der Weg in die kleine Siedlung mit ihren rund 150 Einwohnern einfacher, denn dann fährt man mit dem Hundeschlitten über den zugefrorenen Fjord.

Tasiilaq Touristenbüro, Skæven, Tel. 98 15 43, Fax 98 18 43, www.ammassalik.gl

Hotel Ammassalik (Preisklasse 2–3), Tel. 98 12 93, Fax 98 13 93: hat eine hervorragende Lage etwas oberhalb des Ortes, und von einigen Zimmern genießt man auch einen entsprechenden Blick über den Fjord. Die Zimmer sind komfortabel ausgestattet. Vor allem die Touristen mit den Vier-Tage-Arrangements von Island aus sind hier untergebracht. **Privatunterkünfte** (Preisklasse 1) sowohl in Tasiilaq als auch in den Siedlungen können über Gerda Vil-

Tasiilaq

holm, Tel. 98 10 18, Fax 98 10 09, organisiert werden. Sie leitet Tasiilaqs einzige Buchhandlung, zugleich Café, Informationsbörse, Laden usw. Öffnungszeiten: 12–18 Uhr oder wann immer die blaue Fahne zu sehen ist.

Jugendherberge (Preisklasse 1) mit elf Doppelzimmern, Badezimmer- und Küchenbenutzung. Buchung über das Touristenbüro unter den folgenden Telefonnummern: 98 15 43, 59 82 43. **Hütten** (Preisklasse 1) in der näheren oder weiterer Umgebung kann man im Touristenbüro buchen. Eine liegt im Blomsterdalen, drei liegen am See 5 (bezieht sich auf die Eintragung in der Wanderkarte), rund 30 km von Tasiilaq entfernt, in der Nähe des Kaarale-Gletschers, nördlich von Kuummiut, findet sich eine weitere Hütte. Diese bucht man über: Mount Forel Expedition Support, Tel. 98 13 20, Fax 98 13 73.

Zeltplatz in der Nähe des Heliports mit Waschgelegenheit und Toilette. Buchung über: ›Rotes Haus‹, Tel. 98 16 50, Fax 98 10 24. Preis: 50 DKK. Außerhalb des Ortes gibt es schöne und ruhige Plätze.

Der besondere Tipp: Das ›Rote Haus‹ gehört dem Italiener Robert Peroni, der hier seit Jahren ein vielseitiges Tourenangebot zusammen mit Jägern aus der Kommune entwickelt hat. Sein Ziel ist ein verantwortungsvoller Tourismus mit und für die Bevölkerung. So ist auch das ›Rote Haus‹ nicht nur ein gemütlicher Übernachtungsplatz für Reisende, sondern vor allem eine Begegnungsstätte. Mitarbeiter sind sowohl Europäer als auch Inuit, und Verständigungsschwierigkeiten sind spätestens nach der ersten gemeinsamen Bootsfahrt oder einem Jagdausflug überwunden. Informationen über das Leben an der Ostküste sowie über jede Art von

Touren – von der Bergbesteigung bis zur Inlandeisdurchquerung – erhält man hier. Das ›Rote Haus‹ gehört zu den weltweit 12 ›No Limits Centern‹, die Extremtouren unter professioneller Führung anbieten. Die Idee ist, die physischen und mentalen Grenzen der Teilnehmer zu verändern. Equipment für Touren kann man mieten. Im Haus gibt es Schlafsackunterkünfte und Doppelzimmer. Naparngumut B-1025 (in Richtung Heliport), Tel. 98 16 50, 59 82 50, Fax 98 10 24; www.eastgreenland.de

Im Restaurant im **Hotel Ammassalik** bekommt man europäische und grönländische Gerichte, z. B. Robbenfleisch oder Wal, und hat dazu noch einen hervorragenden Blick über den Fjord. Tel. s. o. In der **Sporthalle** gibt es eine Cafeteria mit einem Angebot an Fertiggerichten. Öffnungszeiten können sehr variieren. Im ›Roten Haus‹ kann man nach Anmeldung abends essen. Tel. s. o.

Tupilaks, Steinfiguren und Schmuck sind an der Ostküste besonders schön. Die Näherinnen in der Nähstube Skæven fertigen auch Taschen oder Westen nach Wunsch. Ein besonders handliches Souvenir ist eine Briefmarke: POST Greenland, Filatelia, BOX 121, DK-3913 Tasiilaq, Tel. 98 11 55, Fax 98 14 32. www.greenland.guide.gl/filatelia

Die Ammassalik-Kommune ist ideal für **Wanderungen,** wobei man hier besonders erfahren sein sollte. Markierungen gibt es immer, aber eine sehr gute Wanderkarte. **Bergsteiger** und **Alpinisten** finden hier Touren für jeden Schwierigkeitsgrad. Wer extreme Touren unternehmen möchte, sollte sich an Robert Peroni, ›Rotes Haus‹, wenden (s. o.), er bietet auch **Inlandeistouren** an. Auch Mount Forel Expedition Support (s. o.) bietet Expeditionen und Bergtouren an. Außerdem bestehen zahlreiche Angebote für **Bootstouren,** zum einen über das Hotel und über das ›Rote Haus‹. Im Winter **Skilauf,** Skilift in Tasiilaq vorhanden, und natürlich ein breites Angebot an **Hundeschlittenfahrten.** Entweder über die erwähnten Einrichtungen oder über die Outfitter: Tobias Ignatiussen, Tasiilaq, Tel. 98 16 50, Fax 98 10 24. Karl Christian Bajare, Kuummiut, Tel. + Fax 98 41 89.

  Von Kulusuk mit dem **Helikopter** nach Tasiilaq. Im Sommer verkehren **Regionalboote** zu den Siedlungen.

Ittoqqortoormiit

Ittoqqortoormiit ist mit den beiden kleinen Siedlungen Ittaajimmiut und Uunartoq die kleinste und entlegenste Kommune Grönlands, hier leben nur 560 Menschen, Tasiilaq im Süden liegt 800 km entfernt, die nächste Siedlung an der Westküste 1200 km. Island ist rein geografisch der unmittelbare ›Nachbar‹, und so überrascht es nicht, dass ein isländisches Unternehmen den Tourismus in diesem Gebiet aufgebaut hat. Der dänische Name Scoresbysund für den Ort geht auf den englischen Walfänger William Scoresby jr. zurück, der als erster Europäer 1822 an diese Küste gelangte. Der grönländische Name Ittoqqortoormiit bedeutet soviel wie ›der Wohnplatz mit den großen Häusern‹ und stammt aus den 1920er Jahren.

Ausgrabungen belegen, dass hier die ersten Inuit schon vor 4500 Jahren gesiedelt haben. 1983 fand man zahlreiche Werkzeuge und Perlen aus der Zeit der Thule-Inuit in Jameson-Land. Die Vorfahren der heutigen Bevölkerung kamen jedoch erst um 1925 hierher. Zu Beginn des 20. Jahrhunderts war die Bevölkerungszahl an der Westküste und in Tasiilaq so stark gestiegen, dass man überlegte, eine weitere Kolonie an der Ostküste zu gründen. Auf Initiative von Einar Mikkelsen segelten 87 Menschen auf der ›Gustav Holm‹ nach Norden, 70 stammten aus Tasiilaq, die übrigen kamen von der Westküste. Außerdem hatten sie ihre Kajaks, Umiaks und 65 Hunde dabei. Während eines Stopps in Isafjördur (Island), erkrankten viele an einer Grippe, und vor allem die Alten starben, so dass letztlich nur 70 Menschen am 4. September 1925 in Ittoqqortoormiit landeten. Schnell erkannten sie, dass die Jagdbedingungen wesentlich besser waren als erwartet, allein im ersten Jahr konnten sie über 1000 Robben erlegen.

Tasiilaqs früherer Kolonieverwalter Johan Petersen wurde der Verwalter der neuen Station und Sejer Abelsen der erste Pfarrer. 1928 wurden eine Telegrafenstation und eine seismologische Station errichtet. Die Kirche mit Pfarrwohnung und Schulzimmer wurde 1929 eingeweiht, ein Geschenk des Großhändlers Valdemar Uttenthal.

Noch immer ist die Jagd der Haupterwerb der Bevölkerung, zumal das Gebiet um Scoresbysund bzw. Kangertittivaq zu den besten Jagdgebieten Grönlands gehört. Die Mündung des riesigen Fjordsystems,

Ittoqqortoormiit

Schlittenhund und ›Herrchen‹

das sich über eine Fläche von 38 000 km² ausbreitet und bis zum Inlandeis 350 km lang ist, bleibt ganzjährig eisfrei. Während des Winters sammeln sich hier Ringelrobben und Walrosse, im Frühjahr kommen die Eisbären und im Sommer die Narwale. Die Moschusochsenpopulation in dem Gebiet ist riesig. In einer Fabrik wird die Jagdbeute für den Transport nach Westgrönland verarbeitet. Dennoch ist die finanzielle Situation der Jäger nicht gut, seitdem die Robbenfellpreise aufgrund der europäischen Anti-Robben-Kampagnen so dramatisch gesunken sind. Die kommerzielle Nutzung der reichen Fischvorkommen ist nicht möglich, da der Fjord nur von Juli bis September packeisfrei ist.

1985 erbaute die Ölgesellschaft ARCO den Flughafen Constable Point, Nerlerit Inaat, 50 km nordwestlich von Ittoqqortoormiit und suchte nach Bodenschätzen. Doch in fünf Jahren stieß man auf keine so verlockenden Öl- bzw. Mineralienvorkommen, dass eine Ausbeute gelohnt hätte. 1990 gab die Gesellschaft das Vorhaben auf und überließ den Flughafen der Selbstverwaltung. Auch wenn kein reger Flugverkehr herrscht, ist doch die Anbindung an die Westküste jetzt während des ganzen Jahres besser gewährleistet. Von Nerlerit Inaat aus gibt es eine Hubschrauberverbindung nach Ittoqqortoormiit.

Für den Reisenden ist das Gebiet von Ittoqqortoormiit faszinierend. Hinter dem Ort erheben sich die vergletscherten Gebirge, die sich auch südlich des Kangersuttuaq entlang der Küste ziehen. Lediglich Jameson-Land ist eisfrei und relativ flach. Innerhalb des Fjordsystems findet man eine reiche Vegetation. Zwar liegen die Temperaturen im Sommer durchschnittlich nur bei 6 °C, dennoch haben die langen stabilen Wetterabschnitte mit 24stündigem Sonnenschein diesem Teil Grönlands den Namen ›arktische Riviera‹ eingebracht. Der Tierreichtum ist sehr groß, nicht zuletzt weil die Kommune unmittelbar an den Nationalpark (s. S. 187) grenzt. Auf Bootsfahrten innerhalb der Fjorde sieht man Tausende von Seevögeln und natürlich Robben. Ittoqqortoormiit ist ein ideales Ziel für Touristen, die bereit sind, neue Wege zu gehen und nicht nur das immer Planbare erleben wollen. Aufgrund der Schneebedingungen kann man sogar noch im Frühsommer Hundeschlittenfahrten unternehmen. Die Jäger von Ittoqqortoormiit fahren viel über Schnee, deshalb spannen sie ihre Hunde paarig vor die Schlitten. Sie benutzen auf ihren Touren auch den Schnee als Schmelzwasser und nicht wie im Norden das Eis.

Nonni Travel Greenland ApS, Büro im Kirchengebäude, Tel. 98 12 80, Fax 98 12 90, www.nonnitravel.is. Nonni Travel, ursprünglich in Akureyri (Island) zuhause, bietet schon seit Jahren Reisen an die nördliche Ostküste an. Hier werden Fragen beantwortet und auch eigene Unternehmungen unterstützt. Ihr – preisgekröntes – Ziel ist ein umweltverträglicher Tourismus, der der Bevölkerung nutzt.

Nukissiorfiit (Preisklasse 1), Tel. 99 10 66, Fax 99 11 21: Das Gästehaus des örtlichen Energieversorgers hat drei Einzel- und ein Doppelzimmer, einfache Ausstattung. **Klaus und Augo's Gästehaus:** Vier Einzel- und drei Doppelzimmer, einfache Ausstattung. Buchung über Nonni Travel Greenland (s. o.). In **Uunartoq** besteht die Möglichkeit, privat unterzukommen, Küchenbenutzung vorhanden. Buchung über Nonni Travel Greenland.

Nonni Travel organisiert **Bootsfahrten, Kajaktouren, Wanderungen, Hundeschlittentouren** und derzeit von Island aus zweiwöchige Package-Touren in das Gebiet des **Nationalparks.**

Einmal wöchentlich **Flüge** von Kangerlussuaq nach Nerlerit Inaat, außerdem von April bis Ende September einmal wöchentlich von Akureyri, Island.

Bei Ilulissat ▷

TIPPS & ADRESSEN

Alle wichtigen
Informationen rund
ums Reisen auf
einen Blick – von
Anreise bis Zoll

Ein Sprachführer
hält die wichtigsten
Wörter bereit

INHALT

Reisevorbereitung & Anreise
Informationsstellen 209
Diplomatische Vertretungen 209
Einreisebestimmungen 209
Karten 210
Kleidung und Ausrüstung 210
Reisekasse 211
Reisezeit 211
Anreise 211
… mit dem Flugzeug 211
… mit dem Schiff 211

Unterwegs in Grönland
… mit dem Flugzeug 212
… mit dem Schiff 212

Unterkunft & Restaurants
Unterkunft 214
Restaurants 214
Grönländische Spezialitäten 214

Aktivitäten
Angeln 215
Arctic Circle Race 215
Bergsteigen 215
Expeditionen 216
Gletschertouren 216
Golf 216
Greenland Adventure Race 216
Hundeschlittentouren 217
Kajak- und Kanutouren 217
Marathon und
    andere Extremsportarten 217

Outfitter 217
Skilaufen 218
Vogelbeobachtung 218
Walbeobachtung 218
Wandern 218

Reiseinformationen von A bis Z
Ärztliche Versorgung 220
Aids 220
ANNA-Notpaket 220
Feste und Feiertage 220
Fotografieren 220
Geld und Banken 221
Internetcafés 221
KNI 221
Lesetipps 221
Mücken 222
Notruf 222
Öffnungszeiten 222
Post 222
Radio und Fernsehen 222
Schlittenhunde 222
Sonnenschutz 222
Souvenirs 223
Telefonieren 223
Trinkgeld 223
Zeit 223
Zeitungen 223

Sprachführer 224

Abbildungsnachweis 226

Register 226

REISEVORBEREITUNG & ANREISE

Informationsstellen

Greenland Tourism Copenhagen
P.O. Box 1139, Pilestræde 52
DK–1010 København K
Tel. +45-33-69 32 00
Fax +45-33-93 38 83
E-Mail: info@visitgreenland.com
www.visitgreenland.com

Greenland Tourism
P.O. Box 1615, Hans Egedesvej 29
DK–3900 Nuuk
Tel. +299-34 28 20
Fax +299-32 28 77 oder 32 28 02

Diplomatische Vertretungen

In Deutschland
Königliche Dänische Botschaft
Rauchstr. 1, 10787 Berlin
Tel. 030-50 50 20 00
Fax 030-50 50 20 50
E-Mail: berlin@daenemark.org
www.daenemark.org

In Österreich
Königliche Dänische Botschaft
Führichgasse 6, 1015 Wien
Tel. 01-51 27 90 40, Fax 01-5 13 81 20

In der Schweiz
Königlich Dänische Botschaft
Thunstraße 95, 3000 Bern
Tel. 031-3 52 50 11, Fax 031-3 51 23 95

In Grönland
Honorarkonsul für Deutschland:
Elke Meissner, Greenland Tours
Kussangajaannguaq 18

DK–3952 Ilulissat
Tel. +299-94 44 11, Fax +299-94 45 11

Einreisebestimmungen

Für Grönland gelten die gleichen Ein-
reise-, Pass- und Visabestimmungen
wie für Dänemark. Reisende aus
Deutschland, Österreich oder der
Schweiz benötigen für einen Aufenthalt bis zu drei Monaten einen Reise-
pass oder Personalausweis. Wer länger bleiben will und nicht Bürger der
nordischen Länder ist, braucht eine
Genehmigung der Dänischen Immi-
grationsstelle.
Udlændingestyrelsen, Ryesgade 53
DK–2100 København O
Tel. +45-35-36 66 00
Fax +45-35-36 19 16
E-Mail: udlst@udlst.dk
www.udlst.dk.

Reisen nach Qaanaaq via Thule
Airbase/Pituffik (Militärgebiet) erfor-
dern eine besondere Genehmigung
(Entry Approval). Diese kann man
beim dänischen Außenministerium
oder über die dänischen Botschaften
beantragen. Der Antrag sollte sehr
frühzeitig gestellt werden, da ohne die
erforderlichen Genehmigungen die
Ein- bzw. Weiterreise verwehrt werden kann.

Wer in den Nationalpark reisen
will, in isolierten Gebieten Berge oder
Gletscher besteigen oder das Inlandeis überqueren möchte, benötigt eine
spezielle Genehmigung, die nur das
Dänische Polarcenter erteilt (siehe Expeditionen).

Zollrechtlich gilt Grönland als Nicht-EU-Land. Die jeweils aktuellen Bestimmungen kann man bei der dänischen Botschaft erfragen oder an den Flughäfen. Eingeführt werden dürfen: 220 Zigaretten oder 100 Zigarillos; 200 Zigarettenpapiere; 1 l Alkohol; 2,25 l Tischwein; 2 l Bier; 50 g Parfüm oder 250 ml Eau de Toilette, 1kg Schokolade, Lakritz oder ähnliches; 1 kg Kaffee oder Tee; 5 kg Fleischwaren sowie Artikel zum persönlichen Gebrauch. Die Einfuhr von Pistolen, voll- und halbautomatischen Waffen, Rauschgift und lebenden Tieren, darunter auch Haustiere und Vögel jeglicher Art, ist verboten. Ausgenommen davon sind Blindenhunde!

Karten

SAGA-Maps im Maßstab 1:250 000 mit historischen Ausführungen sind für folgende Gebiete interessant: Nuuk, Ammassalik, die Diskobucht und Sisimiut/Kangerlussuaq. Ihr unübersehbarer Nachteil ist, dass alte Karten aus den 1970er und 1980er Jahren verwendet wurden und man die Schreibweise der Orte nicht an die neue Rechtschreibung angeglichen hat.

Es gibt sehr gute und detaillierte **Seekarten** über einen großen Teil der meistbefahrenen Küstenbereiche im Maßstab 1:80 000 und/oder 1:40 000, von bestimmten Häfen, einzelnen Wasserläufen oder Meerengen im Maßstab 1:20 000 oder 1:2 500.

Greenland Tourism bietet **Wanderkarten** im Maßstab 1:100 000 für Südgrönland, Ammassalik, Nuuk, Ilulissat, Nanortalik, Kangerlussuaq und Ivittuut. Diese werden z. T. zusammen

mit einem aktuellen Wanderführer in Dänisch, Englisch und Deutsch verkauft. Enthalten sind empfohlene Wanderrouten sowie eine Vielzahl weiterer Informationen.

Die Karten erhält man in den Touristeninformationen in Grönland oder vorab bei
Nordisk Korthandel, Studiestræde 26–30, DK–1455 København K
Tel. +45-33-38 26 38
Fax +45-33-38 26 48
E-Mail: post@scanmaps.dk
www.scanmaps.dk

Kleidung und Ausrüstung

Wichtig ist regenfeste, windundurchlässige und strapazierfähige Kleidung, die man in den Sommermonaten am besten nach dem ›Zwiebelprinzip‹ trägt, denn es können sowohl über 20 °C werden als auch Nachtfröste auftreten. Der Reisende, der überwiegend mit dem Schiff und nur in Orten unterwegs ist, kommt mit festen, halbhohen Schuhen zurecht. Wer Wanderungen unternehmen will, muss schon sehr feste Wanderschuhe mitnehmen. Unbedingt ins Reisegepäck gehören: Mütze oder Stirnband, Handschuhe, Schal, Sonnenbrille und Sonnenschutz mit hohem Lichtschutzfaktor, Regenzeug und im Sommer ein Mückenschutz, entweder Mückennetze, es gibt auch entsprechende Handschuhe oder ein Mückenmittel, das man am besten in Grönland kauft, erfahrungsgemäß sind die am wirkungsvollsten.

Für Winterreisen alles einpacken, was wärmt. Bei Hundeschlittentouren wird in der Regel entsprechende Fellkleidung verliehen (vorher erkundi-

REISEVORBEREITUNG

gen!). Entweder Sie kaufen sich in Grönland einen entsprechenden Anzug, ansonsten eignen sich auch Daunen- oder Skianzüge. Unbedingt eine Gletscherbrille mitnehmen.

Für Wanderungen und Kajaktouren in Grönland ist die beste Ausrüstung gerade gut genug!

Reisekasse

Die Reisekasse für Grönland sollte nicht zu knapp bemessen werden, grundsätzlich liegen die Preise über den dänischen. Doch es sind weniger die alltäglichen Kosten, sondern für spontane Touren mit Helikoptern (ca. 1200–2000 DKK), Hundeschlitten (ca. 900–2000 DKK) oder organisierte Bootsfahrten lohnt sich eine Aufstockung des Budgets.

Reisezeit

Die beste Zeit für Wanderungen ist von Anfang Juli bis Anfang September. Im März und April bieten sich in verzauberten Schneelandschaften atemberaubende Ausflüge auf Skiern, Hundeschlitten oder Schneescootern bei klarem Sonnenschein und relativ niedrigen Temperaturen an. Von Juni bis August herrscht nördlich des Polarkreises die Mitternachtssonne. Im September und Oktober ist das Wetter häufig stabil, und die Nächte sind klar, so dass man die Nordlichter gut beobachten kann. Die besten Zeiten dafür sind im Süden von Ende August bis Anfang November und von Mitte Februar bis Anfang April.

Anreise

... mit dem Flugzeug

Flüge nach Grönland führen über Kopenhagen. Von dort fliegen Greenlandair und SAS mehrmals wöchentlich direkt nach Narsarsuaq und Kangerlussuaq. Die Abflüge in Kopenhagen erfolgen morgens, so dass man Anschlussflüge noch am selben Tag erreichen kann.
Greenlandair, P.O. Box 1012
DK–3900 Nuuk, Grönland
Tel. +299-34 34 34
Fax +299-32 72 88
www.greenland-guide.dk/gla
SAS Danske Ruter, P.O.Box 150
DK-2770 Kastrup
Tel. +45-32-32 00 00
Fax +45-/32-32 21 49
www.scandinavian.net
Von Reykjavík, Island, fliegt man nach Kulusuk mit Air Iceland und von dort weiter nach Nuuk mit Greenlandair.
Air Iceland, Reykjavík Airport
IS-101 Reykjavík
Tel. +354-5 70 30 30
Fax +354-5 70 30 01
www.airiceland.is

... mit dem Schiff

Schiffspassagen von Europa nach Grönland werden nicht über Reisebüros angebotent. Wer die Möglichkeit einer Mitfahrgelegenheit auf einem Frachtschiff sucht, sollte sich mit dem international tätigen grönländischen Schifffahrtsunternehmen Royal Artic Line in Verbindung setzen:
Royal Artic Line a/s, Head Office
P.O. Box 1580, DK–3900 Nuuk
Tel. +299-32 24 20
Fax +299-32 24 50
E-Mail: info@ral.dk

UNTERWEGS IN GRÖNLAND

… mit dem Flugzeug

Der Inlandflugverkehr in Grönland erfolgt mit Greenlandair, die das ganze Jahr über sämtliche Städte sowie zahlreiche Siedlungen anfliegt. Die jeweiligen Anschlussflüge sind so aufeinander abgestimmt, dass man die Zielorte immer am selben Tag erreicht. Bei schlechtem Wetter können sich Flüge verspäten oder ausfallen, deshalb möglichst am Abend vor dem Flug eine Bestätigung einholen. Da die Grönländer im Sommer selber viel im Land reisen, sollte man rechtzeitig buchen. Wer nicht auf einen genauen Tag fixiert ist, kann sich auch auf Wartelistenplätze einlassen. Anschlussflüge mit kleinen Helikoptern werden von Air Alpha bedient.
Buchung und Information:
Greenlandair, s. o.
Air Alpha Greenland a/s
P.O. Box 630, DK–5270 Odense N
Tel. +45-63-93 90 25
Fax +45-65-95 54 76

… mit dem Schiff

Die Schiffsverbindungen zwischen den grönländischen Städten und Siedlungen sind inzwischen sehr gut ausgebaut und werden von der Artic Umiaq Line a/s befahren, die in allen Orten Ticketbüros hat. Von zentralen oder größeren Siedlungen besteht jeweils ein Netz von Verbindungen zu den umliegenden kleineren Orten oder Ansiedlungen. Drei Schiffe für jeweils 120–150 Fahrgäste bedienen die Westküste Grönlands, so dass man fast jeden Tag von Städten wie Qaqortoq, Narsaq, Nuuk, Maniitsoq, Sisimiut, Ilulissat oder Uummannaq eine Verbindung Richtung Süden oder Norden erhält; jedoch sollte man sich immer über die Treibeissituation informieren, da diese oft Ursache für Verspätungen ist.

Eine Schiffsverbindung von West- nach Ostgrönland besteht ebenso wenig wie in den Norden nach Qaanaaq.

In den letzten Jahren hat Artic Umiaq Line einige Schiffe ausgebaut und Kabinenplätze mit eigenem Bad geschaffen. Da die Schiffspassagen auch für die Bevölkerung sehr wichtig und somit schnell ausgebucht sind, empfiehlt sich rechtzeitiges Buchen, vor allem wenn man einen Kabinenplatz haben möchte.

Fahrpläne und Fahrpreise kann man anfordern oder downloaden bei:
Artic Umiaq Line a/s, Headoffice
Vandsøvej 10, P.O. Box 608
DK–3900 Nuuk,
Tel. +299-3252 11
Fax +299-323211
E-Mail: aul@greennet.gl
www.greenland-guide.gl/aul

UNTERKUNFT & RESTAURANTS

Unterkunft

Die großen Hotels in den Städten sind fast alle in den letzten 15 Jahren gebaut worden und verfügen über einen recht hohen Standard, der mit dem Klassifizierungssystem noch gehoben werden soll. Einige der Hotels bieten zudem ausgezeichnete Konferenzmöglichkeiten. Diese Hotels sind in der Regel sehr teuer, aber haben z. T. noch einen Anbau mit preiswerteren Zimmern. Zu den Häusern gehört auch ein Restaurant. Zurzeit gibt es neun klassifizierte Häuser.

Die im Reiseteil erwähnten Preiskategorien der Unterkünfte teilen sich wie folgt auf (zwei Personen im Doppelzimmer mit Frühstück):

Preisklasse 1:   bis 600 DKK
Preisklasse 2:   600–1000 DKK
Preisklasse 3:   über 1000 DKK

Ältere und nicht klassifizierte Hotels haben eine einfachere Ausstattung, einige auch keine Zimmer mit eigenem Bad. Diese Häuser sind dennoch zu empfehlen und meist auch preiswerter.

Sehr angenehm und gut ausgestattet sind die fünf Seemannsheime in Aasiaat, Maniitsoq, Nuuk, Qaqortoq und Sisimiut. Hier empfiehlt sich eine vorherige Anmeldung, denn die Häuser sind sehr beliebt. Meist hat man ein Bett, und das zweite Bett ist eine Schlafcouch, die aber genauso bequem ist. Die Zimmer sind nicht sehr groß, aber sehr zweckmäßig mit Fernseher, Telefon und Bad ausgestattet.

In Sisimiut und Qaqortoq gibt es Volkshochschulen, in denen während der Sommermonate Seminare angeboten werden und die auch Zimmer vermieten. Je nach Bedarf mit oder ohne Bettzeug. Die Räume sind groß, und da sie während des übrigen Jahres als Internatszimmer genutzt werden, auch mit sehr praktischen Möbeln, wie z. B. einem Schreibtisch ausgestattet. Auch hier gibt es unterschiedliche Kategorien, vom komfortablen Hotelzimmer zur einfacheren Ausführung mit Etagenbett. Die Preise sind im Verhältnis zur Unterbringung sehr günstig.

Einige Orte bieten auch Jugendherbergen an, doch unter diesen Begriff können auch Schulen, Colleges und Arbeiterunterkünfte fallen. Diese Herbergen sind in der Regel sehr preiswert und haben meistens auch gemütliche Einzelzimmer.

Auf einigen Wanderrouten werden Hütten erwähnt. Auch diese Bezeichnung kann für sehr unterschiedliche Unterkünfte verwendet werden. Klassisch sind die offenen Jägerhütten der Inuit, die meist eine sehr bescheidene Ausstattung haben. Im Falle eines Sturmes ist man aber froh, überhaupt ein festes Dach über dem Kopf zu haben. Höheren Standard findet man in neuen Hütten vor, z. B. in Igaliko, oder in alten, renovierten Häusern. Die Schafzüchter stellen ihre Hütten in der Nähe der Höfe auch zur Verfügung.

In manchen Orten ist es heute schon möglich, privat unterzukommen. Bed & Breakfast wird über die örtlichen Touristeninformationen angeboten und ist eine preiswerte und auch sehr interessante Alternative zu anderen Unterkünften.

Einige Städte und Siedlungen haben spezielle Campinggebiete ausgewiesen und sie mit verschiedenen Einrichtungen ausgestattet, wobei man allerdings internationalen Standard nicht erwarten sollte. Eine Buchung im Voraus ist nicht erforderlich; die Abrechnung erfolgt entweder beim täglich erscheinenden *Warden* oder beim örtlichen Fremdenverkehrsbüro. In einigen Orten sind sie sogar noch umsonst.

Bis auf folgende Einschränkungen ist das Zelten in Grönland überall erlaubt: Nicht auf landwirtschaftlichen Anbauflächen oder eingezäunten Weiden; nicht in der Nähe von Siedlungen und Städten unweit der Seen und Wasserläufe, aus denen die Bevölkerung ihr Trinkwasser bezieht; nicht in der Nähe von Ruinen oder anderen historischen Relikten.

Restaurants

Die Preise für grönländische Gerichte liegen in Restaurants zwischen 100 und 200 DKK ohne Getränke. Das Angebot an Restaurants ist in den großen Städten recht gut, und die Lokale haben durchaus internationalen Standard. Zu allen großen Hotels gehört ein Restaurant, in dem man meist sehr gut isst und sitzt. Die Speisen mit den frischen grönländischen Produkten sind hervorragend, vor allem Rentier, Lamm, Moschusochse und natürlich Fisch. Die Preise für alkoholische Getränke liegen deutlich höher als in Deutschland.

Grönländische Spezialitäten

Schweinepest und Rinderwahnsinn kennt man in Grönland nicht, solange man sich an die ortsüblichen Speisen hält. Allgemein wird viel Fleisch gegessen und das grönländische Nationalgericht Suaasat: eine besonders kräftige Suppe mit Reis und Zwiebeln, zu der das gekochte Robbenfleisch separat gegessen wird.

Einige Restaurants bieten regelmäßig ein Grönland-Büfett an, auf dem rohes Robbenfleisch in kleinen Stücken angeboten wird. Das sehr dunkle, fast schwarze Fleisch hat einen äußerst kräftigen Geschmack, der für europäische Gaumen zunächst ungewohnt ist. Doch es gibt auch Gerichte, bei denen man das Fleisch wie ein Steak brät.

Eine besondere Delikatesse ist Mattak: Walhaut mit einer dünnen Speckschicht, die normalerweise in kleinen Würfeln gegessen wird. Es kann anfangs ein bisschen zäh sein, doch wenn man ausgiebig kaut, entwickelt sich langsam ein nussartiger Geschmack. Eine Verfeinerung ist die Mattak-Suppe oder Mattak vom Grill. Walfleisch selber erinnert vom Aussehen her an Rindfleisch, und Steaks aus Walfleisch mit Zwiebeln und Kartoffeln sind ein Gedicht! Die Möglichkeiten der Zubereitung sind genauso vielfältig wie bei dem uns vertrauten Rindfleisch.

Moschusochsenbraten hat einen Wildgeschmack und das grönländische Lammfleisch zählt zu dem besten der Welt. Die Lammkoteletts kann man fast ohne jedes weitere Gewürz zubereiten, dennoch werden häufig frische grönländische Kräuter dazu gereicht.

RESTAURANTS

Die Inuit haben von jeher Vögel gefangen, und Papageitaucher- oder Eiderentenbrust sind gebraten ein delikates Essen.

Zu den übrigen Spezialitäten auf dem Mittagstisch zählen Kammmuscheln, geräuchertes Walfleisch, Rotbarschfilet, marinierte Forelle, Rollwurst aus grönländischem Lammfleisch sowie natürlich die großen, wohlschmeckenden Krabben.

Das beste Getränk ist frisches grönländisches Wasser, gekühlt mit jahrtausendealten Eiswürfeln.

AKTIVITÄTEN

Angeln

Jeder, der in Grönland angeln möchte und das 18. Lebensjahr vollendet hat, braucht einen Angelschein, ausgestellt bei der örtlichen Touristeninformation oder von der Polizei. Angelscheine gibt es für einen Tag und bis zu einem Monat.

Alle Gebiete in Grönland haben gute Forellengewässer, vor allem die Flüsse im Küstenbereich sind hervorragende Plätze. Sportangler bevorzugen vor allem die Meeresforellen – oder auch Seesaibling genannt –, die zwischen Juli und September gut genährt in ihren Geburtsfluss zurückkehren.

Beliebt ist auch das Meeresangeln vor allem von Heilbutt, Seewolf, Dorsch und Rotbarsch. In einigen Orten wird während der Wintermonate auch Eisangeln angeboten.

Arctic Circle Race

Zum fünften Mal startet 2001 das 160 km lange Cross-Country-Skirennen von Sisimiut aus. Das Rennen dauert drei Tage, und Aktive aus mehr als 20 Nationen nehmen inzwischen daran teil. Information und Anmeldung:
Arctic Circle Race
P.O. Box 65, DK–3911 Sisimiut
Tel. +299-86 48 48
Fax +299-86 56 22
E-Mail: acr@greennet.gl, www.acr.gl

Bergsteigen

Bergtouren in Grönland unterscheiden sich von denen in europäischen Berggebieten insofern, als Hilfen in Form von gekennzeichneten Pfaden, bekannten Routen, Beschilderungen nicht vorhanden sind! Aber für jeden, der gern in einer wilden und grandiosen Berglandschaft klettern möchte, ist Grönland der ideale Ort. Doch für Touren in entlegenen Gebieten muss man eine Genehmigung des Dänischen Polarcenters einholen (s. u.) Generell muss man sich darauf einstellen, dass man voll und ganz auf sich gestellt ist. Entsprechend sollte die eigene Kondition, Ausrüstung und Erfahrung sein. Organisierte Bergtouren werden vor allem in Ostgrönland angeboten (s. S. 190ff.).

215

Expeditionen

Immer wieder hört oder liest man von Inlandeisüberquerungen, fast könnte man glauben, es sei »der Spielplatz der Helden«. Weniger hört oder liest man über die zahlreichen gescheiterten Versuche, manche endeten sogar tödlich. Deshalb müssen alle, die in isolierten Gebieten Berge oder Gletscher besteigen, das Inlandeis überqueren, den grönländischen Nationalpark besuchen oder sich anderweitig extrem betätigen wollen, eine entsprechende Genehmigung beim Dänischen Polarcenter beantragen. Das gilt auch für wissenschaftliche Untersuchungen im Nationalpark, selbst wenn sie keinen Expeditionscharakter haben. Sofern das Dänische Polarcenter die angemeldete Aktivität als nicht verantwortbar einstuft, kann es ein entsprechendes Verbot aussprechen. Wer zuwiderhandelt muss mit entsprechenden Strafen rechnen. Außerdem sind Versicherungen notwendig, sowie die Hinterlegung einer finanziellen Sicherheit für eine eventuelle Rettungsaktion.

Über das Polarcenter kann ein Faltblatt der Kommission für wissenschaftliche Untersuchungen in Grönland angefordert werden, das weitere Informationen und Anforderungen an Expeditionen und wissenschaftliche Untersuchungen enthält. Wer sich nicht sicher ist, ob er eine zusätzliche Genehmigung benötigt, sollte sich bei der Greenland Touristinformation in Kopenhagen informieren. Expeditionsgenehmigungen müssen bis spätestens 31.12. für das kommende Jahr beantragt werden:
Dansk Polarcenter, Strandgate 100H
DK–1401 Kopenhagen K

Tel. +45-32-88 01 00
Fax +45-32-88 01 01
E-Mail: dpc@dpc.dk, www.dpc.dk

Gletschertouren

Nur für erfahrene Eisgänger und mit bester Ausrüstung. Informationen zu Veranstaltern und Führern kann man über die grönländischen Touristeninformationen in den jeweiligen Orten (s. Reiseteil) erhalten.

Golf

Es gibt zwei ›konventionelle‹ Golfplätze in Grönland, ein 18-Loch-Platz in Kangerlussuaq und ein 9-Loch-Rasenplatz in Nuuk. Im Frühjahr findet die Eisgolf-Weltmeisterschaft in Uummannaq, einem ungewöhnlichen Platz in einer ungewöhnlichen Umgebung, statt, außerdem besteht auch für Spieler mit höherem Handicap die Möglichkeit zu spielen. Informationen: www.greenland-guide.gl/icegolf

Greenland Adventure Race

Ende August/Anfang September findet in Südgrönland das Greenland Adventure Race statt, ein Triathlon-Wettbewerb der grönländischen Art. Am ersten des insgesamt vier Tage dauernden Wettkampfes läuft man über einen Gletscher und schwimmt anschließend durch einen Gletscherfluss. Am zweiten Tag geht es per Mountainbike 50 km kreuz und quer durch die wunderschöne grönländische Landschaft. Der dritte und mit Sicherheit anstrengendste Tag ist ein

AKTIVITÄTEN

55-km-Lauf zwischen Sillisit und Narsaq mit einigen Pässen (bis 1000 m Höhe) und Bergen. Anschließend mit dem Kajak nach Qaqortoq. Am letzten Tag heißt es wieder laufen. Informationen und Anmeldung: Greenland Adventure Race Committee, P.O. Box 148, DK–3921 Narsaq
Tel. +299-66 13 25,
Fax +299-66 13 94
E-Mail: info@2narsaq.gl, www.gar.gl

Hundeschlittentouren

Für eine Fahrt mit dem Hundeschlitten ist Grönland genau das richtige Land. Die Angebote reichen von halbtägigen oder Tagestouren über den ebenen Fjord, ein Spaß für jedermann, bis zu den mehrwöchigen Touren und Jagdausflügen. Hier muss man schon mitarbeiten, vor allem wenn es bergauf geht, dann heißt es absteigen und schieben, und zwar im Tempo der Hunde. Hundesschlitten und Schlittenhunde gibt es nur nördlich von Sisimiut an der Westküste sowie an der gesamten Ostküste. Die beste Zeit für eine Schlittentour ist von März bis April. Auf der Diskoinsel sind Hundeschlittenfahrten jedoch das ganze Jahr über möglich (s. Reiseteil).

Kajak- und Kanutouren

Grönland bietet praktisch unerschöpfliche Möglichkeiten entlang der Küste mit ihren tiefen Fjordsystemen und den endlos anmutenden Schären. Aber Kajak- oder Kanutouren stellen auch hohe Anforderungen. Wetterumschwünge und starke Windstöße

bringen einen in einem so kleinen und instabilen Gefährt schnell in Lebensgefahr! Lange, steile Klippenküsten machen bei starkem Wind die Anlandung unmöglich. Besonders bei dichtem Nebel kann die Orientierung in Schären und Fjorden schwierig sein, auch können unvermutet Riffe große Probleme bereiten. Nicht zu unterschätzen sind die Eisberge, die nicht immer so stabil sind wie sie scheinen. Das Kajak- und Kanufahren in den grönländischen Meeresgebieten erfordert deshalb Erfahrung, Kraft und Kenntnisse der örtlichen Gegebenheiten und höchste Vorsicht gegenüber den Launen der Natur. Wer sich all das nicht zumuten möchte, braucht aber trotzdem auf dieses einmalige Erlebnis nicht zu verzichten. In vielen Küstenorten bieten erfahrene Outfitter organisierte und geführte Touren an.

Marathon und andere Extremsportarten

Jedes Jahr Ende Juli findet seit 1990 in Nuuk ein internationaler Marathon statt. 2000 nahmen ca. 250 Starter in verschiedenen Klassen und Distanzen teil. Informationen und Anmeldung: Nuuk Marathon, P.O. Box 739
DK–3900 Nuuk
E-Mail: marathon@nuuk.net
www.nuuk-marathon.gl

Outfitter

Outfitter ist ein Zusammenschluss von selbstständig arbeitenden Tourunternehmern. Um die Bezeichnung ›Outfitter‹ zu erhalten, müssen die Anwärter verschiedene Fähigkeiten nachweisen, unterteilt in 10 Sparten: Jagen, Fischen, Kajaktouren, Beherbergung, Bootsfahrten, Expeditionen, Skilauf und ähnliche Sportarten, Hundeschlittentouren, Snowmobilfahrten und Wandern. Die Vergabe der Berechtigung gilt jeweils nur für ein Jahr und kann nach Ablauf durch eine erneute Prüfung wieder für ein Jahr verlängert werden. Da eine der Voraussetzung ist, dass man Grönländer ist bzw. schon lange in Grönland lebt, erhält man über den Outfitter unmittelbaren Kontakt zum wirklichen grönländischen Leben. Außerdem unterstützt man die Grönländer ohne Umweg über ausländische Veranstalter.

Skilaufen

Im Winter ist Skilaufen überall in Grönland möglich – einen Mangel an Schnee gibt es nicht! Die Hochsaison dauert in den nördlichsten und rauesten Regionen von März bis Mai, während im Süden die Saison einen Monat früher beginnt und aufhört. In Tasiilaq an der Ostküste liegt noch Anfang Juni Schnee. Die größte alpine Pistenanlage mit Liften ist in Nuuk; weitere Skilifte befinden sich in Sisimiut, Qasigiannguit, Maniitsoq, Narsaq und Tasiilaq. Das Apussuit Ski Center, ca. 35 km von Maniitsoq entfernt, ist seit Jahren das bevorzugte Sommerskigebiet. Auf dem Lynmarksgletscher auf der Diskoinsel sind ganzjährig Skitouren, Skiangläufe und andere Schneeaktivitäten möglich. Wer von längeren Skitouren in unberührter Natur träumt und dies auch beherrscht, findet in Grönland unerschöpfliche Möglichkeiten. Dies

gilt auch für den Skilanglauf. In den meisten Städten an der Westküste haben die Kommunen in Zusammenarbeit mit örtlichen Skivereinen Langlaufloipen erstellt. Weitere aktuelle Informationen über mögliche Skiaktivitäten in Grönland erteilen die örtlichen Touristeninformationen.

Vogelbeobachtung

Jede Region, jede Stadt und jedes Dorf hat Stellen für Vogelbeobachtungen. Vor allem in den Fjorden gibt es faszinierende Vogelfelsen mit Tausenden von Seevögeln. Prinzipiell kann man sagen, je steiler der Felsen, desto interessanter die Populationen, so sieht man dort mitunter auch seltene Vögel – bis hin zum Adler. Besonders die Vogelbeobachtung in den Fjorden nördlich von Maniitsoq und Uummannaq ist sehr lohnend. Jede örtliche Touristeninformation kann Auskunft darüber geben, wo zu welcher Zeit die interessantesten Beobachtungsgebiete sind und wie man dorthin kommt.

Walbeobachtung

Viele Orte bieten über die Touristeninformation Walbeobachtungen an. Im Reiseteil werden entsprechende Hinweise bei den einzelnen Orten gegeben.

Wandern

Grönland ist ein Paradies für Wanderer, vorausgesetzt man erwartet keine Markierungen oder eindeutige Wege

AKTIVITÄTEN

und verfügt über die entsprechende Fitness, genügend Orientierungssinn sowie Wanderfahrung. Dass man mit Karte und Kompass umgehen kann, ist genauso selbstverständlich, wie eine hervorragende Ausrüstung. Wandern in Grönland heißt Einsamkeit und unberührte Natur, aber einfach aus dem Flugzeug steigen und loslaufen ist nicht angeraten. Es empfiehlt sich, Karten, Routenbeschreibungen und andere Informationen gründlich zu studieren, bevor man sich entscheidet, in welchem Gebiet man wandern möchte. Einige Touren dauern bis zu 14 Tagen, und es kann sein, dass man keinen Menschen antrifft. Dazu kommt ein relativ unberechenbares Wetter, selbst im Sommer kann es schneien. Nebel, Regen und Sturm sind meistens zu erwarten, d. h. man kann durchaus einmal mehrere Tage ans Zelt ›gefesselt‹ sein, was bei der Planung zu berücksichtigen ist.

Die Wandergebiete in Grönland, die am umfassendsten beschrieben, am weitesten entwickelt und am leichtesten zugänglich sind, liegen im Süden sowie im Gebiet um Kangerlussuaq. Die Strecke zwischen Kangerlussuaq und Sisimiut gehört zu den klassischen Routen in Grönland. Dadurch ist sie in den Sommermonaten stärker frequentiert. Reizvoll ist auch das Gelände im Gebiet nordöstlich von Nanortalik, im Inneren des Fjords Nuup Kangerlua sowie in den Gebie-

ten nördlich und südlich von Ilulissat. Eine besondere Herausforderung sind Wanderungen in Ostgrönland. Fast bei jeder Tour kommt man an Flüsse, die man durchwaten muss. Besonders unangenehm sind Gletscherflüsse, zum einen sehr kalt und zum anderen trübe. Je nach Stärke können die Flüsse durchaus oberschenkelhoch sein, deshalb sollte man immer nach dem Drei-Punkte-Prinzip queren, d. h. entweder bewegt man eine Watstange oder ein Bein weiter, die anderen zwei ›Beine‹ dienen der Stabilisation. Watstangen sind ein Muss, ideal sind Skistöcke. Auf den Wanderkarten sind die besten Furten eingetragen.

Umsichtiges Verhalten ist auf Wanderungen in Grönland doppelt und dreifach wichtig, es kann sehr lange dauern, bis jemand vorbeikommt, der Ihnen hilft. Nehmen Sie ein ANNA-Notpaket (s. S. 220) mit und melden Sie sich ab, wenn Sie eine längere Wanderung starten. Umsicht gilt auch im Umgang mit der Natur. Verlassen Sie die Plätze so, wie Sie sie vorgefunden haben, Steine sind keine Souvenirs! Vermeiden Sie offenes Feuer, und stören Sie die Tiere nicht. Denken Sie daran, Gatter und Tore wieder hinter sich zu verschließen, wenn Sie durch eingezäuntes Terrain wandern.

Geführte Wanderungen werden von den jeweiligen Touristeninformationen und Outfittern vor Ort angeboten.

REISEINFORMATIONEN VON A BIS Z

Ärztliche Versorgung

Grönland bietet dem Reisenden in bewohnten Gegenden einen lückenlosen medizinischen Service (Auslandskrankenschein mitnehmen). In kleineren Siedlungen sind auf alle Fälle sehr gut ausgebildete Sanitäter vor Ort. Akutbehandlungen, einschließlich Zahnbehandlungen, sind wie die notwendigen Medikamente kostenfrei. In besonders kritischen Fällen wird auch ein Flugtransport zum Hauptkrankenhaus in Nuuk oder sogar nach Kopenhagen bezahlt. Reisende, die regelmäßig Medikamente einnehmen müssen, sollten entsprechende Vorräte mitnehmen. Ansonsten kann man in den KNI-Läden allgemein übliche Medikamente kaufen.

Aids

Auch in Grönland hat man HIV-positiv Erkrankte diagnostiziert, entsprechend laufen im Land Safer-Sex-Kampagnen. Angemessenes Verhalten empfiehlt sich auch hier. Kondome erhält man in den KNI-Läden.

ANNA-Notpaket

Das von Greenlandair und Selbstverwaltung zusammengestellte ANNA-Notpaket enthält in einer A5-Hülle (560 g, Volumen ca. $^3/_4$ l) Trillerpfeife, Kompass, Signalraketen (Abschussrohr und Patronen), Signalspiegel, Windsack, Signalflagge sowie eine Anleitung. Das ANNA-Notpaket gibt es in allen KNI-Läden zum Preis von rund 460 DKK.

Feste und Feiertage

Neujahr; heilige Dreikönige (Epiphanias); Osterfeiertage von Gründonnerstag bis Ostermontag; 30. April: Bettag; 1. Mai: Einführung der Selbstverwaltung und Tag der Arbeit; Pfingsten; 21. Juni: Nationalfeiertag ›Ullortuneq‹, 1985 wurde an dem Tag die Flagge offiziell eingeweiht, außerdem ist es der längste des Jahres und wird im ganzen Land mit Reden, Kulturveranstaltungen und Sportereignissen begangen; 24.–26. Dezember: Weihnachten; Silvester wird zweimal gefeiert, um 20 Uhr mit Verwandten und Freunden in Dänemark und um 24 Uhr.

Fotografieren

Es ist ratsam, ausreichend Material mitzunehmen, da Filme in Grönland sehr teuer und nicht in allen Varianten erhältlich sind. In vielen Fällen ist ein Pol- oder UV-Filter hilfreich. Im Sommer reichen Filme mit einer Empfindlichkeit von 100 oder 200 ASA aus, außer man möchte Tierfotos mit großen Brennweiten machen. Dann ist auch ein stabiles Stativ empfehlenswert.

REISEINFORMATIONEN VON A BIS Z

Geld und Banken

Die dänische Krone (100 DKK = 13,40 € und 20,58 CHF) ist die offizielle Währung in Grönland. Bargeld darf unbeschränkt ein- und ausgeführt werden. Euroschecks und Reiseschecks lösen die grönländischen Banken ein, Postschecks die Postämter. Kreditkarten (Visa, Diners und Eurocard) werden fast nur in den größeren Städten akzeptiert sowie in den meisten Hotels, Unterkünften und Touristeninformationen. Geldautomaten, an denen man mit EC- und Kreditkarten Geld ziehen kann, stehen in den Städten bei den Banken oder Postämtern. In kleineren Siedlungen übernimmt die Kommuneverwaltung, manchmal nur ein kleines Büro, auch die Bank- und Postaufgaben. Wer sich vor allem in kleinen Siedlungen aufhalten will, sollte sich vorher dennoch mit ausreichend Bargeld versehen.

Internetcafés

Es gibt in drei Städten Internetcafés: Nuuk, Industrivej; Sisimiut, Aqqusinersuaq 64 und Ilulissat, Kussangajaannguaq 11.

KNI

KNI (Kalaallit Niuerfiat) steht für ›Grønland Handel‹ und bezeichnet die staatlichen Läden. An den Gebäuden steht meist noch ›Pisiffik‹. In den kleineren Siedlungen beherbergen sie außerdem die Verwaltungsbüros für Post, Bank und Transport.

Lesetipps

Kalaallit Nunaat. Atlas. Nuuk 1993. Der Atlas über Grönland zeigt nicht nur die Küstenregionen, sondern gibt auch Erklärung der Geologie, des Eises etc. (Englisch und Grönländisch).

Fred Bruemmer. Mein Leben mit den Inuit. München 1995. Der Reporter und Fotograf schildert mit einer großen Faszination das Leben im Norden in den letzten 30 Jahren.

Klaus Böldl. Studie in Kristallbildung. Frankfurt 1997. Ein Roman über einen Deutschen in Tasiilaq, Ostgrönland, der im Hotel arbeitet. Einige sehr interessante Beschreibungen des Ortes.

Eskimo-Märchen. Frankfurt 1996. Die Märchen wurden der Rasmussen-Sammlung entnommen und vermitteln viel über das traditionelle Denken und die alte Welt der Inuit.

Kenn Harper. Minik. Der Eskimo von New York. Bremen 1999. Robert Peary nahm den Jungen Minik und dessen Vater als lebende Ausstellungsstücke nach New York mit. Dort stirbt der Vater, und für den Jungen beginnt ein entwurzeltes Leben.

Peter Høeg. Fräulein Smillas Gespür für Schnee. München 1994. Der Roman, der die Existenz Grönlands bei Vielen ins Bewußtsein brachte, auch wenn er überwiegend in Kopenhagen und auf dem Meer spielt.

Aqqaluk Lynge. Inuit – the story of the Inuit Circumpolar Conference. Nuuk 1993 (Englisch, Französisch, Grönländisch). Der Kampf um die Eigenständigkeit und für die Rechte der Inuit sowie ihre Probleme mit der westlichen Welt und der ehemaligen Sowjetunion werden hier gut dargestellt.

Ivars Silis. Frozen Horizons. The world's largest National Park. Nuuk

1995 (Englisch). Einer der besten Fotografen und Kenner Grönlands, dessen Bilder die Kälte fühlbar machen. Ersetzt – fast – die Reise in den Nationalpark.

Jane Smiley. Die Grönland Saga. Frankfurt 1992. So könnte das Leben der Wikinger in den letzten 100 Jahren ihrer Anwesenheit in Grönland ausgesehen haben. Ein spannender Roman im Stil der alten Sagas.

Märta Tikkanen. Der große Fänger. Reinbek bei Hamburg 1990. Tikkanens Roman schildert ihre Lesereise durch Südgrönland und eine Liebesbeziehung. Schöne und treffende Beschreibungen Grönlands.

Wer sich für **Expeditionen** interessiert, sollte sich in Antiquariaten nach Ausgaben von Nansen, Wegener oder Rasmussen umsehen.

Mücken

Überall in Grönland sind sie eine Plage, lediglich in Gebieten mit Schafen sind sie weniger zahlreich. Da nicht unbedingt jeder Mückenmittel schätzt und sie auch teilweise wirkungslos sind, sollten diejenigen, die mit Mückenstichen größere Probleme haben, ein vernünftiges Moskitonetz kaufen. Gute bekommt man bei Outdoorausrüstern.

Notruf

Die jeweiligen Telefonnummern in den Städten für die Polizei, das Krankenhaus und die Feuerwehr stehen im Telefonbuch auf einer der ersten Seiten.

Öffnungszeiten

Geschäfte habe in der Regel von 9.30 oder 10 Uhr bis 17.30 Uhr geöffnet (einige kleinere Läden und Privatgeschäfte auch täglich bis 22 oder 23 Uhr), freitags bis 19 Uhr und samstags bis 13 Uhr. Sonntags geschlossen.

Post

Alle Städte haben ein Postamt und eine Telegrafenstation, wo auch Faxe versendet und empfangen werden.

Radio und Fernsehen

KNR, Kalaallit Nunaat Radio, die nationale Rundfunk- und Fernsehstation, sendet viermal täglich im Radio Nachrichten auf Dänisch und Grönländisch und im Fernsehen jeden Abend auf Grönländisch. Ansonsten wird das Fernsehprogramm weitestgehend aus Dänemark übernommen. In einigen Städten gibt es noch lokale Radio- und Fernsehstationen.

Schlittenhunde

So niedlich die Hunde aussehen, streicheln Sie sie nicht, es sind keine Schmusetiere. Falls Welpen auf Sie zustürmen, versichern Sie sich, dass die Mutter angekettet ist, es könnte sein, dass sie sonst angreift.

Sonnenschutz

Verwenden Sie einen Sonnenschutz mit hohem Lichtschutzfaktor, denn

REISEINFORMATIONEN VON A BIS Z

Sie sind nicht nur der Sonne ausgesetzt, sondern auch der Reflexion von Eis und Meer.

Souvenirs

Einige Länder haben für Produkte, die aus Grönland stammen, wie z. B. Gegenstände aus Walzähnen oder Eisbärkrallen Einfuhrverbote verhängt. Daher braucht man eine Bescheinigung, die bestätigt, dass das betreffende Produkt nicht von einer bedrohten Tierart stammt. Weitere Informationen sowie die entsprechende Bescheinigung erhält man in grönländischen Läden, den Touristeninformationen und beim Ministerium für Gesundheit und Umwelt, Tel. +299-346701, Fax +299-325286.

Telefonieren

Nationale und internationale Telefonate kann man von jedem Postamt oder jeder Telegrafenstation aus führen, in den Siedlungen im örtlichen KNI-Büro. In den Städten und größeren Siedlungen gibt es Münztelefone, von denen man ebenfalls in Ausland anrufen kann. Ursprünglich wurde in Grönland das Mobilfunksystem NMT installiert. Seit 1999 wird aber verstärkt das GMS-System aufgebaut, welches in den Städten bereits funktioniert. Ob Ihr Provider einen Roaming-Service in Grönland anbietet, müssen Sie mit ihm abklären.
Vorwahl nach Grönland: +299 + Teilnehmernummer.
Vorwahlen von Grönland: Deutschland: 00949; Österreich: 00943; Schweiz: 00941.

Trinkgeld

Generell ist das Trinkgeld im Preis enthalten, auch bei den Rechnungen der Outfitter, doch wenn die Bedienung oder die Betreuung besonders gut war, wird ein zusätzliches Trinkgeld gegeben.

Zeit

Die offizielle Zeit ist GMT −3 Stunden, d. h., wenn es in Deutschland, Österreich und der Schweiz 12 Uhr ist, ist es 8 Uhr in Grönland. Diese Zeit gilt an der Westküste und auch an der Ostküste im Gebiet von Tasiilaq.

Insgesamt gibt es in Grönland aber vier Zeitzonen. Wenn es in Nuuk 12 Uhr ist, ist es 14 Uhr in Ittoqqortoormiit und 15 Uhr in Nordostgrönland. Für Tasiilaq wäre die korrekte Zeit dann 13 Uhr. Die amerikanische Airbase Pituffik fällt völlig aus den Zeitzonen, sie hat die Zeit der Ostküste der USA.

Zeitungen

Es gibt zwei zweisprachige Zeitungen – Grönländisch und Dänisch –, die im gesamten Land erscheinen: Atuagagdliutit/Grønlandsposten, 1861 gegründet, mit einer Auflage von 5000 Exemplaren, jeweils dienstags und donnerstags; Sermitsiaq, 1958 gegründet, auch 5000 Exemplare, jeden Freitag. Außerdem gibt es noch zahlreiche regionale Zeitungen und dänische. In größeren Orten findet man in den Geschäften auch amerikanische Magazine.

SPRACHFÜHRER

Grönländisch (kalaallisut) gehört zur Familie der ostinuitischen Sprachen. Es ist eine polysynthetische Sprache, d. h. einzelne, z. T. sehr lange Wörter stehen für ganze Sätze in europäischen Sprachen. An den Wortstamm werden weitere Suffixe angehängt.

Grönländisch hat eine sehr eigene Melodie und gutterale Laute, die es in unserer Sprache gar nicht gibt. Die Aussprache kann man nur durch Zuhören erlernen. Die nachfolgenden Vokabeln sollen die Orientierung in den Orten etwas erleichtern, wo fast alles auf Grönländisch beschriftet ist.

Alltagsbegriffe

Guten Tag	kutaa
Guten Morgen	kumoorn
Auf Wiedersehen	baaj
Danke	qujanaq
Nein, danke	naamik qujanaq
Wie heißen Sie?	qanoq ateqarpit?
Ich heiße	...-mik ateqarpunga
Wie bitte?	qanoq?
ja	aap/suu
nein	naamik
Bis bald	takuss
Montag	ataasinngorneq
Dienstag	marlunngorneq
Mittwoch	pingasunngorneq
Donnerstag	sisamanngorneq
Freitag	tallimanngorneq
Samstag	arfininngorneq
Sonntag	sapaat

Transport

Flugzeug	timmisartoq
Hubschrauber	helikopteri
mit dem Hubschrauber	helikopterimik
Heliport	heliporti
Flughafen	mittarfik
zum Flughafen	mittarfimmut
Ticket	billettit
Abflug	aallartussat
Ankunft	tikittussat
Schiff	umiarsuaq
in einer Kabine	akisunermi
offenes Boot	umiatsiaq
Hund	qimmeq
Schlitten	qamutit
über das Eis	sikukkut
auf dem Land	nunakkut

Zeichen und Begriffe in Orten

Ausgang	anisarfik
Eingang	isertarfik
(Tür) drücken	ajallugu
(Tür) ziehen	nusullugu
Frauen	arnat
Männer	angutit
geschlossen	matuvoq
geöffnet	ammavoq
außer Betrieb	ajorpoq
Laden	pisiniarfik
Schule	atuarfik
Sporthalle	timersortarfik
Museum	katersugaasivik
Touristeninformation	takornarissanut allaffik
Post	allakkerivik
Bank	aningaaserivik
Bushaltestelle	bussit unittarfiat
Öffnungszeiten	ammasarfii
Restaurant	neriniartarfik
Hotel	hoteli

SPRACHFÜHRER

Geografische Begriffe

Gletscher(zunge)	sermeq
Inlandeis	sermersuaq
Berggletscher	sermertaq
Gletscherfjord	sermilik
Wasserfall	qorlortoq
Fluss	kuuk, kuua
See	taseq
Insel	qeqertaq
Halbinsel	qeqertaasaq
Berg	qaqqaq
Fjord	kangerluup, kangerluk
Felsen	innaq

Restaurant und Speisekarte

Walfleisch	arfrup neqaa
Robbenfleisch	puisip neqaa
Rentierfleisch	tuttup neqaa
Moschusochsen- fleisch	umimmaap neqaa
Lammfleisch mit Kartoffeln	savap neqaa- lerlugu naatsiiat
Brot	iffiaq
Gemüse	naatitat
Erfrischungsgetränke	sodavandi
Bier	immiaaraq
Wein	viinni
Kaffee	kaffi
Tee	tii
Wasser	imeq

Unterkunft

Kann ich ein Zimmer bekommen?	Inissamik pisinnaavunga?
Mit Frühstück?	Ullaakkorsiutit ilanngullugit?
ein Einzelzimmer	ini kisimiittariaq
ein Doppelzimmer	ini marluuttariaq
mit Bad	uffarfilik
ohne Bad	uffarfeqaangitsoq
eine Nacht	unnuk ataaseq
Frühstück	ullaakkorsiutit
Mittagessen	ullo'qeqqasiutit
Abendessen	unnukkorsiutit

Zahlen

Es gibt nur für die Zahlen 1 bis 12 grönländische Begriffe, ansonsten wird Dänisch gezählt.

1	ataaseq
2	marluk
3	pingasut
4	sisamat
5	tallimat
6	arfineq/arfinillit
7	arfineq marluk
8	arfineq pingasut
9	qulingiluat
10	qulit
11	aqqaneq/aqqa- nillit isikkaneq
12	aqqaneq marluk

Bitte schreiben Sie uns, wenn sich etwas geändert hat!
Alle in diesem Buch enthaltenen Angaben wurden von der Autorin nach bestem Wissen erstellt und von ihr und dem Verlag mit größtmöglicher Sorgfalt überprüft. Gleichwohl sind – wie wir im Sinne des Produkthaftungsrechts betonen müssen – inhaltliche Fehler nicht vollständig auszuschließen. Daher erfolgen die Angaben ohne jegliche Verpflichtung oder Garantie des Verlages oder der Autorin. Beide übernehmen keinerlei Verantwortung und Haftung für etwaige inhaltliche Unstimmigkeiten. Wir bitten dafür um Verständnis und werden Korrekturhinweise gerne aufgreifen:
DuMont Buchverlag, Postfach 10 10 45, 50450 Köln
E-Mail: reise@dumontverlag.de

ABBILDUNGSNACHWEIS

Sabine Barth, Bergisch-Gladbach   Abb. S. 147, 160/161
Johannes M. Ehmanns, Bergisch-Gladbach   Abb. S. 38, 40, 52/53, 55, 58, 61, 70, 80, 92, 122, 155, 172, 184/185, 196/197, 198
Hans Klüche, Bielefeld   Abb. S. 28/29, 76, 91, 104
P. S. Kristensen/laif, Köln   Titelbild, Abb. S. 50, 57, 84, 88, 100, 103, 148, 194
Hans Joachim Kürtz, Kiel   Umschlagklappe vorn, Abb. S. 1, 2/3, 18, 24, 35, 48, 60, 62, 68, 106/107, 119, 125, 126, 135, 139, 143, 150, 163, 204
Hubert Stadler, Fürstenfeldbruck   Umschlagklappe hinten, Abb. S. 10/11, 14, 17, 22, 95, 109, 114, 130/131, 152, 156, 166/167, 171, 176, 179, 188/189, 200/201, 206

Karten und Pläne: Berndtson & Berndtson Productions GmbH, Fürstenfeldbruck
© DuMont Buchverlag, Köln

REGISTER

Personen

Andreassen, Kârale 47, 195, 198
Aron fra Kangeq 45, 57, 65
Berthelsen, Rasmus 44, 59
Biilman, Martha 127
Bojsen-Møller, Helge 120, 162, 171, 178, 197
Brønlund, Jørgen 59, 144, 173
Bruun, J. H. 170
Christiansen, Thue 39
Cortsen, P. A. 198
Danielsen, Jakob 162, 167
Egede, Hans 32, 55, 58, 59, 62, 65, 117, 193
Egede, Niels 134, 136, 138
Egede, Poul 138

Einar Mikkelsen 195, 197
Eiríkur Thorvaldson, genannt Erik der Rote (Eirík raudi) 12, 31, 76, 79
Fencker, Hannibal 157
Fersløv Dalager, Mathias 178
Fleischer, Jørgen 43
Frederiksen, Otto 76, 77
Freuchen, Peter 178, 183
Frobisher, Martin 32
Geelmuyden, Jacob v. d. 94
Graah, W. A. 193
Grönländer, Jón 32
Gunnbjörn Úlfsson 31
Haagen-Müller, Maria 90
Hansen, Ernst 186

Havsteen Mikkelsen, Sven 29, 77, 140
Hegelund, Niels 146
Hendrik, Hans 43
Høeg, Peter 132, 185, 221
Høegh, Aka 47, 60, 77, 89, 90, 127, 198
Høegh, Frederik 84
Høegh, Malik 43, 44
Høegh, Pavia 84, 89
Høegh-Hagen, Peter 173
Holm, Gustav 33, 194, 198
Holstein zu Ledreborg, Johan Ludvig 117
Ingolfur Arnarson 102
Ivar Bardarsson 85
Jensen, Holger 198
Johan Dahl-Land 75
Johansen, Alibak 110
Kaufmann, Henrik 182
Kirkeby, Per 136

REGISTER

Kleinschmidt, Konrad 101
Kleinschmidt, Samuel 33, 42, 59, 61, 90, 104
Kleist David 99
Knudsen, Samuel 179
Knuth, Eigil 198
Koch, Johann Peter 171
Lund, Henrik 85
Lyberth, Rasmus 44
Lynge, Aqqaluk 39, 43, 181
Lynge, Augo 42
Lynge, Hans Anthon 42, 43, 47, 61
Mørch Sørensen, Holger 127
Mørch, Johan Christian 99
Motzfeldt, Jonathan 36
Mylius-Erichsen, Ludvig 173
Nielsen, Frederik 43
Nielsen, Ole 136, 140
Nordenskjöld, Adolf Erik 133
Ólafur Gunlaugsson Dahl 178
Olsen, Anders 65, 78, 89, 124
Olsen, Jørgen C. F. 120
Peary, Robert 15, 171, 185, 221
Petersen, Emanuel A. 146
Petersen, Johan 194, 198, 203
Petersen, Jonathan 59
Petersen, Marianne 43
Pietersz, Klaes (Klaus) 142
Porsild, Morten P. 162

Quervain, Alfred de 155
Rask, Gertrud 55, 59
Rasmussen, Carl 59
Rasmussen, Knud 20, 42, 47, 90, 101, 144, 147, 148, 152, 173, 177, 183, 184, 185, 186
Rink, Heinrich 33, 42, 45, 90
Rosing, Hans-Pavia 34
Rosing, Jens 39, 136, 174
Rosing, Otto 43
Rüttel, Frederik Carl Peter 194
Saabye, August V. 59
Sandgreen, Svend 160
Severin, Jacob 32, 138, 144
Severin, Niels Frederik 171
Simpson, Myrtle 173
Smyrill, Jon 78
Snæbjörn Galti 31
Sommer, Karsten 44
Spindler, Carl Julius 44
Storch, Mathias 42, 144
Sverdrup, Jørgen 146
Sylow, Arnoldus 94
Thorvaldsen, Bertel 147
Thune Andersen, Gerda 136
Uttenthal, Valdemar 203
Villumsen, Rasmus 173
Walløe, Peder Olsen 193
Wegener, Alfred 172, 173
Werner, August 76

Orte

Aappilattoq 102
Aasiaat 40, **134ff.**
Akulliit 142
Akunnaaq 134
Alluitsoq 103
Alluitsup Paa 103
Alluttoq 155
Ameralik-Fjord 54
Amitsoq 100
Ammassalik 17, 22, 192
Ammassalik s. Tasiilaq
Angmagssalik s. Ammassalik
Appalilik 15
Apparsuit 180
Appat 156, 170
Apussuit 129
Arsuk 94
Assaqutaq 121
Ataa 155
Atammik 124, 128
Attu 132, 133
Austmannadalen 65
Brattahlid 31, 76, 78
Christianshaab s. Qasigiannguit
Diskoinsel s. Qeqertarsuaq
Dyrnæs 85
Egedesminde s. Aasiaat
Eqalugaarsuit 92
Eqaluit 96
Frederikshaab s. Paamiut
Gardar 31, 78
Godhavn s. Qeqertarsuaq
Godthaab s. Nuuk:
Grønnedal s. Kangilinnguit
Herjolfsnes 79, 102
Holsteinsborg s. Sisimiut

227

Hvalsey   31, 79, **93**
Icecamp Eqi   155
Igaliku   31, **78ff.**
Igaliku Kujalleq   81
Iginniarfik   132
Ikamiut   138, 142
Ikateq   200
Ikerasaarsuk   132
Ilimanaq   142, 156
Ilulissat   16, 41, **144ff.,** 212
Itilleq   116, 122
Itinnera   64
Ittaajimmiut   203
Ittoqqortoormiit   31, 173, **203ff.**
Ivittuut   15, **97**
Jakobshavn   s. Ilulissat
Jameson Land   27
Julianehaab
   s. Qaqortoq
Kangaamiut   124, 128
Kangaatsiaq   132ff.
Kangatsiak
   s. Kangaatsiaq
Kangeq   54, 65
Kangerluarsorujuk   92
Kangerluk   164
Kangerlussuaq   16, 22, **108ff.,** 112, 173, 211, 216
Kangia   15, **149ff.**
Kangilinnguit   97
Kapisillit   65
Kitsissuarsuit   134
Kullorsuaq   177
Kulusuk   190ff.
Kuummiit   199
Maarmorilik   15, 26, 170, 172
Maniitsoq   **124ff.,** 212, 218
Mestersvig   15
Nanortalik   15, 16, 27, **98ff.**

Napassoq   124, 128
Narsaq   27, 77, **82ff.,** 212, 217, 218
Narsaq Kujaleq   33
Narsarmijit   101
Narsarsuaq   **73ff.,** 211
Nationalpark   19, **187**
Niaqornaarsuk   132
Nipisat   117, 122
Nuuk   16, 27, 31, 33, 35, 36, 40, 41, **54ff.,** 211, 212, 216, 217, 218
Oqaatsut   154
Paamiut   94ff.
Pamialluk   102
Peary-Land   30, 31
Pituffik (Thule)   34, 112, **180ff.,** 209
Qaanaaq   16, **185ff.,** 209, 212
Qaarsuarsuk   170
Qaarsut   175
Qaqortoq   24, 40, 71, 80, **87ff.,** 212, 217
Qaqullussuit   175
Qasigiannguit   **138ff.,** 218
Qassiarsuk   29, 31, **76ff.,** 86
Qeqertaq   156
Qeqertarsuaq   33, **159ff.,** 218
Qeqertarsuatsiaat   15, 65, 67
Qeqertasussuk   139
Qernertivartivit   199
Qilakitsoq   57, 172, 174
Qooqqut   63
Qoornoq   54
Qorlortoq   77
Qullissat   146, 170
Saattut   175
Salliaruseq   174

Sandhavn   102
Sandnes   79
Saqqaq   30, **156f.**
Saqqarliup Nunaa   136
Sarfannguaq   116, 122
Savissivik   15
Scoresbysund
   s. Ittoqqortoormiit
Sermermiut   144, 151
Sillisit   217
Siorapaluk   185
Sisimiut   107, **116ff.,** 212, 215, 218
Sissarissoq   99, 101
Sissarluttoq   80
Snævringen   98
Søndre Strømfjord (US: Sondrestrom)
   s. Kangerlussuaq
Sukkertoppen
   s. Maniitsoq
Tasermiut-Fjord   17, 102
Tasiilaq   30, 31, 33, 173, 175, **192ff.,** 218
Tasiusaq   77
Thule   s. Qaanaaq
Thule Air Base
   s. Pituffik
Tiniteqilaaq   201
Tunulliarfik   76
Tuttutuup Isua   86
Umanak
   s. Uummannaq
Upernaviarsuk   92
Upernavik   177ff.
Upernavik Kujalleq   177
Uummannaq   167, **168ff.,** 173, 212, 216, 218
Uummannatsiaq   174
Uunartoq   92, 104, 203

228